| 台湾研究系列 |

厦门大学"985工程"
台湾研究创新基地育题项目课题
"台湾审议式民主实践研究"最终成果

台湾地区
审议式民主实践研究

沈惠平 著

九州出版社 JIUZHOUPRESS | 全国百佳图书出版单位

图书在版编目（CIP）数据

台湾地区审议式民主实践研究／沈惠平著．—北京：九州出版社，2012.6

ISBN 978－7－5108－1536－2

Ⅰ．①台…　Ⅱ．①沈…　Ⅲ．①民主－研究－台湾省　Ⅳ．①D675.8

中国版本图书馆 CIP 数据核字（2012）第 129520 号

台湾地区审议式民主实践研究

作　　者	沈惠平　著
出版发行	九州出版社
出 版 人	徐尚定
地　　址	北京市西城区阜外大街甲 35 号（100037）
发行电话	（010）68992190/2/3/5/6
网　　址	www. jiuzhoupress. com
电子信箱	jiuzhou@ jiuzhoupress. com
印　　刷	三河市东方印刷有限公司
开　　本	720 毫米×1020 毫米　　16 开
印　　张	14. 625
字　　数	231 千字
版　　次	2012 年 7 月第 1 版
印　　次	2012 年 7 月第 1 次印刷
书　　号	ISBN 978－7－5108－1536－2
定　　价	42. 00 元

前　　言

作为一种治理形式或治理艺术，审议式民主的基本含义是公民在平等与互惠的基础之上通过对话、讨论、审议等方式参与公共事务与公共决策。20世纪80年代中后期以来世界上多个国家或地区纷纷加入审议式民主的实践热潮，中国台湾地区亦在其中。自2002年首开“全民健保给付范围”公民会议以来，一方面，根据探讨议题的影响范围，可把台湾地区审议式民主的实践分为全台性（涉及全台湾的公共议题）与地方性（涉及县、市甚至是社区性的公共事务）两个层次来分析；另一方面，鉴于台湾地区审议式民主之运作以公民会议为主，可将其实践分为公民会议与其他操作形式两大类型来分析，其中公民会议又可细分为理性论辩与“说故事”两种对话方式。通过两个层次（纵向）、两大类型（横向）的划分，当前台湾地区审议式民主的实践状况基本上能够得以全景式的比较、分析与描述。

迄今为止，台湾地区审议式民主的实践历程大致可分为试验期、推广期以及成长期三个阶段，主要采取的实践形式包括公民会议、审议式民调、公民陪审团、愿景工作坊等，主要特征包括形式多样、层次广泛以及议题丰富等。这些实践有助于公民提升了解复杂的政策议题的兴趣与能力，有助于消解台湾地区的社会分裂与族群对立等。虽然如此，台湾地区审议式民主的实践也存在一些问题和不足，如公民对政策影响有限，过度强调共识导致弱势群体的观点和利益没有得到足够的重视，以及在一定程度上成为政府决策背书的工具，甚至沦落为政客们选举操作与打击对手的工具。总之，台湾地区审议式民主的实践已取得较大的成效，足以使人们有理由和信心继续推动和深化之。但鉴于目前还存在这种那样的问题与不足，台湾社会需要更多的相互尊重，使公民之间的相互沟通更加顺畅和理性，以提升台湾地区整体的治理品质。

目　　录

绪　论

审议式民主（deliberative democracy）① 是一套有关民主政治的理念与原则，它在20世纪80年代的兴起被称为“民主理论的一种新发展”②，也标志着西方民主政治实践进入一个更加精细化的发展阶段。其含义是“公民通过自由而平等的对话、讨论、审议等方式，参与公共决策和政治生活”③。一方面，审议式民主以公民参与决策作为民主的核心价值，主张公民是民主体制的参与主体，应该积极促进公民对于公共事务的参与。另一方面，审议式民主理论家认为，经过公众审议和公共辨识讨论，不仅可以培养公众的政治美德，也可以优化决策，以实践民主决策的理想。审议式民主理论研究的权威学者艾米·古特曼（Amy Gutmann）和丹尼斯·汤普森（Dennis Thompson）认为，审议式民主是这样一种治理形式：自由而平等的公民（及其代表）通过相互陈述理由的过程来证明决策的正当性，这些理由必须是相互之间可以理解并接受的，审议的目标是做出决策，这些决策在当前对所有公民都具有约束力，但它又是开放的，随时准备迎接未来的挑战。④ 简言之，审议式民主不仅是一个连接直接民主（direct democracy）与代议民主（representative democracy）的平台，更是一项新的治理艺术（art of governance）。“其目的是为人类谋划一个更具有深度民主品质的公共生活，行塑及唤起各

① 对 deliberative democracy 的翻译，大致分为四类：一是审议（式、性）民主；二是商议（性）民主（制）；三是慎议民主、商谈民主、审慎的民主、慎辩熟虑的民主；四是协商民主。根据作者的理解：审者审慎；议者讨论，故本书取“审议式民主”。有鉴于此，已有文献中的“协商民主”、“商议民主”等在引用中一律以“审议式民主”来代替。另外，台湾学者的著述中所有涉及“我国”、“全国”等字眼在引用中一律以“台湾地区”、“全台”等来代替。

② 陈家刚选编：《协商民主》，上海三联书店，2004 年版，第 1 页。

③ 俞可平主编：“协商民主译丛”，中央编译出版社，2006 年版，“总序”，第 1 页。

④ Amy Gutmann and Dennis Thompson, *Why Deliberative Democracy*? Princeton: Princeton University Press, 2004, p. 7.

个群体共同筑造社群感与责任感，以对公共领域所发生的冲突与争议议题，做一个持续且不断的理性对话与商议，由巨观的整个社群公共福祉的营造，再到微观个人公民意识与知能的提升，带动公共治理秩序的顺畅运作，减少治理失灵现象的发生。”① 自 20 世纪 80 年代中期丹麦首次开展共识会议（consensus conference）或公民会议（citizen conference）的实践以来，世界上多个国家或地区纷纷加入审议式民主的实践热潮，中国台湾地区亦在其中，且“发展速度与触及议题之多元丰富颇令国际侧目”②。相关的研究在台湾地区也日益成为一门“显学”。

一、研究现状

目前台湾学界对台湾地区审议式民主实践的研究，首先，多集中于个案的实证分析，并从个案研究中得出其中的成效与局限，如《公民会议与审议民主：台湾健保的公民参与经验》、《审议民主的限制——台湾公民会议的经验》等。其次，还有一些学者侧重于反思现有实践的不足，并试图找寻破解的途径，如《女性主义对审议式民主之支持与批判》、《当前审议式民主的困境及可能的出路》、《说故事与民主讨论——一个公民社会内部族群对话论坛的分析》等。最后，个别学者对审议式民主在大陆与台湾的实践经验做了初步的比较分析，如《审议民主的实践：台湾与大陆经验分析》。除了大学的研究者之外，审议式民主在台湾地区的实践也引起博、硕士生对于相关议题的关注。从 2003 年开始至今有大约五十篇博、硕士学位论文以审议式民主作为其研究的主题，如《公共新闻学：审议式民主的观点》（2004）、《全民健保审议式民主参与机制之比较》（2007）、《审议民主学习圈模式应用于高中生公共参与学习之个案分析》（2008）、《公民参与的机会与挑战——台湾审议民主制度化之研究》（2010）等。这些论文主要来自政治学、公共行政学，另有来自哲学、法学、公共卫生、新闻学、教育学、社会学等领域的相关论文。除三成左右的研究着重从哲学与政治学理论

① 邱靖鉉：《商议民主与政策民主化——对美国学习圈机制的观察》，（台湾）《“国会”月刊》2010 年第 11 期，第 56、67 页。

② 杨志彬：《审议民主在社区实践的几点观察》，（台湾）《新使者》2008 年第 2 期，第12 页。

的角度探讨审议式民主之外，更多的论文则是分析已经发生的案例，主题包括“全民健保”公民会议、淡水社区大学的21世纪议程、“高雄市跨港缆车”公民会议、“台北市汽机车总量管制”公民会议、和平高中学生的学习圈讨论、2005年台南县长审议式辩论、内湖社区大学的公民会议等。① 这显示审议式民主的理念和实践对于不同学科年轻一代的研究者产生了一定程度的影响。不论如何，总体上台湾学界的研究是不全面的，尤其缺乏宏观上的比较分析。相比之下，大陆学界对这个议题的研究则处于起步阶段，尚无系统的和深入的探讨。仅有的文献如《台湾民间的“省籍—族群”和解运动——以〈面对族群与未来——来自民间的对话〉为例》、《台湾建构公民社会的“协商民主”之实践状况》、《创新的乌托邦还是有效的民主治理：对台湾审议民主实践的分析》等对台湾地区审议式民主的实践做了一般性的论述，深度与广度稍嫌不够。至于海外学界在这个方面的研究成果，则几乎没有见到。要言之，自2002年首开“全民健保给付范围”公民会议以来，台湾地区审议式民主的实践正开展得有声有色，其形式包括公民会议、审议式民调（deliberative polling）、公民陪审团（citizens jury）、愿景工作坊（scenario workshop）、法人论坛（civic groups forum）及学习圈（study circle）等，至2007年台湾地区审议式民主的实践次数已经超过丹麦，成为全球之冠。但学界的研究相对薄弱，尤其缺乏宏观上的综合研究。本书即针对于此，目的在于加强这方面的研究，尤其是总体研究。

二、主要内容与观点

本书的主要内容包括：

第一，台湾地区审议式民主的实践形式及其比较分析。当前台湾地区审议式民主的实践大多数以公民会议的形式展开，少数以审议式民调、愿景工作坊、法人论坛等进行，每一种实践形式都具有各自的优缺点。以公民会议为例，它通过理性公开的对话过程有助于“造就好公民”、提升决策的正当性和品质以及促进社会的共识和共善等。但与此同时，公民会议也面临

---

① 陈东升：《到审议民主之路：台湾的实践与反省》，来源：http://blog.roodo.com/taiwan-culture/e6b61bb5.pdf。

着诸如代表性不足、是否需要具备共善的取向以及如何避免利益团体的议题操作等问题。① 在归纳各自优缺点的基础上，对各种实践形式进行比较分析。

第二，台湾地区审议式民主实践的主要特征、成效与不足。台湾地区审议式民主的实践所涉及的议题十分广泛，既有全台性的议题如“全民健保”公民会议、“税制改革”公民会议等，又有地方性的议题如“高雄市跨港观光缆车”公民会议、“淡水河整治”愿景工作坊等。通过审议式民主的实践，公民们不但展现了了解复杂的政策议题的兴趣与能力，而且能够在寻求共善和共识的取向下，理性地讨论政策议题。与此同时，参与公共讨论的过程，能够提升公民的知识与积极性的公民德行。虽然台湾地区审议式民主的实践取得很大的成效，但是也存在一些不足，如公民参与受限、缺乏标准的程序化和制度化等。此外，当前审议式民主在台湾地区的实践，大多是由政府出资委托学术机构主办，涉及全台性公共议题的实践更是如此。这些由政府机关委托举办审议式民主的实践在一定程度上成为公共政策背书的工具，甚至沦落为政客们选举操作与打击对手的工具。这不但使得审议式民主实践的公信力大大降低，而且也有可能导致公民对政府的信任危机。

第三，台湾地区审议式民主实践的借鉴意义。近十年来台湾地区审议式民主的实践积累了大量有益的经验和教训，值得去总结与借鉴。以 2004 年民间社团主办的“族群和解与对话”活动为例，它不同于以理性论辩（reasoning）方式进行的公民参与活动，而是针对弱势群体创造性地引进“开放空间”（open space）的会议模式和“说故事”（story-telling）的论述方式，试图通过民间的渠道，以相互了解、沟通与理解的方式去推动“族群和解”之路，治疗台湾社会为“省籍—族群”政治动员所撕裂的伤痛。② 这样的对话方式对于祖国大陆社会的和谐与两岸的和解有什么样的借鉴作用，值得进一步的深入研究和探讨。

立足于台湾地区审议式民主实践的总体研究，本书得出的主要观点是：

① 请详见第二章。

② 参阅范云：《说故事与民主讨论——一个公民社会内部族群对话论坛的分析》，《台湾民主季刊》2010 年第 1 期。

第一，台湾地区审议式民主的实践既具有审议式民主实践的普遍性，又具有其自身的特殊性。承前所述，作为一套有关民主政治的理念与原则，审议式民主兴起于西方，然后被台湾学界引进台湾地区应用于公共决策领域，至今已近十年。通过深入研究可以发现，审议式民主在台湾地区的实践既具有审议式民主实践的普遍性如遵循一套严格的操作程序，又结合本地实情而表现出其自身的特殊性，这一点在旨在“省籍—族群”之间进行和解的公民会议方面得到了显著体现。除了把“开放空间”和“说故事”模式应用于“族群和解”公民论坛之外，还设计出颇具创新性的“审议式电视辩论会”、“审议式班会”等模式①。

第二，台湾地区审议式民主的实践，不论是以公民会议还是以审议式民调等其他形式展开，既是对现有审议式民主理论的应用与检验，反过来又以其特色贡献来自台湾地区的经验，甚至提出质疑或修正原有假设与结论，因而有助于充实和丰富现有的民主理论尤其是审议式民主理论，对公民社会理论、公共政策研究等也有借鉴意义。与此同时在操作层次上对其他国家或地区的实践也有所助益。例如，基于台湾地区丰富的执行经验，学者已编撰出诸如《行政民主之实践：县市型议题审议民主公民参与》及其《操作手册》、《行政民主之实践：社区型议题审议民主公民参与》及其《操作手册》等著述②，这些均是其他国家或地区在操作相关议题时可资借鉴的参考资料。

第三，虽然台湾地区审议式民主的实践开展得有声有色，积累一定的经验并取得一些成效，但也存在诸多不足。这是因为任何一项民主实践都不是完美无缺的，其终归无法超越人本身的局限。我们一方面可从中“取之精华”，“为我所用”即为我们的和谐社会建设提供有益的参照，另一方面则应尽力避开其局限。

---

① 李宜卿：《公民参与的机会与挑战——台湾审议民主制度化之研究》，台湾大学社会科学院“国家发展”研究所硕士学位论文，2010 年版，第 70 页。

② 参阅林国明、黄东益、杜文苓著：《行政民主之实践：县市型议题审议式民主公民参与》、《行政民主之实践：县市型议题审议民主公民参与操作手册》，台北：“行政院研究发展考核委员会”编印，2008 年版；林国明、林子伦、杨志彬著：《行政民主之实践：社区型议题审议式民主公民参与》、《行政民主之实践：社区型议题审议民主公民参与操作手册》，台北：“行政院研究发展考核委员会”编印，2008 年版。

三、研究创新、意义与方法

目前学界对台湾地区审议式民主实践的研究多集中于个案的实证分析，本书则在考察个案的基础上着眼于台湾地区审议式民主实践的整体状况，进行宏观和总体的研究。换言之，目前学界对相关议题的研究还很不全面、有许多需要补强的地方，本书给予较系统、全面的再审视和再思考，这是主要的创新之处。其意义如下：首先，支持审议式民主的研究者认为，公民们的民主审议若能作为一种持久性的体制内公民参与模式，将可制衡政治与经济的精英决策，与此同时还有助于强化公民社会。事实果真如此吗，本书以台湾地区的实践加以检验，将有助于我们深入理解现有的民主理论尤其是审议式民主理论。其次，审议式民主理论主张，民主不仅仅体现为自由选举，更主要地体现为公民参与决策。本书从实证上加以检验，在理念和制度上有助于完善民主的公共决策机制。这对于决策者具有一定的参考和启发作用，因此有利于指导实践、开创新的民主治理模式。最后，作为中国政治体系下一个次政治体系，台湾地区任何有意义的政治实践不仅值得关注与研究，而且应该把台湾地区的民主政治发展纳入中国政治文明的发展轨道之中，扬长避短，为中国的政治进步提供有益的经验和教训。审议式民主是构建和谐社会的一种对话方式，本书通过归纳出台湾地区审议式民主实践的成效与不足，可为我们构建和谐社会提供借鉴与参考，以促进整个社会的持续发展与进步。这正是本书的主要价值和意义所在。

所谓研究方法，基本上是指搜集与处理资料的程序与手段，即研究者针对自己所欲探讨的主题与相关问题，拟如何进行搜集和分析资料。① 具体来说，本书主要采用文献分析法、个案研究法以及比较分析法。

首先，文献研究法。文献研究法是学术研究中最为常用的一种方法，几乎所有的学术课题均会使用它进行研究。一般而言，文献研究法就是通过对文献的查阅、分析，从而找出事物的内在联系和本质规律的一种研究方法。文献分析的来源主要是相关的著作、研究报告、期刊和学位论文等。本书主要内容的研究基本上采取文献研究法，即通过搜集到关于台湾地区审议式民

① 邱荣举著：《学术论文写作研究》，台北：翰芦出版社，2002 年版，第 94 页。

主实践的资料包括相关的书籍、期刊杂志上的文献以及网络资料等进行研究。

其次，个案研究法。个案研究法就是通过对具体的案例和具体的研究对象进行深入、全面和系统的分析，从而来实现研究的目的。其主要目的是通过对个案的介绍和分析，来解释和论证自己所做的研究，为自己的研究提供一种支撑。事实上，深入的个案研究不但可以弥补理论分析与归纳过于抽象的色彩，而且有助于研究者进一步提出较为创新而富含经验意涵的观点。本书对台湾地区审议式民主实践状况的分析，主要就是通过对相关案例来进行的。

最后，比较研究法。比较研究法是通过比较来区别和确定事物之间异同关系的最常用的一种研究方法。本书对比较研究法的运用，主要体现在三个方面：其一，台湾地区审议式民主的实践形式主要包括公民会议、审议式民调、公民陪审团与愿景工作坊等，它们之间的区别；其二，在公民会议实践中，区分理性论辩与“说故事”或强调情感性言说两种对话方式；其三，按照理性论辩方式进行的公民会议中，区分不同层级公共议题中公民的参与情况。

四、基本思路与内容安排

本书的基本思路是，在审议式民主理论的基础上，一方面，根据探讨议题的影响范围，可把台湾地区审议式民主的实践分为全台性（涉及全台湾的公共议题）与地方性（涉及县、市甚至是社区性的公共事务）两个层次来分析；另一方面，鉴于台湾地区审议式民主之运作以公民会议为主，可将其实践分为公民会议与其他操作形式两大类型来分析，其中公民会议又可细分为理性论辩与“说故事”两种对话方式。通过两个层次（纵向）、两大类型（横向）的划分，当前台湾地区审议式民主的实践状况基本上能够得以全景式的描述、比较与分析。如图一所示，本书第二、四章所涉及全台性公共议题的公民会议落在Ⅰ象限里，第三章涉及地方性公共议题的内容落在Ⅳ象限里，第五章所分析的其他实践形式则落在Ⅱ和Ⅲ象限里。

按照上述研究思路，本书共分三大部分，第一部分是绪论，第二部分包括第一至五章的内容，第三部分则是本书的总结。其中，第二部分内容的具

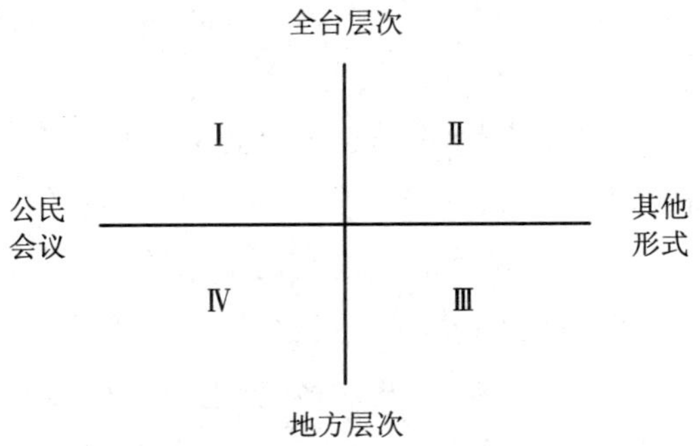

图一　本书的基本思路

资料来源：作者自制

体安排如下：

第一章是审议式民主概述，包括审议式民主的概念、性质与特征以及审议式民主的功能与作用等。

第二章是台湾地区审议式民主的实践：公民会议Ⅰ。这一章首先对公民会议的性质、结构、运作程序及其功用等进行概述，在此基础上提出本书对于公民会议的分析框架，然后以 2002 年“全民健保给付范围”、2005 年“税制改革”公民会议为例分析台湾民众参与全台性公共议题的情况。2002 年由“二代健保规划小组”公民参与组举办的“全民健保给付范围”公民会议是台湾地区第一次的公民审议会议。有鉴于过去“全民健保”政策规划与运作缺乏公众参与，为了提升此项与民众切身利益相关的社会福利政策的质量，规划小组引进西方审议式民主讨论的模式，借由招募具有公民意识的台北县市①社区大学学员，试验性地进行了一场知情、理性的公民会议，此次会议虽属实验性的操作与探索，但却成为台湾地区推动审议式民主实践的滥觞。针对过去主要依赖专家的“税制改革”议题，台“财政部”委托学术单位进行“税制改革”公民会议，首次邀请一般民众参与讨论，最终达成包含取消军教免税、建立最低税负制、海外所得课税设定日出条款以及课征证所税等许多具有相当创意的政策建议，获相关部门肯定可以作为推动“税制改革”的重要参考。

① 原来的台北县于 2010 年底“五都选举”之后改称为新北市，以下涉及原台北县的地方均称新北市。

第三章是台湾地区审议式民主的实践：公民会议Ⅱ。这一章应用第二章提出的分析框架，以 2004 年“高雄第一港口跨港观光缆车”、2005 年“新竹科学园区宜兰基地”、2006 年“淡水捷运周边环境改造”公民会议为例分析台湾民众参与地方性（“直辖市”、县、社区层级）公共政策议题的情况。2004 年底，高雄市政府举行“高雄跨港缆车”公民会议，成为台湾地区首次由地方县市政府举办的公民会议。2005 年初，宜兰社区大学结合学术研究团队针对“新竹科学园区宜兰基地”举办公民会议，宜兰县的环境保护一直在台湾地区名列前茅，而科学园区的兴建引发在地民众对于环境、交通、产业与文化等争议，因此在地社区团体希望通过公民会议，结合民主的讨论程序，寻求宜兰民众对设立新竹科学园区宜兰基地的共识，以降低未来的影响冲击，也可同时提升宜兰的公民意识。“淡水捷运周边环境改造”公民会议则是基于新北市淡水地区在捷运通车之后，成为台湾最热门的观光景点之一，在捷运带来庞大游客带来积极发展的同时，也对淡水市区及淡水捷运站周边带来了环境的冲击，新北市政府也预计在淡水地区推动多种开发计划。面对这样的多元挑战，未来淡水的空间如何经营？而淡水人对淡水的未来的想象为何？这些均须通过审慎思辨的民主精神，经过社区居民理性的公开讨论，以寻求未来对于经营淡水市镇空间的共识。

第四章是台湾地区审议式民主的实践：公民会议Ⅲ，以“族群和解与对话”活动为例分析台湾民众参与全台性公共议题的情况。与第二、三章不同的是，相对于上述以理性论辩方式进行的公民参与活动，2004 年台湾民间社会针对弱势群体创造性地以“说故事”的论述方式等开展“省籍—族群”关系的公民和解会议，试图以崭新的对话方式消解台湾社会中尖锐的“省籍—族群”问题。

第五章是台湾地区审议式民主实践：其他形式。台湾地区审议式民主的实践形式除了大多数采用公民会议的形式之外，还采用了审议式民调、公民陪审团、愿景工作坊等形式，这一章结合 2002 年“全民健保”公共论坛—审议式民调、2007 年“淡水河整治”公民陪审团以及 2008 年新北市“中港河廊通学步道”愿景工作坊等相关案例分析台湾民众对全台性或地方性公共事务的参与情况。

本书内容可大致概括如表一所示。

表一　本书的基本内容

形式＼层次		全台性议题	地方性议题
公民会议	理性与论辩的方式	2002 年“全民健保给付范围”公民会议 2005 年“税制改革”公民会议	2004 年“高雄跨港观光缆车”公民会议 2005 年“竹科宜兰基地”公民会议 2006 年“淡水捷运周边环境改造”
	“说故事”的方式	2004 年“族群和解与对话”活动	
审议式民调		2002 年“全民健保公共论坛”审议式民调	
公民陪审团			2007 年“淡水河整治”公民陪审团
愿景工作坊			2008 年新北市“中港河廊通学步道”愿景工作坊

资料来源：作者自制

第一章　审议式民主概述

20 世纪 80 年代以来，在对自由主义民主弊端的反思和参与民主观念的滥觞下，西方政治学界出现了审议式民主理论复兴的热潮。“它是对古希腊雅典城邦民主模式的现代回归与发掘，亦是对现代西方自由主义民主和代议制民主的反思、纠正、弥补、完善和超越。审议民主理论的兴起在西方有着悠久的理论渊源和深刻的现实背景。”① 换言之，审议式民主在西方有着源远流长的理论传统，它可以在古希腊民主实践中发现自己的原始存在。因而确切地说，审议式民主并非是一种范式创新，而是一种基于范式复兴之上的范式超越，正如乔恩·埃尔斯特（Jon Elster）所说：“审议式民主的观念及其实践像民主本身一样古老，因此，这种发展与其说是一种创新，倒不如说是一个古老观念的复兴。”②

第一节　审议式民主的概念

学术界普遍认为，在 1980 年发表的《审议式民主：代议制政府中的多数原则》一文中，约瑟夫·贝赛特（Joseph M. Bessette）率先使用了“deliberative democracy”一词并提出了审议式民主的概念。在他看来，作为民主政治最核心的内容，审议就是就公共政策的优点和价值进行辩论和讨论，这个过程有助于表明某些价值高于其他价值。审议式民主强调客观正义和社会公益，不承认价值观仅仅是偏好问题，而认为实践理性可以用于解决社会

① 张娟：《审议民主：渊源、演进与启示》，《理论建设》2007 年第 4 期，第 41 页。

② Jon Elster, “Introduction”, in *Deliberative Democracy*, ed., by Jon Elster, Cambridge: Cambridge University Press, 1998, p. 1.

争端。① 在此之前，“审议”和“民主”这两个词所代表的正好是两种无法相容的元素——慎思与平等。尽管自近代以来“民主”声誉日隆，但直到19世纪中叶，“民主”在西方世界一直是贬义的意味，与暴民政治相连。而“审议”所代表的“深思熟虑”正是对治民主之弊端的良药。对审议的推崇是为了捍卫政治代表对大众舆论的抵制。贝赛特使用“deliberative democracy”一词来反对人们对宪政的精英主义解释，试图化解审议与民主之间的矛盾，将二者连接起来。但正如许多学者所指出的，贝赛特的“审议民主”仍带有浓厚的精英主义倾向。② “贝赛特提出这一概念的目的主要是反对把政治领域看成是私人利益和政治野心讨价还价的市场，或把政治过程纯粹理解为一种‘权力游戏’。但是，贝赛特对民主审议的理解不同于后来的公共审议论者，他主要把审议的过程局限在国会以及各州的众、参两院的工作范围内，在一定程度上还包括立法部门与行政、司法部门之间的互动，而基本上没有考虑全体公民的公共审议。在这个意义上，他的审议性民主理论是精英主义的。”③ 不过不论如何，贝赛特首先使用“审议式民主”一词在某种意义上开启了西方民主理论的“审议转向”（deliberative turn）④，人们对民主的理解逐渐地从“以投票为中心”（vote-centric）转向“以讨论为中心”（talk-centric）。“以投票为中心”的民主理论所理解的民主，是固定不移的偏好与利益，通过投票的机制相互竞争；相较之下，审议式民主所关注的，则是投票之前，意见形成的沟通过程。“审议式民主的理论家们所关心的，是审议如何型塑偏好、缓和自利倾向、调解差异，产生合理的意见与政策，并可能导致共识的形成。”⑤

简言之，按照埃尔斯特的说法，审议式民主就是体现了审议性质的民

① Joseph M. Bessette, “Deliberative Democracy: The Majority Principle in Republican Government,” in *How Democratic is the Constitution*, eds. , by Robert A. Goldwin and William A. Schambra, Washington: American Enterprise Institute, 1980, pp. 102 – 116.

② 谈火生等编译:《审议民主》, 江苏人民出版社, 2007 年版, “选编说明”, 第 1 页。

③ 霍伟岸:《〈联邦党人文集〉的遗产: 以审议性民主为中心的分析》,《开放时代》2004 年第 4 期, 第 101 页。

④ John S. Dryzek, *Deliberative Democracy and Beyond: Liberal, Critics, Contestations*, New York: Oxford University Press, 2000, p. 1.

⑤ Simone Chambers, “Deliberative Democratic Theory,” *Annual Review of Political Science*, Vol. 6, 2003, pp. 308 – 309.

主，它应当同时具备审议的一面与民主的一面。所谓审议的一面就是指决策的过程要通过参与者彼此交换理性的意见来进行，这些参与者都要致力于理性的和公正的价值；所谓民主的一面则是指所有将要受到某一集体决定约束和影响的人自己或其代表都应参与到这一决策过程中来。① 换句话说，大致上可以这样理解审议式民主：在合理多元主义下的民主社会，具有不同观点/立场的公民对某个议题或政策，与其他同样自由、平等且理性的公民在经过公开审议、公共证成的论理论辩后，逐渐凝聚共识、或至少能让分歧的意见逐渐趋同，使随后共同做出的决定具有正当性。并且，这样一套慎思熟虑的公开审议程序，被假设能解决“以投票为中心”所可能会产生的多数暴力或不明智的决定，或甚至被认为能避免特定利益团体对民意代表的游说所导致的对公共利益产生的伤害。用乔舒亚·科恩（Joshua Cohen）的话来说就是：“审议民主不仅仅是确保公共事务进行理性讨论的公共文化，也不仅是将这种文化与投票、政党、选举等传统民主制度之间建立连结，而是直接地将权力的行使与公开论理的情境结合在一起。”而这要求审议式民主除了提供公民之间自由且平等的意见讨论与参与，也要能有一套确保政治权力回应与责任归属的框架，也就是将公共权力的权力来源和公开说理（public reasoning）结合在一起。② 由是观之，所谓审议式民主指的是：所有受到决策影响的公民或其代表，都应该能够参与集体决定，而这集体决定，是由抱持理性与无私态度的参与者，经过说理的方式来形成的。由此定义可知，审议式民主强调公民是民主体制的参与主体，应该积极促进公民对于公共事务的参与。而公民的政治参与，不应该仅局限于投票。参与者应该在信息充分、发言机会平等与决策程序公平的条件下，经过深思熟虑，对公共政策进行公开的讨论，并以说理的方式提出可行的方案或意见，在相互进行推理、辩论、论证后，得出可以共同接受的决议。

20 世纪晚期审议式民主理论研究的转向，表明理论与实践更多地开始关注民主的真实性（the authenticity of democracy），更多地关注公共决策中

---

① Jon Elster, “Introduction”, in *Deliberative Democracy*, ed., by Jon Elster, Cambridge: Cambridge University Press, 1998, p. 8.

② Fran T. Y. Wu：《审议民主正在进行中》，《台湾立报》2010 年 11 月 12 日，S02 版（书评）。

的有效参与。对审议式民主理论的普遍关注和研究的拓展，必然要求我们更深入地分析：作为一种新的民主模式，构建审议式民主的核心要素具有怎样不同的维度？即如何认识作为审议前提、基础、核心概念等相关因素，如多元文化、公民社会和理性等。多元文化现实是可以用来促进审议式民主发展的重要资源，公民社会的健康发展是审议式民主运作的重要基础，而公开利用理性则是审议式民主的关键。①

首先，多元主义现实与审议选择。面对自由、正义、幸福和爱等价值，以及不同价值发生冲突时，人们应该平等地对待每一种合理的价值，而不是将任何一种特定价值置于优先地位。也就是说，不存在一种在所有情境中都具有优先地位的价值，任何单一的或复合的价值都不具有这样理性的、道德的权威。多元主义的结论是：主张某一个价值永远具优先性的论点是不合理的，虽然人类的基本价值是普遍、恒久不变的，但是在如何享有这些基本价值的问题上，则会因历史、文化和个人的不同而产生差异。合理的多元主义事实能够清楚地为人们提供关于民主观念的重要内容，即自由平等的公民观念。

对于审议式民主来说，多元主义事实的存在，首先可能使在这种环境中公民无法共享同样的集体目标、道德价值或世界观。其次，可能会因为拒绝承认不同的文化权利而导致强制融合与统一，从而牺牲多样性；或者以一种相互不隶属的、分离的状态维持一种形式上的统一。因此，多元文化主义在事实上可能会限制审议式民主的实践。但是，多元文化主义事实的存在，也促进了审议民主的发展。首先，多元的视角能够促进提出要求的人表达其作为公正诉求的建议，而不仅仅是自利或偏好的表达。其次，不同视角、利益和文化之间的冲突能够使其他人了解到不同的经验，尊重不同的视角。再则，表达、疑问、对话，以及挑战不同境遇的知识增加了人们的社会知识，虽然没有放弃其个人的视角，但倾听不同的观点，是影响不同境遇的人们能够理解建议和政策的方式。

其次，健康公民社会的发展是审议式民主成功的基础。从广义上讲，公

---

① 参阅陈家刚：《多元主义、公民社会与理性：协商民主要素分析》，《天津行政学院学报》2008 年第 4 期，第 31 – 37 页。

民社会指的是社会中正式和非正式的团体和网络，它们存在于国家和市场之外。从构成要素来说，公民社会包括有私人的家庭领域、各种组织、社会运动、社会团体和其他形式的公共组织如媒体等。因此，公民社会排斥与国家相关的制度，如政党、议会和官僚机构以及完全以市场和经济生产为核心的各种组织。由于构成的多元因素的存在，公民社会是一个异质的空间。研究者普遍认为，要实现良好运转的民主，公民社会是必要的。也就是说，对于民主来说，公民社会被普遍认为是一种积极的力量。公民社会能够使自主的个人在自愿组织之间自由转化，并因此创造出一种平衡国家权力的力量；公民社会是维护公民权利，促进社会自身能力成长的重要力量；公民社会是各种社群、非自利的个人或国家共同决定整体命运的场所，公民社会参与国家决策能够使决策获得合法性；公民社会是公民学习民主的地方。信任、互惠等公民美德在很大程度上是通过非政治组织的活动形成的，并能够消除社会分裂、对立和冲突。

审议式民主应该是一种更具包容性的民主理论，公民社会的不同作用应该都体现在审议式民主之中，从而共同促进审议式民主。审议式民主理论家也都不同程度地对公民社会进行了探讨和阐释。在这些讨论中，最为核心的内容就是公民社会与国家的关系、公民社会在审议式政治中应该扮演怎样的角色。围绕这个问题，审议式民主理论家形成了两种截然不同的思想脉络，即微观和宏观脉络。前者集中于界定审议程序的理想条件，例如贝赛特和埃尔斯特等，这种理论仅仅就谁应该参与审议、怎样运用理性思考等进行了相关讨论；宏观审议理论家强调发生在公共领域中的、非正式的审议话语形式，如塞拉·本哈比（Seyla Benhabib）、约翰·德雷泽克（John S. Dryzek）、哈贝马斯等，其关注焦点是正式决策制度之外的、非结构化的、开放的对话。

微观审议理论家集中关注的是为公共制度中的审议提供理想模式，因此，他们的理论大多数都与西方民主国家现有的政治制度如立法机构等有关。不过，少数微观理论家更倾向于雅典式的审议论坛，将参与扩展到民选的代表。例如，科恩将审议程序定义为一种活动空间，其中，公民可以为政治议程提出问题，并参与关于这些问题的辩论。因此，如果参与者可以自由平等地决定议程，就设定讨论的问题提出解决方案并选择一种替代，那么，这样一种论坛就是民主的、审议的。微观理论家要求民选的代表和公民社会中那些愿意并有能力协商的行为者参与结构性论坛中的理性审议。

从宏观视角看，审议是较少结构化的术语，其中，通过各种组织、社会运动、网络和媒体参与开放的公共话语。宏观审议的目标是意见的形成。按照本哈比的说法，宏观审议生产的是一种“关于思考、争论和辩论的相互联结、重叠的网络和组织的”公开对话。对于德雷泽克来说，宏观审议指的是各种重叠话语（overlapping discourses）的争论。话语可以比作是连续性的故事情节，在事实、价值、神话和意见基础之上得以发展。它们意味着“一种共有的理解嵌入语言中的世界的方式”。宏观或话语的审议发生在社会中非正式的、“未开发的”空间，其中，交往是不受限制的、自发的。它包含着一系列从小范围面对面（face-to-face）的讨论，到社会运动和媒体的行为的交往空间。话语的审议并不必然排斥类似抗议、抵制和激进行动等更为策略性的行为形式。

最后，审议过程的关键在于公开利用理性。因为审议过程必然涉及围绕公共政策的观点、根据和理由必须清楚、有力，所以，审议式民主理论家都倾向于强调理性在商讨和辩论过程中的重要地位。作为对民主的规范描述，审议式民主唤起了理性立法、参与政治和公民自治的理想，它呈现的是一种基于公民实践推理的政治自治。在科恩看来，审议必然是理性的，因为审议过程的参与各方都需要表明自己提出、支持或者批评各种政策建议的根据和理由。这些根据、理由和观点等会通过表达、陈述、沟通和交流等决定他们建议的命运。正如哈贝马斯所指出的那样，在理想的审议中，人们总是在运用“更好观点的力量”。人们提出建议并相应提出支持此类政策建议的根据，目的就是希望别人能够倾听这些理由，能够接受基于这些理由的建议。也可能很多建议会被拒绝，因为它们没有可接受的理由为之辩护。因此，审议过程的实质性特征应该是以理性为基础，理性是保证审议过程能够合理趋向共识并诉诸公共利益的关键条件。审议过程发挥作用的是合理的观点，而不是情绪化的诉求。参与者应该可以在获得最具说服力信息的基础上修改自己的建议，并接受对其建议的批判性审视。一言以蔽之，理性对审议过程的作用，重要的在于理性的运用，即“公开利用理性”。

当然，对理性的尊重和利用，还需要通过程序来保证。恰当的民主程序、相关安排等约束性规范能够保证利用理性解决多元分歧与冲突。这些程序，例如可能包括有投票程序等，它们能够合理地区别对待权利，以充分重视少数的意见。只有超越既有的限制，公共理性（public reason）才能成为解决多元民主中原则冲突的有用规范。

综上所述，作为20世纪后期兴起的审议式民主，其前提在于承认并接受多元社会的现实，以及不同利益主体之间存在的差异和分歧。其核心要素是审议与共识，即强调在多元社会现实的背景下，公民通过讨论、审议、对话和交流等方式的参与，就决策和立法达成共识。换句话说，“审议式民主核心的关怀，乃试图以审议式民主，取代必须经过激烈冲突的价值追求过程；审议式民主也关切其实践于日常生活中的问题，诸如更多的审议是否会产生更多元的差异，以及在更多元差异之下，能实现具有审议式民主价值的各种制度。”① 审议式民主对民主本质的再思考激发了政治参与和公民自治的理想，一方面深化了我们对于民主理论的讨论与认识，另一方面也开启了人类探索民主真实性的路径，具有非常现实的意义。

第二节　审议式民主的性质与特征

审议式民主因其强调民主和正义之间的规范性关联，强调公共性慎思和明辨，强调论辩参与资格的包容性等，而被普遍视为是对现代西方自由主义代议制民主或利益聚合式民主的反思、矫正和超越。归纳起来，现代代议制民主存在以下一些缺陷和弊端。

首先，民主政治被“窄化”为竞争式民主。按照竞争式民主的理解，民主就是一个通过对公民偏好之聚合来选择政府官员和公共政策的过程，民主决策的目标是决定哪些官员或哪些政策能最好地回应公民的最广泛的和最强烈的偏好，运作良好的民主制度应提供畅通的渠道，让公民的偏好得以表达，并互相竞争。在这样的民主图景中，民主就是一个竞争过程，政党及其候选人通过提出最能满足人民偏好的政纲来争取选票，具有相同偏好的公民

① 邱靖鉱：《商议民主与政策民主化——对美国学习圈机制的观察》，（台湾）《“国会”月刊》2010年第11期，第51－52页。

组成利益集团来影响当选的政党的活动及其决策。这种民主制度的设计缺陷一方面表现为收益与成本之差导致政治冷漠症。代议民主制是以工具理性为基础而设计的，它忽视了民主的本质是一种价值偏好的表达，由于公民投票的实际效用一般都非常低，所以往往下雪下雨之类的小事都会淋灭公民的投票兴趣。另一方面是投票机制易于产生“多数暴政”，计算选票的原则是少数服从多数，在实际运行过程中由于某些人利用公民的非理性状态或群体心态提出偏离事实的方案或候选人，从而导致一些极端的方案或候选人出现，整个公共政策利益相关者受害。再则，选举投票没有包含一种学习机制，由于公民作为一个包含自然属性和社会属性的人总是有其缺陷的，在投票时总会将自己的基于自利偏见、无知或情绪冲动的要求与那些基于正义原则的要求不予分开，因此并没有展现公民精神，没有提供一种公民互相学习的机会。①

其次，政党精英支配和垄断公民的政治参与。在代议制下政党政治的运作中，当政党精英长期借此独占人民偏好与需求的发言权，一方面易将民主政治简化为人民仅能在政党提供的选项中抉择，另一方面政党成为控制或阻绝人民权力的中介机制，也将使人民被排除在决策过程之外。此因政党“最多系提供人民一个比较合理的方式，来监督所选出来的代表，但真正的政治权力实际上仍掌握在民选政治人物及政党精英手上，而人民所行使的政治权力受到局限，也就容易对政治参与产生疏离感”②。有学者曾就此现象指出，这样的代议制民主存在着两大弊端：“第一项是宰制（dominate）。由于代议制度中，人民主要参政权仅限于投票，在选民选出代议士后，就不太可能对代议士加以监控，使得代议士在国会拥有较大的自由行使权力，甚至屈从于利益集团的利益，而与公益脱节。再者，大众传播媒体的盛行更可能使得候选人主动与媒体挂钩，利用媒体形象行销，以左右选民的判断。”“第二项是疏离。由于在代议民主制下人民在公共事务中无着力点，久而久之，便对政治表现出疏离的感觉，或不参与、不过问，或对政策不投入、不

① 黄岩：《“倾听城市”：都市治理的审议民主》，《社会科学家》2008 年第 3 期，第 43 页。

② 李宜卿：《公民参与的机会与挑战——台湾审议民主制度化之研究》，台湾大学社会科学院“国家发展”研究所硕士学位论文，2010 年版，第 36 页。

支持。另一方面，政治精英也习惯将公共事务化约为可以量化的现象，人民不过是一张张的选票，决策不过是合纵连横的结果。公共政策的论辩可能不及民意调查的结果来得重要，也造成政治精英对选民的疏离。"① 由于选举机制和社会利益集团的运作，代议制民主无法充分地为普通民众提供形成和表达政策偏好的机会，因此有必要在代议制民主之外，提供一般公民参与的渠道。

最后，专业官僚因其掌握决策主导权而压缩公民意见表述空间。代议制度的另一个问题来自于官僚组织的日益膨胀。在现代民主政治中，官僚与民主之间存在着紧张与矛盾。现代官僚体系的专业性，能因应高度分化及快速变动的社会，成为国家赖以运行的重要基础，但也由于官僚所具有的专业能力与裁量权限，认为对政策的熟悉度及专业知识甚于社会大众，便易于主导政策走向。代议民主即便也强调政府与民众的沟通，但在地位、资源、资讯均不对等的情况下，多半流于由上而下的政策宣导，阻绝了民众由下而上的意见形成与表述空间，就此意义来看，官僚体系形同剥夺了人们的政治自由，因为它剥夺了人民对话与行动的权力。② 其结果是，号称代议民主的民主政体不曾重视"公民参与"（civic participation），以致民主流于形式，成为名副其实的"弱民主"（thin democracy）。也就是说，"在自由主义的理念下，代议民主制度若不能体认到公民真正参与公共事务的重要性，那么所谓的民主不过是虚有其表的弱民主，非但无法发展出更为丰富、完备、可行的民主理论，更可能斫伤了民主制度所保证的公民权利，来自人民的公共意见亦无法获得重视与落实。"③ 简言之，官僚体系多以本位主义为出发点，并以其专业性及行政裁量的优势掌控决策过程，从而忽视了民意需求与公共利益。

总之，审议式民主论者认为现存代议制民主太过重视投票以及派系利益

---

① 林水波、石振国：《以直接民主改革间接民主的论述与评估》，（台湾）《"立法院院闻"月刊》1999 年第 3 期，第 34 页。

② 李宜卿：《公民参与的机会与挑战——台湾审议民主制度化之研究》，台湾大学社会科学院"国家发展"研究所硕士学位论文，2010 年版，第 36－37 页。

③ 黄浩荣：《公共新闻学：审议式民主的观点》，台湾大学新闻研究所硕士学位论文，2004 年版，第 57－58 页。

交换，而日益远离民主政治去鼓励民众参与公共事务的动力以及改善政治生活的理想，以至代议失灵的出现。“代议失灵的现象乃泛指，代议机关在欠缺作成知情抉择的必要知识下，就轻易或恣意作成攸关多人权益的政策；抑或代议士选择性地只代表少数人的观点和利益，而非全局综合判断整体社区的总意识就作成极端重大的决策。”换言之，间接民主以代议的干扰性或介入性结构，将公民排除于政策制定及执行的行列之外，乃是一般所谓的代议失灵问题。① 相对于过去以投票程序所达成的多数决议式民主，审议式民主更强调多数决议的运作过程，乃是建立在理性沟通、理性说服、理性论辩上。也就是说，审议式民主使得自由、平等的公民可以就公共议题发表观点、阐述理由，并倾听其他公民的意见和理由，在讨论的过程中基于信息的完备、理性的判断而修正自己的观点，转换偏好，最终达成共识或形成可以共同接受的决定。这就解决了民主公民在缺乏品格与素养下，宪政民主可能产生的多数暴力、不明智的多数决定结果、公民私利主义、理性的无知等问题。一句话，审议式民主所强调的精神是希望能够让所有受到决策影响的人，都能有机会对于议题获得基础的认识，然后在公平与理性的气氛下进行知情的（informed）讨论，补充代议制民主的不足。

尽管目前学界关于如何界定审议式民主的内涵并没有形成明确、统一的意见，但一般认为，作为古典民主范式的复兴，审议式民主以公民参与决策作为民主的核心价值。“它意味着：在现代多元文化社会中，自由而平等的公民应通过开放、真诚、审慎的对话、交流、辩论、商议来达成对政治决策的理性共识。”② 古希腊以降，许多重要思想家都把其视为政治生活的本质。但审议式民主并不是对古典民主模式的简单复制和移植，审议式民主复兴的只是古典民主的精神，而不是其具体的形式，所以，更准确地说它应该是对古典民主范式的超越。审议式民主的超越在于它充分地认识到了古代社会与当代社会的巨大差异，它并不强调人天生是政治动物，政治是实现人的唯一方式，而是承认个体自我实现方式的多元化；它不认为公民之间应该每日在

① 林水波、邱靖鉱著：《公民投票 vs. 公民会议》，台北：五南图书出版股份有限公司，2006年版，第33页。

② 张娟：《审议民主：渊源、演进与启示》，《理论建设》2007年第4期，第41页。

公共场所就公共议题进行辩论，而是一种代议制的审议；它更没有设定公民身份的物质条件，相反它是在平等尊重每位公民的基础上的审议。它关注的焦点是公民在做出政治选择前的偏好的形成过程，它为公民间就公共问题发表意见，展开讨论提供有利的条件，使公民在尊重多元利益诉求的基础上做出决定，以提高公民偏好的质量使公民的偏好更理性化，也提高决策的认同度及实施成效。① 因此，审议式民主实际上就是在当代西方社会发达的代议制民主的基础之上，为进一步弥补代议制民主可能存在的疏漏和局限，将社会公众持续的、直接参与的讨论引入政党政府的决策过程，以期能够避免重大的政策失误。② 如图 1.1 所示。

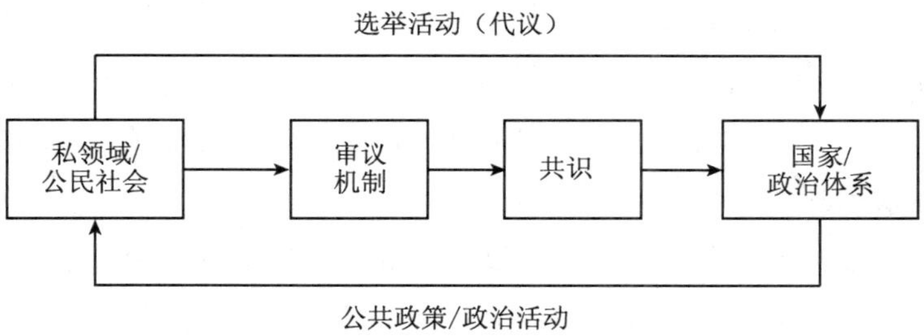

图 1.1　审议式民主示意图

资料来源：黄浩荣：《公共新闻学：审议式民主的观点》，第 66 页。

承前所述，审议式民主并不是要代替和否定代议式民主，正如古特曼和汤普森所强调的："审议式民主补充了而非取代了传统民主理论里的程序的和宪政的价值。"③ 它是代议式民主的发展和升华，它提升了人们对民主的认识，为现有的民主格局注入新的活力。概括起来，审议式民主具有如下五个主要的特征。

第一，公共性。审议式民主的内核是强调公共审议（public deliberation），它是政治共同体成员平等参与公共讨论和批判性地审视具有集体约束力的公共政策的过程。"所谓平等是指社会经济条件较差的一般公众，同

① 赵霞：《审议民主初探》，《科技文汇》2009 年第 8 期，第 233 页。

② 张雪敏、徐锋：《审议民主与决策科学性的关系》，《理论前沿》2008 年第 16 期，第 29 页。

③ Amy Gutmann and Dennis Thompson, "Democratic Disagreement," in *Deliberative Politics*, ed., by Stephen Macedo, Oxford: Oxford University Press, 1999, p. 275.

样也有机会与管道来参与公共事务的表达，展现对社会事务的公民责任感，贡献他们的智慧及经验，提醒执政的精英以及代议士，时时保持与畅通平等呈现民意的平台，勿让特定人士与团体掌握与拥有资源独霸权与资讯诠释权。”① 换言之，审议式民主意味着在多元文化社会中，自由而平等的公民及其代表就共同关心的集体问题，通过理性、开放、审慎的对话、交流、论辩的过程来确保决策之正当性。而所有参与者的意见都能平等地得到对待更是彰显了民主的真正价值，即公共审议的主要目标不是狭隘地追求个人利益，而是利用公共理性寻求能够最大限度满足所有公民愿望的政策。通过寻求确定那些重视所有人需求和利益的政策，审议过程的参与者表达了他们对所有公民政治平等的信念。不存在特殊成员的利益具有超越其他任何公民利益的优先性。“为所有人提供平等的表达机会、消除参与公共审议的制度性障碍、形成所有公民能够自由参与审议过程的可获得性论坛，可以保证对所有公民需求和利益的系统考虑。”②

第二，公正性。它是指公共审议过程的实质是以理性为基础，以真理为目标。正是最好观点的力量而非促进宗派利益的控制、强制和情绪化诉求发挥着重要作用。参与者应该愿意在可获得的最完全、最具说服力信息的基础上修改自己的建议，并接受对其建议的批判性审视（critical scrutiny）。他们还应该对其他人应用最有说服力的理由来挑战其建议的行为做出回应。这种集体的批判性反思过程预先假定参与者将争取超越自身观点的局限而理解别人的观点、需求和利益。不是通过任何可利用的劝说机制将自己的观点强加给别人，而是真诚地通过相互理解和妥协的过程达到一致。要言之，公共审议结果的政治合法性不仅建立在广泛考虑所有人需求和利益的基础之上，而且还建立在利用公开审视过的理性指导审议这一事实的基础之上。③

第三，公开性。公开性是审议式民主的另一个重要特征，它能够使公民

---

① 邱靖鉉：《商议民主与政策民主化——对美国学习圈机制的观察》，（台湾）《“国会”月刊》2010 年第 11 期，第 53 - 54 页。

② （美）乔治·瓦拉德兹，何莉编译：《协商民主》，《马克思主义与现实》2004 年第 3 期，第 36 页。

③ （美）乔治·瓦拉德兹，何莉编译：《协商民主》，《马克思主义与现实》2004 年第 3 期，第 36 页。

审视审议过程。通过使支持政策的各种理由公开化，人们能够对这些政策的前提和含义提出疑问，并指出可能的矛盾或事实上的疏忽。因此，公开性能够强化这样的观念，即每个人都有权知道和评判具有集体约束力政策的理论根据。通过保证所有公民都能够参与形成一致的过程，公开性还深化了公共审议的普遍教育功能。通过观察审议参与者公民的分歧、审议与合作的过程，公民成员能够在公共利益超越狭隘自我利益的程序中受到教育。公开性还能够阻止秘密的、幕后的政策协定，因为参与者知道，他们需要公开其理由和动机以寻求公众支持其建议。① 审议过程的公开意味着整个程序为公众知晓，强调所有公民积极参与公共论坛或其他开放式交流和探讨，毫无保留的展示个人观点，力图通过参与者自由、公开地表达或倾听各种不同的观点和理由，经过参与者的理性认真思考，审视各种理由，改变自身偏好，或者说服他人，进而做出合理的选择。审议结果的公开意味着立法和决策公开，公众知晓立法和决策的形成过程，国家权力在行使过程中始终处于透明状态，也就最大限度地得到了有效控制与监督；不仅如此，基于尊重所有公民自由平等理性地参与彰显道德和实践关怀的立法决策讨论活动而形成的反思判断，能够赋予立法和决策以合法性，从而使立法和决策理由更公正合理。于是在公共社会活动过程中，公民彼此公开地互相说理，以使言谈者之间得以互相回应，乃是公开的实质根源。总之，公开性对于审议过程的重要性，在于提供了人们走出私人利益以及固定偏好的窄门。“在公开场合中，发言者会试图隐藏其自利的意图，以理由取代利益的主张，使得审议能更趋向诉诸共同利益的理想。”②

第四，互惠性。参与审议的民众与官员可以理性的、互惠的思考，并且共同承认与互相尊重的立场，促使参与者在过程中呈现他们的论证，引领别人有所体认或愿意接受，同时于交流中将彼此的差异降至最低程度，且追求彼此重要意见的交集点。亦即“对于得到的好理由，做出相当的响应”（making a proportionate return for good received），“得到的好理由”是指对方

① （美）乔治·瓦拉德兹，何莉编译：《协商民主》，《马克思主义与现实》2004 年第 3 期，第 36－37 页。

② 林子伦：《审议民主在社区：台湾地区的经验》，余逊达、赵永茂主编：《参与式地方治理研究》，浙江大学出版社，2009 年版，第 171 页。

做出“我”能够接受声明，而“相当的响应”是指“我”做出的声明能够为对方所接受。互惠性的基础为人民追求社会生活平等合作的方式，由于审议的结论具有相互拘束性，公民因此必须提出得以相互证成的理由，纵然面对歧见，也能够在平等中继续寻求公平合作。审议的互惠性有两个条件：一是当公民在审议过程中作出道德声明时，他们必须以其他公民共同接受的理由或原则为之。这隐含审议式民主不和那些不愿意接受平等合作目标的人交谈，也排除不愿意将其公共声明为其他公民知悉、回复者，因为这些人除了改变其整全性的信念，否则不可能接受任何道德观点，然而审议式民主的目的并不在改变这些整全性信念。审议式民主在于追求基于共同接受的理由，求取实质性道德原则的同意。二是在作出实证或半实证声明时，该声明必须系于相对可信的研究方法。实证声明是指，道德理由的提出系于其能够达成某实践性目的，其所系的研究方法必须可信，最好能以得受检证的方式为之，或者纵然道德理由不完全赖于实证，其立论也必须具有一定可信度。例如反对异族通婚的原因是圣经文意中上帝反对，然而审议式民主必然追问如此解读的依据为何？又为何许多同样服膺圣经权威者有不同解读？同样的，任何权威所提出的强硬结论，也必然受到共同接受之逻辑、研究方法的检证。① 简言之，理想的深思熟虑是理性的，参与的各方应该陈述支持或反对方案的理由，而由这些理由相互激荡的结果，就决定了方案最后的命运，也就是如哈贝马斯所说的，除了更好的论证，无其他力量可以影响决定。②

第五，责任性。通过审议的过程，参与者可以知道特定政策建议的来源以及其背后的理论依据，所以公民就能够更好地确定支持特定政策的机构、政党和组织。此外，公开的审议过程还能够揭示意识形态倾向与公共政策之间的联系，并且可能更充分地理解责任性，即不仅要辨别谁支持了什么政策，而且还要弄清楚何种意识形态导致特定的方法路径和社会后果。虽然在传统政治争论中只需要识别意识形态立场与政策的一般联系，但是，在公共审议中，参与者希望更充分、更详细地描述政策在认识论方面的特殊正当性

---

① Amy Gutmann and Dennis Thompson. *Democracy and Disagreement.* Cambridge, Massachusetts: The Belknap Press of Harvard University Press, 1996, pp. 55 – 57.

② 邱靖鋐：《商议民主与政策民主化——对美国学习圈机制的观察》，（台湾）《“国会”月刊》2010 年第 11 期，第 55 页。

及其可能的后果。例如，对个人或组织来说，仅仅求助于对特定政治立场的传统支持或者为其政治意识形态提供正当性是不够的。参与者不仅必须表明为什么某种意识形态使他们受特定政策选择的制约，而且还要知道，他们为什么必须接受那种意识形态、其背景假设以及他们支持它的特殊解释。另外，既然公共审议涉及赋予他人认为具有说服力的理由，那么，为什么应该采纳特定政策的充分且令人信服的论述必须表明它是怎样建立在普遍可接受原则基础之上的，或者它怎样促进某些基本的共同目标的。总之，审议式民主中的责任性不仅意味着确定政治责任的来源，而且还要提供认识上的责任。①

第三节　审议式民主的价值与功能

审议式民主的兴起，是人们针对传统代议制选举民主的局限，对民主本质进行深入反思的结果。传统的代议民主制以工具理性为基础、以投票为中心，容易被非理性和私利主导。这种传统体制容易使社会成员产生政治冷漠症，难以真正展示公民精神，保障公民权益。因此，从"以投票为中心"的民主向"以对话为中心"的审议式民主转型，以弥补民主选举、多数决定的制度缺陷，便成为时代发展的要求。1999 年 3 月，审议式民主理论的研究者在曼彻斯特大学举行了一次学术研讨会，就审议式民主进行了深入探讨。"他们集中讨论了公共协商的规范概念、协商民主规范理想所需要的制度机制等内容，并提出了一系列支持协商民主的有力论据。他们认为，对于以普遍的不平等、日益明显的文化多元主义，以及逐渐增长的社会复杂性为特征的社会来说，协商民主是充满活力的、在制度上可行的政治模式。"②归纳起来，作为一种充满活力的政治模式与治理工具，审议式民主具有如下三个主要的规范与经验价值。

首先，培养公民精神、提升公民能力与德行。良好的公民精神是民主政

---

① （美）乔治·瓦拉德兹，何莉编译：《协商民主》，《马克思主义与现实》2004 年第 3 期，第 37 页。

② 陈家刚：《协商民主引论》，《马克思主义与现实》2004 年第 3 期，第 26 页。

治的重要基础，审议式民主是建构这一基础的重要途径。首先，审议式民主能够培养出健康民主所必需的公民美德，如政治共同体成员之间的相互理解、相互尊重。尊重他人的需求和道德利益，妥协和节制个人需要等。其次，审议式民主能够形成集体责任感。审议式民主能够使人们看到，政治共同体的每个人都是更大社会的一部分，承担责任有利于促进共同体的繁荣。第三，随着文化多元化的发展，审议式民主能够促进不同文化间的沟通与理解。通过公开的对话、交流和协商，各种文化团体之间就会维持一种深层的相互理解，从而成为建立参与持续性合作行为所需要的社会信任的基础。最后，审议过程和程序包容存在差异的种族、文化团体，平等、公正地对待社会的异质性，促进多元文化国家的政治合法性。① 与此同时，公共讨论使参与者接触、考虑、反省各种不同的观点与讯息，因而能够提升公民的知能（civic literacy）。除此之外，理性、共识取向的讨论，使公民们超越私人的自利立场，而导向于关注公共利益；公民们从“我”要什么，转化为“我们”要什么；从个别利益的冲突转化为共同利益的界定。除了形成公益取向和积极行动的公民德行，公共审议也使公民们能够发展自主判断的能力与信心。这些，因为公共审议而转化、养成的公民能力与德行，正是一个蓬勃发展、运作良好的民主政体所需的要件。②

其次，促进合法决策、提升决策质量。政治决策只有在获得广大政策对象的认同和支持，即获得合法性的基础上才能够有效实施。审议式民主能够通过讨论、审议等过程赋予立法和决策以合法性。审议过程的政治合法性不仅仅出于多数的意愿，而且还基于集体的理性反思结果，这种反思是通过在政治上平等参与尊重所有公民道德和实践关怀的政策确定活动而完成的。首先，所有受决策影响的利益相关者都能够平等地参与决策过程，政治讨论包容所有的人，没有人具有超越任何其他人的优先性。其次，决策是在公民及其代表的公共讨论和争论过程中形成的，公共利益是他们的共同诉求，理性具有超越个体自我利益与局限的优势。最后，形成决策的过程是将说服而非

---

① 陈家刚：《协商民主：概念、要素与价值》，《中共天津市委党校学报》2005 年第 3 期，第 59 页。

② 林国明、陈东升：《公民会议与审议民主：全民健保的公民参与经验》，《台湾社会学》第六期（2003 年 12 月），第 69 页。

强制看作是政治的核心。① 简言之，公民参与是一种民众参与政府政策决定的过程，当中牵涉到民众与政府间对于政策议题与公共服务的互动关系。如果能够将公民的观点纳入政策制定与讨论的过程中，成就有意义的公民参与，不仅能带来更好的决策品质，使决策更为周延，也有助于社会的稳定，促进民众对于政府治理过程与决策的信任与尊重。另外，公共审议的过程，也能够提供更多的信息，扩大参与者的眼界与知能，减少或克服“局部理性”的认知限制，使参与者能在较为充分的信息基础上，理性地判断政策的优劣，而提升决策的质量。

最后，制约行政权的膨胀、矫正自由民主的不足。20 世纪以来，行政机构的权力或者说官僚自由裁量权日益膨胀。怎样控制行政权力的非民主取向，已经成为各国学者关心的重要问题。官僚自由裁量权的问题是行政机构获得了制定规则以确定公共政策的内容而无须承担同等民主责任的问题。审议式民主论者认为，控制官僚自由裁量权的恰当途径是施行审议式民主，实行审议的民主立法模式，只有审议模式才能规范、建构现代的公共行政。因为真正的公共行政需要在讨论和决策中把公开性、平等和包容性最大化，所有政策审议的参与者都有确定问题、争论证据和形成议程的同等机会，审议过程能够包容各种不同的利益、立场和价值，审议能够使讨论和决策过程中的社会知识最大化。与此同时，随着国家角色、政体规模，以及异质性因素的变化，作为自由民主制度形式的代议民主与技术官僚管理开始越来越不适应 21 世纪人类面临的各种新问题。代议机制已经无法有效实现民主政治的核心理想：促进公民的积极政治参与；通过对话形成政治共识；设计并实施基于生产经济和健康社会的公共政策；确保所有公民都得益于国家福利。审议式民主则开始重新强调公民对于公共利益的责任、强调通过共识形成决策的过程，改变了重视自由而忽视平等的传统。作为审议式民主的核心，审议过程是对当代自由民主中流行的个人主义和自利道德的矫正。审议过程不是政治讨价还价或契约性市场交易模式，而是公共利益责任支配的程序。②

① 陈家刚：《协商民主：概念、要素与价值》，《中共天津市委党校学报》2005 年第 3 期，第 59 页。

② 陈家刚：《协商民主：概念、要素与价值》，《中共天津市委党校学报》2005 年第 3 期，第 59 页。

总之，审议式民主提供了一种超越选举民主的新的思考方式和理论框架。它以讨论为中心，注重培养公民理性讨论、审议的能力和水平。“审议是这样一种承诺：通过向我们的公民提出有理由支持的观点来找出能显明利害、解决分歧和平抑冲突的途径。审议式民主承诺对令人困惑的政治问题给出具有合法性的解决办法，所谓具有合法性，是指道德上是正当的，逻辑上是合理的。为审议进行辩护的论证与日俱增，这股支持审议的洪流强化了一种假设，即审议是可以提升民主的。民主理论家们已经将审议看作是民主实践或民主活动的样板，并转而将他们的论证方向转向了如何实现审议。因此，审议已经变成了衡量民主成就的一个标准：它就是民主理论家的目标、我们的理想和我们的渴望。”① 也就是说，审议式民主把审议主体从政治精英扩展到广大的公民，公民不仅拥有平等的投票权，还拥有平等有效的参与集体决策过程的机会，对共同关注事务的审议不再局限于政党、利益集团、政治精英等，而是扩展到整个社会。审议式民主能够培养出健康民主所必需的公民美德，如政治共同体成员之间的相互理解，相互尊重，尊重他人的需要和道德利益，同时还能形成集体责任感。通过审议可以加强公民之间的团结，公民在审议过程中，相互分享彼此的观点，不断地修正自己的观点，分析彼此产生分歧的原因从而产生更大的共识，审议是一个学习过程，在学习中加强了共同的向心力。② 可以相信，如能将审议式民主贯彻落实到每一项公共事务之中，必将带来公共决策的民主化，以实现民主治理品质的提升。

尽管审议式民主为处理政治生活中的道德分歧提供了最具正当性的构想，也鼓励公民本着公共精神来考虑公共问题。但其实践需要诸多条件，如资讯公开、平等参与的机会等，“其中首要的条件就是相互尊重：从事审议的公民们一定要视彼此为平等的人，承认这一点就意味着，他们在审议时相互之间必须提出合理的而且道德上正当的论证。”③ 换句话说，要有效地缩减道德上的分歧就应提倡相互尊重的价值，这是审议式民主的核心。通过减少他们之间的分歧，公民及其代表能一起努力，在导致分歧的那些决策或其

---

① Amy Gutmann and Dennis Thompson, “Deliberative Democracy beyond Process,” *The Journal of Political Philosophy*, Vol. 10, No. 2, 2002, pp. 153 – 174.

② 黄岩：《“倾听城市”：都市治理的审议民主》，《社会科学家》2008 年第 3 期，第 44 页。

③ 王盛彬：《反思审议民主》，《法制与社会》2008 年第 8 期（上），第 176 页。

他相关决策中寻找共同点，这样就能提高达成共识的机会。① 此外，审议式民主的实践还必须具备一些条件，包括民众对于问题的了解度、议题相关信息掌握及获取、个人情感认知因素、参与者的权力是否平等、审议结果必须具备拘束力等，都可能影响审议式民主的成果。也就是说，如果民众对于问题无法有深刻全面的了解，也不知从何取得或者无法取得完整信息，以及无法与意见不同者进行理性对话（着眼于长远、整体而非过度私利、私人情感之考虑），而仅限于个人意见表达，却不愿了解、试图说服对方、适度调

表 1.1　审议式民主实践的成功要素

三项成功的元素	成功的条件
公平的参与机制	“每一个人”都有平等参与的机会
理想的沟通情境	这个情境必须符合下列条件： 1. 普遍包含：没有一方一个被排除在讨论之外； 2. 机会平等：参与者的出席、陈述以及批判机会的平等； 3. 同理心：参与者愿意且能够以同理心的理解其他人之意见主张； 4. 权力平等：参与者间的权力差异在沟通情境中无法影响舆论塑造； 5. 公开透明：参与者们需公开第为其意向作辩护，且其互动必须透明； 6. 知情讨论：公民具有充分且正确的资讯； 7. 完全尊重：完全的参与者与选择皆将受到尊重； 8. 基于公利：参与讨论是基于公共利益的诉求、而非意图自利的独占。
有效的操作程序	为了支持上述情境的成立，审议程序的设计上必须符合下列条件： 1. 参与者被允许可以“慎重考虑议题”； 2. 参与者被允许可以“权衡选择判断”； 3. 参与者被允许可以“表达政策偏好”； 4. 参与者可以有平等参与审议的机会； 5. 参与者可使用平等的机制“参与决策”与“制定议程”； 6. 参与者可以自由及公开第交换资讯与意见； 7. 若需动用威权形塑共识时，需采正当性的特定程序。

资料来源：曾建元、吴康维：《审议式民主在台湾的创新应用》，（台湾）《“国会”月刊》2007年第10期，第70页。

① 谈火生等编译：《审议民主》，江苏人民出版社，2007年版，第7页。

整自己主张的话，审议式民主是无法运作的。有台湾学者根据美国学者艾瑞斯·杨（Iris M. Young）提出的普遍包容、政治平等、理性开放和公开对话等审议式民主四原则，归纳出一个成功的审议式民主模式必须具备的三个元素即公平的参与机制、理想的沟通情境和有效的操作程序等，如表 1.1 所示。①

第四节　小　　结

近年来许多政治学者及文化评论者都已经逐渐意识到，在资本主义消费文化的影响之下，随着民主参与的缺乏，以及政治阶级益发依赖媒体公关与行销所建构的政治市场来操纵选民，越来越多的公民仅把自己理解成定期投票的选民，甚至进一步地把选民的身份弱化成“政治消费者”。“也就是说，当民主参与变得只是在 X 牌政客和 Y 牌政客间选择，那就和消费者在超级市场选择要买 X 牌牛奶还是 Y 牌牛奶一样，只不过是一种政治消费主义而已，完全称不上是有意识的选民，遑论积极公民了。换言之，当民主参与逐渐被窄化成定期选举时，公民也就随着四年一次的定期选举而把自己的权力一次卖断给政治人物…… 所谓的制衡只不过就是期待下一次选举换个其他品牌的代议士来选，至于任期期间所能做到的监督或抵制根本微乎其微。就此，西方晚近出现的‘审议民主’转向，可能可以作为公民政治参与的更好选项。”② 审议式民主理论在面对代议民主和利益团体的运作体系以及精英或专业支配的治理模式之外，提供一个让民众能够发声（voice）的公共讨论空间，使得专家知识与常民（layperson）经验，以及不同利益团体和价值立场，能够进行对话、沟通。

审议式民主概念的形成标志着民主理论发展的新方向，但是，审议式民主的实践并不是民主范式的创新，在许多理论家看来，民主理论的这种转向只是审议理念的复兴。最初，审议式民主被认为是一种决策机制，即所有受

① 曾建元、吴康维：《审议式民主在台湾的创新应用》，（台湾）《“国会”月刊》2007 年第 10 期，第 69 – 70 页。

② Fran T. Y. Wu：《审议民主正在进行中》，《台湾立报》2010 年 11 月 12 日，S02 版（书评）。

到政策影响的公民或他们的代表，均应该能够参与集体决策，而集体决策是通过秉持理性和公正态度的讨论和审议之方式达成的。其后，审议式民主理论学者将集体决策过程中的审议运用于政治生活和治理活动中，认为审议式民主是一种民主治理的形式，自由和平等的公民在公共利益的指向下，通过对话、讨论、审议而达成共识，最终形成具有集体约束力的公共政策的过程。在政治形态中，审议式民主是公民通过广泛的公共讨论，在各种政治决策的场合，各种意见得到互相交流，使各方了解彼此的观点和主张，在追求公共利益的前提下，达成各方均可以接受的决策方案。审议式民主强调公民是政治决策的最重要主体，公民的政治参与并不局限于间接民主下的投票、请愿或社会运动，而应当在充分掌握信息、机会平等和程序公正的前提下积极参与公共事务，对公共政策进行讨论，提出合理的政策方案或意见。① 如果说代议制民主一般采用选举的方法来聚合民众的偏好，它强调公民享有平等的民主权利，强调聚合之后所达成的最终结果，但很少去关注聚合的具体过程。那么，与之相反，审议式民主关注的正是聚合的具体过程，强调公民在作出选择过程中的深思熟虑与审慎。这种深思熟虑性正是审议式民主的关键所在。

① 陈尧：《从参与到协商：当代参与型民主理论之前景》，《学术月刊》2006 年第 8 期，第 20－21 页。

第二章　台湾的实践：公民会议Ⅰ

作为新的民主治理工具，欧美国家发展了多达20余种审议式民主操作方式，其共同的特点：并非取代代议民主，而是补强代议民主中一般公民“审议参与”不足之处；更关注公共事务的讨论质量，因此对于操作流程有清晰、严格的规范，以确保参与者得到充分的信息以及平等与理性对话的机会。台湾地区于2002年由“行政院二代健保公民参与小组”开始引入审议式民主公民参与模式讨论公共政策以来，曾经实验过的公民参与模式包括公民会议、审议式民调、愿景工作坊等，而曾经讨论过的公共政策包括全台性议题与区域性议题，如“二代健保”、“税制改革”、“代理孕母”、“新竹科学园区宜兰基地”、“台北市汽机车总量管制”、“北投温泉博物馆何去何从”、“八斗子生活圈如何与海科馆共存共荣”等。第二、三章以五个案例来分析台湾民众参与公民会议的状况。本章首先对公民会议的性质、结构、运作程序及其功用等进行概述，在此基础上提出本书对公民会议的分析框架，并以2002年“全民健保给付范围”、2005年“税制改革”公民会议为例分析台湾民众参与全台性公共议题的情况。

第一节　公民会议

一、什么是公民会议

公民会议是一种公民参与公共决策的模式。具体而言，公民会议就是针对具有争议性的政策，邀请不具备专业知识的公民事先阅读相关的资料且与专家对话；然后公民在一定知识与信息的基础上对争议性的问题进行公开讨论；最后将公开讨论基础上形成的共识写成报告向社会公布；并供决策参考。公民会议的目标是试图在代议民主和利益团体的运作体系以及精英和专家支配的治理模式外，提供一个让民众能够发声的公共讨论空间，使得专家的知识与普通百姓的经验，不同的利益观点和价值立场能够进行对话、审议与沟通，提高一般公民对公共政策的参与，扩大社会公众对公共政策的了解。欧洲、北美的许多国家和亚洲的日本、韩国、我国台湾地区等举办过公民会议。①

首先，从起源来看，公民会议就是要打破“当代民主的瓶颈”，解决公共决策过程中缺乏公民参与的弊端。公民会议源自 1977 年美国国家健康组织（U. S. National Institution of Health，简称 NIH）处理乳癌检查的争议，汇集各类专家小组对新的医学技术给予专业评估。② 而后，丹麦于 20 世纪 80 年代，首次将此种共识会议广纳一般公民的参与，针对科技政策予以充分讨论。丹麦是个强调公民政治与公民参与的国家，法律规定牵涉到伦理与社会议题的科技政策必须要征询公众的意见并让公民有机会可以表达他们的意见。因为随着科技的发展，科技政策越来越牵涉到伦理和社会风险等问题，必须打破科技决策是独立自主领域、不受公众影响的观念，根据“主权在民”的原则，在科技决策方面提供批判和民主参与的渠道。为了落实公民的参与，丹麦于 1986 年成立了隶属于国会的科技委员会（The Danish Board of Technology，缩写为 DBT），负责评估科技决策对公民的影响，鼓励公民对科技议题参与讨论，并设计了很多种公民参与形式，公民会议只是其中的一种。到了 20 世纪 90 年代，随着审议式民主的兴起，公民会议——这种“丹麦风格”的公民参与形式——被认为与审议式民主的理念相契合，逐渐被引入到审议式民主的实践中来，并不断改进和完善，目前已成为落实审议式民主理念最基本的一种制度形式。在成熟的民主制度中，公民是裁判者和参与者，如果只强调公民在选举中的裁判作用，而忽视公民对公共决策的参与作用，这是有缺陷的。公共决策需要的不仅仅是严格意义上的专业知识，还需要道德与价值判断，而且在有限的资源下，还需要对不同目的之间的冲突进行平衡，这些都不是靠专业知识就能解决的，需要引入公民的参与

① 马奔：《公民参与公共决策：协商民主的视角》，《中共福建省委党校学报》2006 年第 8 期，第 28 页。

② 黄东益：《公共商议与地方政策参与》，第二届地方发展策略学术研讨会，宜兰：佛光大学社会学院公共事务学系，2003 年。

和讨论。在公开的讨论中，参与的公民即便不能就议题达成共识，也会以“扩大了的心胸”（the enlarged mind）来对待存在的分歧。审议式民主正是希望借助公民会议这种形式，让公民自由而平等地对影响到自己的公共政策和议题进行公开且充分的讨论，这样不仅赋予决策以合法性，提升民主治理的品质，也为公民了解政策议题、提高参与能力和培养公共美德提供了机会。①

其次，公民会议是落实审议式民主理念最基本的一种制度设计。一般具有争议的政策，往往都以政府官员、民意代表、利益团体的意见为主，一般民众没有发言的管道；虽然具有争议的政策通常复杂难懂，通过民调、公投，也无法真正反映深层的民意。所谓公民会议就是让一般民众在有资讯、知情的状态下，针对这些有争议的政策进行讨论，已成先进国家制定高争议性公共政策的重要制度。“在平等、公开、透明和尊重的原则下，依照严格的程序，公民会议为不同观点的沟通和辩论提供了一个对话性的公共论坛。通过公民会议的参与，普通公民不但会加深对公共政策的理解和认知，也会提升参与公共事务的愿望和能力，并有助于提高决策的合法性。”② 应用公民会议时，最重要的就是过程的管控，“必须先建立公民代表对相关议题的认知，可以透过可阅读资料和预备会议，来协助公民代表对相关议题的了解，并协助建立个人的疑问和协助寻求解答，最后达成共识并提出重要且可行的一些方案，供主办单位或研究者参考”③。

最后，公民会议的目的在于通过意见交流、对话治理的机制以提升政策决定的民主化。它蕴含着的理念突显一些重要的民主价值。第一个重要的理念是平等参与的权利。它反对专家治理的精英主义，也认识到议会民主体制在回应民众偏好的局限，而试图鼓励一般公民积极地参与政策讨论。正如达尔所指出的，民主的政治过程，应该是要保证所有受到决策所影响的人，能

① 马奔：《公民会议：协商民主的一种制度设计》，《山东社会科学》2009 年第 10 期，第 128－129 页。

② 马奔：《公民会议：协商民主的一种制度设计》，《山东社会科学》2009 年第 10 期，第 128 页。

③ 卢美秀、蒋欣欣等：《研究方法大突破——以公民共识会议修订“我国”护理伦理规范》，《新台北护理期刊》2006 年第 1 期，第 5 页。

够具有有效的机会来参与政治过程，而且有平等的权利来选择议题并控制议程；民主程序同时要求一种“开明的了解”（enlightened understanding）：必须让公民们根据充分信息和良好理性来对争议的利益和共同的事务，发展出清晰的理解。第二是对理性、知情的公共讨论及其教育效果的重视；第三是对共善目标的强调。哈贝马斯在《事实与规范之间》一书中也有明确的说明。他说，达尔所说的所谓“开明的了解”这个要素，将民主指向于意志形成的信息和讨论性质（information and discursive character of will-formation）；而充分信息的提供，公民了解事务的机会，以及公民的意志形成，则有赖于公共讨论。公民会议的目标，按照戴维·古斯特（David H. Guston）的说法是“扩大传统菁英治理所不及的参与管道与眼界，透过知情的公共辩论而增进公众（对政策议题）的了解，促进公民参与而提升民主的质量”，并且使参与者从会议过程体验到里查德·斯克罗夫（Richard Sclove）所说“社群感”与“公民意识”，公民会议能够“革除讥嘲的习癖”并“建立充满活力的民主文化”。① 一句话，“少数服从多数”不是公民会议的目的，让多元意见理性商议与辩论，相互了解，才是公民会议核心的民主价值。②

总之，作为一种公共参与模式，公民会议主要在依循审议式民主的精神，让一般民众有机会了解及讨论政策议题，取得必要的基础知识，进行理性的讨论后，作成结论报告，并成为相关政策制定的参考或依据。“公民会议尝试建构一个公共讨论的场域，让一般公民们，能够了解政策议题，并在知情的条件下，经由理性沟通而形成共同的意见。公民会议的参与者，必须阅读相关数据并经由专家授课来了解政策议题，然后在公开的论坛中，针对争议性问题询问专家和利害当事人的意见，最后，他们在具有知识讯息的基础上，对争议性的问题相互辩论并作判断，并将他们讨论后的共识观点，写成正式报告，向社会大众公布，以供决策参考。”“公民会议的结论虽然不具有法定的约束力，但有重要的政策参考价值。因为在对政策议题有所了解

---

① 林国明、陈东升：《公民会议与审议民主：全民健保的公民参与经验》，《台湾社会学》第六期（2003 年 12 月），第 65 – 66、76 – 77 页。

② 林水波、邱靖鉉著：《公民投票 vs. 公民会议》，台北：五南图书出版股份有限公司，2006 年版，第 238 页。

的情况下，公民们多元意见的相互沟通所形成的共识意见，往往能够呈现社会的核心价值。”① 换言之，公民会议是源自审议式民主理念而演化发展出来的一种公众审议制度，其中心旨趣在于：“增强公民对拟断中的政策，有了深度的理解，知悉制定的理由，洞悉制定的目的，晓彻制定的愿景，以争取其对政策的认同及执行的应用、顺服及合产；提供意见交流的平台，实践对话治理的理想，以减少不当的政策抉择，杜绝政策失灵浪费有限资源的现象。”②

二、公民会议的运作程序

公民会议并非仅指会议进行期间而言，它一般包括筹备、预备会议与正式会议三个阶段，每个阶段及其环节皆须完整，方能使会议具有意义。

第一，筹备阶段。主要包括议题的挑选、组成执行委员会以及挑选参与者等环节。

首先，议题的挑选。首先是挑选具有重大社会关切，需要政府政策响应，又具有争议性的议题作为公民会议的题目。议题，由主办机构挑选。主办机构可能是官方的，如丹麦的科技委员会，或接受政府委托的民间机构，或由民间团体主动地发起，如美国的 Loka Institute。适合作为会议主题的议题，范围不可太过广泛，必须要能够划定界线。例如，不可能以整个全民健保的改革作为公民会议的主题，这么大的题目势必会使讨论失焦；但范围也不能太过单一与狭窄，例如，某项医疗服务项目或药品是否应该纳入全民健保的给付范围，也不适合作为公民会议的题目。公民会议，通常是挑选“中间范围”的议题，不太大，也不太小。

其次，组成执行委员会。挑定会议主题后，主办机构接下来的工作，是挑选适当的人选来组成执行委员会，负责组织与监督公民会议的进行。执行委员会成员的挑选，有平衡性的考虑。公民会议所要讨论的议题，既然是社会关切的，又有争议性的，必然牵涉到不同观点的冲突，而公民会议，既然

---

① 《“全民健保公民共识会议”征求民众参与》，来源：http：//www. aptcm. com/APTCM/Real-Time. nsf/0/65689F4B9B66D54348256F6D0008F11A？opendocument。

② 林水波、邱靖鉱著：《公民投票 vs. 公民会议》，台北：五南图书出版股份有限公司，2006 年版，第 1 页。

是以寻求“共识”为目标，在这过程中，就必须让相互冲突的不同利益与观点，能够呈现。由于负责组织与监督公民会议的执行委员会，对参与公民会议的成员的挑选、会议资料的提供、议程的控制等等，具有举足轻重的影响，所以组成成员，应该容纳不同利益与观点的代表，以避免造成偏袒，让特定一方的伦理观点或知识见解支配了会议的议程。典型的执行委员会的成员组成，从身份来说，通常包括来自学界的专家、产业界、代表公共利益的社会团体，以及来自主办机构的计划执行人。

最后，挑选参与者。执行委员会组成后，一个重大的工作是在挑选志愿参加公民会议的民众来组成“公民小组”（citizen panel）。主办机构通过公开的途径，在扩及全国的报纸与广播媒体，或网络上，刊登广告，说明召开公民会议的目的与讨论主题，征求志愿参加者。除了已经具备会议讨论主题的专门知识者之外，所有愿意了解该议题并开阔胸襟来参与讨论的民众。都在欢迎之列。不过，有年龄的限制，通常设定为具有选举权资格的年龄。愿意参加的人，必须在报名信函中简单介绍自己的背景（性别、年龄、教育程度、职业与居住地），以及想要参加的原因。在丹麦，因为公民会议行之已久，可见度高，再加上政府对公众参与的强调与鼓励，要求公开征求参与者的宣传必须深入全国各地，因此公民会议报名参加者可能上千人，民众参与的兴趣高昂。

执行委员会从志愿参与的名单中，随机挑选 12 – 18 人组成参与会议的公民小组。这公民小组，当然不可能构成全国人口的代表性样本，但执行委员在挑选小组成员，会希望在年龄、性别、教育程度、职业和居住地等人口特征的构成上尽量呈现异质多元性。以丹麦 1995 年的基因治疗公民会议为例，成员包括：29 岁的土木工程师、41 岁的非技术性工人、34 岁的农人、26 岁的护理学生、65 岁的经济学家、35 岁的自营作业者、53 岁的技术助理、38 岁的金融顾问、62 岁的退休者、52 岁的销售经理和 18 岁的学生。韩国在 1999 年针对复制议题召开的公民会议，16 位公民小组成员中，男女各半，年龄从 22 岁到 55 岁，职业则遍及中小学老师、广告公司主管、艺术家、地方议会议员、家庭主妇和学生等。

第二，预备会议阶段。在正式召开公民会议之前，有预备会议的阶段，让公民小组的成员能有所互动，并熟悉他们所要讨论的议题。

首先，公民小组提出问题。预备会议通常利用两次周末的时间来安排课程，由执行委员会选定与讨论议题相关的背景知识文献，供公民小组成员阅读和讨论，这些背景材料，通常要涵盖对讨论议题的不同见解与观点。通过阅读与讨论，公民小组对该议题有了一定的了解之后，形成他们要在公民会议中讨论并询问专家的问题。

其次，挑选专家小组。公民小组的成员自行提出他们想要了解的问题，通常涵盖该政策议题领域的重要面向。针对公民小组所要了解的问题，执行委员会协助提出熟悉特定问题的专家小组名单，但公民小组可对专家小组名单作增删。专家小组名单确定后，主办单位要求专家针对公民小组的成员所要发问的问题，以一般公众能懂得语言，准备口头与书面报告。

第三，正式会议阶段。正式会议的召开，通常三到四天，会议的形式，像个公共论坛，开放给媒体采访，邀请民意代表和有兴趣的一般民众参加。会议的第一天，先由专家针对公民小组事先拟定的问题作说明，并回答公民小组在会场提出的问题。第二天，则由公民小组对专家小组进行交叉询问，让个别专家进一步阐述他们的观点，也让公民小组成员探究见解差异的争论议题。交叉询问完毕之后，公民小组自行进行讨论，并准备撰写最后的报告，在报告中，公民小组力求对争议性议题得到一致性的见解，但也指出他们无法达成共识的部分。公民会议的最后一天，公民小组向专家、听众和媒体公布他们的报告。在报告正式公布之前，专家有机会可以对报告内容澄清误解和修正事实错误的部分，但他们不能影响公民小组所表达的观点。在丹麦，专家小组的公民会议结论报告，连同专家所贡献的意见，将送交所有国会议员作为决策的参考；公民会议的结论报告，通常也是举国注目的焦点。

至于公民会议的结论，对政策并无拘束力，但以丹麦的例子来说，由于公民会议常在相关法案有待审议之前召开，如一位研究者指出的，“它们让立法者知道选民对重要的问题站在什么立场”。在某些个案中，丹麦的公民会议结论也的确影响了政策，例如，立法禁止雇主与保险公司利用基因筛检信息，即是采自公民会议中公民小组的结论报告。①

---

① 参阅《什么是公民会议》，来源：台湾大学社会学系科技、社会与民主（TSD）网站，http：//sociology. ntu. edu. tw/ ~ tsd/whatiscc. pdf。

总之，公民会议有一套严谨的进行程序，其中每位成员必须全程参与2天的预备会议与3天的正式会议。预备会议阶段中，公民小组成员必须阅读相关议题的教材资料，并搭配课程，认识讨论主题所涉及的重要争议，负责授课的专家学者则必须以周延而浅显的内容进行介绍，而资料与授课专家皆必须先经由执行委员会通过。公民小组成员在阅读资料与接受课程后，提出问题，作为正式会议的主要讨论提纲，同时，也根据公民小组提出的问题建议相关的学者专家参加。公民小组同时也在课程中学习如何开会、讨论，在尊重他人前提下，表达反对意见，以及包括撰写报告等技术性课程。3天的正式会议以公共论坛形式举行，第一阶段是公民小组与专家对谈，针对预备会议提出的问题咨询专家，专家针对指定问题发表20分钟的演讲并答复问题，而公民小组再就专家的报告进行讨论。所有讨论告一段落后，公民小组就专家报告与讨论结果撰写结论报告书，并经过全体成员的认可后，召开记者会向媒体宣布，并送交行政机关供决策者参考。① 换言之，公民会议创造一个专家与非专家之间，以及不同的观点和价值立场，在公共论坛中，相互沟通与辩论的场域，使非专业的公众，能在与专家的相会中，获得必要的知识，并在知情的基础上，对影响重大的但充满争议的议题，能够判断并尽量调和冲突的观点。整个公民会议的召开，是个具有资讯沟通与教育效果的公共事件。会议召开期间的公共讨论，以及公民会议的结论，向未参与会议的一般大众沟通，也通过媒体大幅度报导而公开化。因为这样的沟通效果，经常举办公民会议的丹麦人，根据欧盟的研究，对相关政策（如生物科技）的知识讯息，较之其他欧洲国家更为充分，对他们国家的政策也比较能够接受。但这样的资讯沟通，并不是通过专家对公众的单向传播，而是创造一个对话性的公共论坛，让公众能够获得知识，能够参与复杂科技议题的理知性讨论。一句话，“公民会议是个还在实验中的民主参与模式，这种参与模式也无法取代民主体制的代议政治。它还有很多我们无法在此详细讨论的限制。我们或许不必将这种参与模式过度浪漫化。但对于不据专业知识的公众

① 《来上公民课！公民会议、教育与公民权的再学习》，《台湾立报》2005年1月24日，第4版。

如何参与决策的讨论，这种民主实验，确实有启发的作用。”①

一般而言，公民会议实施的步骤与阶段如图 2.1 所示。

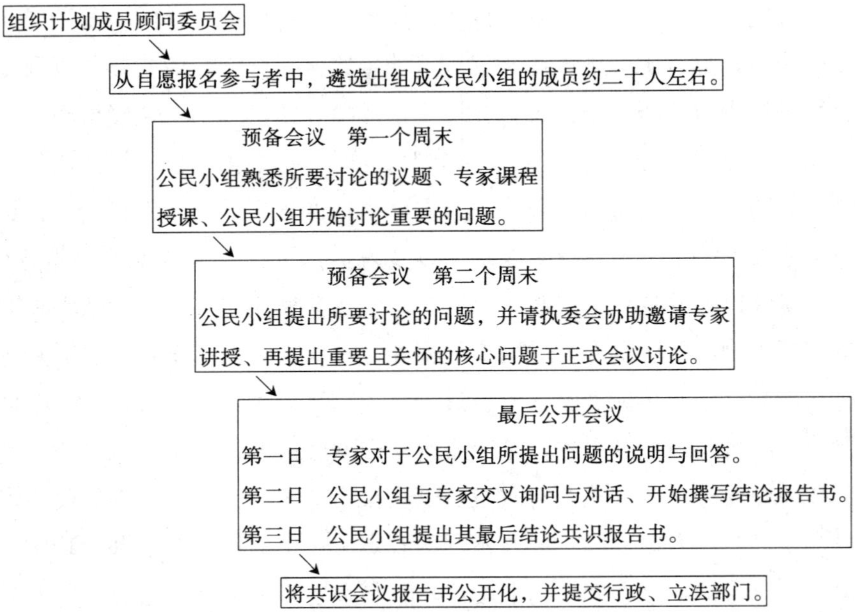

图 2.1　公民会议实施的步骤与阶段

资料来源：Edna F. Einsiedel and Deborah L. Eastlick, “Consensus Conferences as Deliberative Democracy: A Communications Perspective,” *Science Communication*, Vol. 21, No. 4, June 2000, p. 332.

根据本书分析的需要，可把公民会议的运作程序简化为图 2.2 所示。

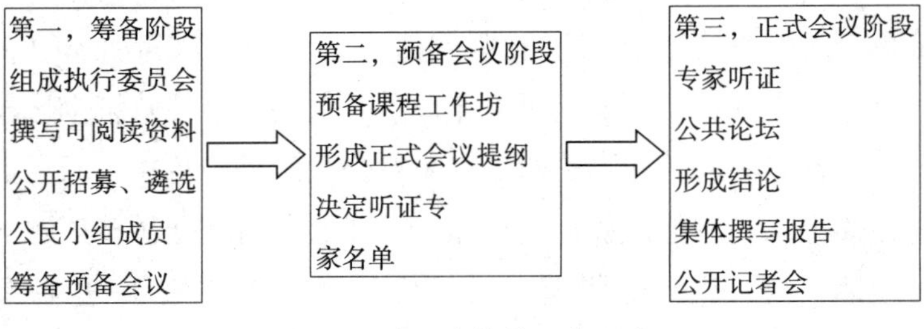

图 2.2　公民会议的运作程序

资料来源：作者自制

① 林国明：《公民会议：公民参与的民主实验》，来源：http：//sociology. ntu. edu. tw/ ~ tsd/consensusconferenceintro. pdf。

三、公民会议的分析框架

承上所述，作为一种创新性的公民参与模式，公民会议的目的在于建构一个公共讨论的场域，让一般公民们能够了解政策议题，并在知情的条件下，经由理性沟通而形成共同的意见。这种公民参与政策讨论的模式，相当接近于审议式民主的理念。换言之，公民会议的目的和宗旨是，提高一般公民对公共政策的参与；通过对话的过程，让一般公众，能够具有充分的资讯来进行公共讨论；促成社会公众对政策议题进行广泛的、理知的了解与辩论等。基于此，本书主张可以公民、政策及结果三个面向作为公民会议的分析框架，如图 2. 3 所示。

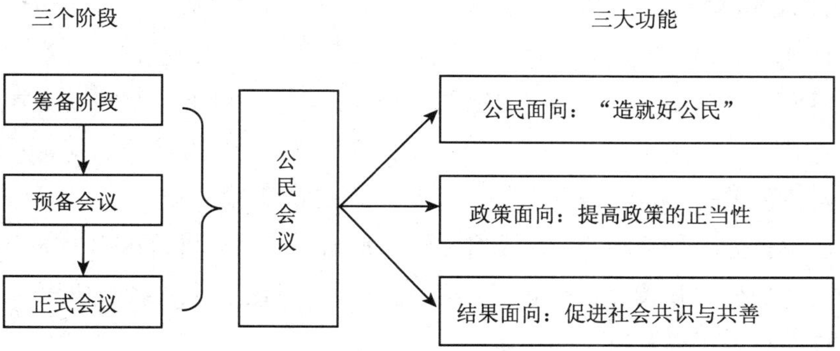

图 2. 3　公民会议的分析框架

资料来源：作者自制

首先，公民会议有助于“造就好公民”。这表现在一方面强化一般民众对公共事务的了解，提高民众参与公共政策的能力与意愿；另一方面则通过公民间持续地聆听、思考与公共讨论不同的价值与观点，检验不同的利益或理由，共同寻求集体的公共利益。公共讨论的过程，能够提供充分的资讯和知识，有助于促进公众对政策议题的了解，因而有提升公民知能的教育效果。尤其是通过民主治理的参与，能够培养公民超越特殊偏狭利益的道德性格。“在公民会议中，公民们展现了了解复杂的政策议题的兴趣和能力，而且能够在寻求共善和共识的取向下，理性地讨论政策议题；参与公共讨论的过程，能够提升公民的知识与积极性的公民德行。”① 也就是说，借由公民会议，在共善取向的前提下，让公民能通过阅读资料、询问专家、理性讨论，进而转化其知能、价值偏好之集体共识，以提升公民参与公共事务的能力。简言之，“参与造就好公民”，许多人正是通过参与重新认识了公民权，并学习如何成为一位好公民。

其次，公民会议有助于提高政策的正当性和决策的品质。长期以来，代议制的决策方式不仅造成了民众对公共资讯学习与参与的弱化，更使得决策权力变相掌握于少数人手中，形成少数统治，亦形成大众对公共政策的制定充满疏离、冷漠与无力感。公民会议则“试图为政策决定模式开启不同的可能性与想象”②。一方面，公共审议的过程，能够提供更多的信息，扩大参与者的眼界与知能，使参与者能在较为充分的信息基础上，理性地判断政策的优劣，而提升决策的质量。另一方面，在公共审议的过程中，参与者必须以可向公众辩解的方式提出自己的关切与论点，也在相互尊重的立场上聆听、理解他人的关切与论点，由此达成有论理根据的相互同意，使得不同的利益与价值关切，能够得到平等的考虑，而提高决策的正当性。③ 简言之，公民会议作为一种阐释公共决策合法性的形式，它让公民自由而平等地对影响到自己的公共政策和议题进行公开且充分的讨论，这就赋予决策以合法性，进而有助于提升决策的品质。

最后，公民会议有助于促进社会共识与共善（common good）。公民会议不预设任何先验的实质规范，但要求参与者尽可能超越一己私利下，从公共利益或至少试着从利他的角度反省问题。从公民会议另一个广泛使用的名称“共识会议”可以得知，它非常强调从争议中寻求共识。而共识的达成，则预设着参与者有追求共善的倾向以及偏好转化的可能。“透过公共讨论的转化过程，参与者调解彼此的差异和冲突，而寻求共同的价值与利益基

---

① 林国明、陈东升：《公民会议与审议民主：全民健保的公民参与经验》，《台湾社会学》第六期（2003 年 12 月），第 109 页。

② 林国明：《公民会议的价值是凸显多元性》，（台湾）《新新闻》第 914 期（2004 年 9 月 9－15 日），第 55 页。

③ 林国明：《公民参与模式》，来源：http：//sociology. ntu. edu. tw/～tsd/nhigroupkuoming. pdf。

础。”① 换言之，公民会议这样一种迥异于公听会、说明会的参与式民主模式，让一般公民以平等、自主、知性的讨论具争议性的公共议题，过程强调个人意见的平等表达，并有专家学者从旁补强背景知识，帮助公民周延思考与对议题的认识。因此，公民会议是为了让不具专业知识的公众，能够针对社会冲突性的议题或公共政策进行理性、共善的讨论，进而达到社会共识。一句话，公民会议这一具理性、结构性的模式，更有机会帮助社会大众进行理性的对话，进而促进社会共识与共善。

总之，在平等与信息透明的条件下，参与公共讨论对于民众在政治效能感、公共利益取向的转变、公共事务参与的意愿都有提升的作用。或曰持续的公共讨论，能够提升公民的知能、政治效能感、对于公共事务的参与意愿与动机以及对社会公共利益的考虑。这是因为，在平等、公开、透明和相互尊重的基础上，公民会议为不同利益、观点和价值的沟通与讨论提供了平台。这样的沟通和讨论并不是官员、专家对公民的单向传播，而是创造了一个对话性的公共论坛，让公民、专家和官员在讨论中，对充满争议的议题获得认知和理解，并尽量达成共识。“公民会议的目标是扩大传统精英治理所不及的参与管道与眼界，通过知情的公共辩论而增进公众（对政策议题）的了解，促进公民参与而提升民主的品质。”②

第二节　“全民健保给付范围”公民会议

台“行政院”在 2001 年 7 月成立“二代健保规划小组”，邀请学者专家针对“全民健保”长期性的结构改革进行研究与规划。在第一阶段的规划过程中（2001 年 9 月至 12 月），“全民健保”的体制运作缺乏有效的公民参与，成为关注的焦点之一。于是，“行政院二代健保规划小组”从 2002 年 1 月起，成立“公民参与组”，由台湾大学社会学系陈东升教授负责召

---

① 林国明、陈东升：《公民会议与审议民主：全民健保的公民参与经验》，《台湾社会学》第六期（2003 年 12 月），第 78 页。

② David H. Guston, “Evaluating the first U. S. Consensus Conference: the Impacts of Citizen’s Panel on Telecommunication and the Future of Democracy”, *Science, Technology and Human Values*, Vol. 24, No. 4, 1999, p. 452.

集，领导一个由政治、社会、法律、社会福利和医疗领域的学者所组成的研究团队，着手研究如何提升民众参与全民健保政策的管道与能力。经过一番准备，2002 年 7－8 月台湾地区以“全民健保给付范围”为议题，首度举办公民会议。

一、“全民健保给付范围”公民会议的起因

在分析“全民健保”公民会议的起因之前，我们有必要先了解台湾地区所谓的“全民健保”制度及其基本概况。台湾地区于 1995 年 3 月 1 日正式实施全民健保制度，它以被保险人口投保率高、投保费率低、给付范围广及就医方便而闻名于世，甚至被誉为医疗制度的“乌托邦”。“台湾健保堪称价廉物美，民众根据薪资多寡，每月只要付少少的钱，即可享受到各样的医疗服务，不论贫富贵贱，去大医院或小诊所，所受到的医疗服务全都一样，一视同仁，有钱人纵使想多付钱获取额外服务，也不被允许；而且就医便利，医院、诊所到处都是，自己可以选择要在哪里就诊，无须医师指定。”诺贝尔经济学奖得主、美国普林斯顿大学经济系教授兼《纽约时报》专栏作家克鲁曼（Paul Krugman），曾于 2005 年 11 月在《纽约时报》专栏大赞台湾健保制度，要求美国虚心向台湾学习全民健保的经验。[①] 让西方国家惊讶的是，台湾地区的“全民健保”覆盖广、项目多，但全部费用仅占岛内国民生产总值的 6.17%。而在同样实行全民健保的美国，支付的范围比台湾地区要小，但这一数字竟然是 15%；在欧洲和日本，这一比例也在 7%－10%。[②] 正因世界各国对台湾的健保制度多所肯定，近年来，来台湾取经的国家不下 50 个。

首先，台湾全民健保采取强制性的社会保险方式，是一种缴费互助、社会统筹、平等就医的医疗安全保障制度。其特性是根据保险的大数法则，分担少数患者的高额医疗费用风险，将居民个人收入进行再分配，即个人所得的横向转移，高收入者一部分收入向低收入者转移，健康者的一部分收入向

① 《台湾健保制度蜚声国际》，来源：新华网 2009 年 3 月 27 日，http：//news. xinhuanet. com/tw/2009－03/27/content _ 11083511. htm。

② 《台湾健保：医疗制度乌托邦》，来源：http：//biz. 163. com/06/0406/14/2E1JT91J00021HSD. html。

多病者转移，实现社会共济，以解决居民生病时无钱就医，甚至陷入因病至贫的困境。① 也就是说，“台湾全民健保的根本目的在于，减少公民健康地位的不平等。其意义，同其他公共疾病保险方案一样，通过行政强制加入的方式，建立一个和衷共济与社会风险分担的共同体”②。事实证明，健保制度在台湾民众心目中口碑颇佳，从 1995 年到 2005 年，在连续的民意调查中，健保的满意率从 65.4%，一直上涨到 72.3%，最高峰时达到 78.5%。③ 这在意见多元的台湾，算是很高的比率了。

其次，台湾全民健保的给付范围很广，包括门诊、住院、牙医、中医、检验检查、居家护理、处方药品、预防保健等 8 个方面。在全民健保提供的医疗服务中，涵盖了住院医疗服务和西医、中医及牙医的门诊医疗服务，给付范围包括医师诊察、检查、治疗处置、护理、康复及住院病房费等项目。预防保健服务则包括计划免疫在内的儿童预防保健、成人预防保健体格检查、孕妇产前检查、妇女子宫颈涂片检查等。在健康教育方面，通过制作各类宣传品和纪念品如健康手册、人员培训资料及举办健康知识报告会等，开展健康促进活动。从 2003 年 12 月起，推行“全民健康保险家庭医师整合性照护制度试办计划”，充分发挥基层诊所家庭和社区医师的功能，提供社区居民各种急慢性疾病的照顾和转诊服务，并与合作医院形成完善的社区照护网络，培育居民有病先找家庭医师进行健康咨询的就医行为，以促进分级就医和转诊制度的实现。④ 2009 年起，包括胰脏移植等 23 项重症医疗技术也纳入“健保”，让这些台湾人戏称只有董事长太太才能做的昂贵手术，一般人也能轻松采用。当然，也有不属“健保”给付范围的医疗，比如整形手术、人工生殖等。⑤ 一言以蔽之，台湾全民健保向全体居民提供适时、适度

---

① 《台湾全民健保的现况及经验》，来源：中国医疗保险网 2005 年 4 月 1 日，http：//www.51shebao.com/？action-viewnews-itemid－681。

② 邹萃、侯悄悄：《对话台湾：全民健康保险的效能与隐忧》，《中国社会保障》2009 年第 12 期，第 79 页。

③ 《台湾健保：医疗制度乌托邦》，来源：http：//biz.163.com/06/0406/14/2E1JT91J00021HSD.html。

④ 《台湾全民健保的现况及经验》，来源：中国医疗保险网 2005 年 4 月 1 日，http：//www.51shebao.com/？action－viewnews－itemid－681。

⑤ 《“健保”，风雨飘摇的“台湾奇迹”》，来源：http：//news.163.com/10/0827/03/6F2JO21S00014AED.html。

的包括疾病预防、诊断治疗、健康教育等广泛性的医疗服务。

最后，台湾全民健保以“全民参保、强制性投保”为原则，在原公、劳、农保被保险人的基础上，扩展其眷属并将其他人口纳入保险，即每位台湾居民甚至包括留学生、移民者、甚至外劳等都必须参加医疗保险。被保险人依其职业类别与所属单位，分为六个类别，有职业者（包括其无工作的眷属）通过所属单位投保，没有职业者（包括无挂靠亲属的退休人员）可通过乡（镇、市、区）公所投保。各个类别的保费各不相同，大多数工薪阶层是自付30%，雇主付60%，当地政府付10%。如果自己是老板，100%自付。低收入户则100%由地方政府支付。而“对于法律规定的重大病伤、预防保健服务等项目，个人负担部分可以免除，社会贫困人群也可以免缴医疗保险费。根据规定，农民的健康保险费由政府和农民分摊，分摊比率为政府70%和农民30%”①。为了提升台湾居民的健保参保率，2003年6月修正了“健保法”，对经济困难的居民采取了专项优惠办法，无健保卡的困难居民患有重症、急症时，可先就医后参保，同时，对长期拖欠保险费而无力参保的困难人员，可获准在一年内免除或缓缴先前的欠费，以将他们尽快地纳入健保的保护伞下。台湾健保一经推出，效果显著，民众参保率直线上升，至今已接近100%，成为名副其实的全民健保。

综上所述，台湾在过去几十年里用心检讨十几个国家健保制度的优劣，终于研拟出一套人人皆可获得医疗服务、高效率的全民健保制度。“全民健保的开办意味着台湾社会保险体制的重大改变：一个在给付条件上一律平等制度的建立。全民健保打破了过去公农劳保时代以职业类别作为区分的标准，以全民普及制代替分立制，避免因职业类别与保险体系的不同而产生待遇差异。全民健保前非工资劳动者，如老人、儿童、家庭妇女、身心障碍者等社会弱势者，被排除在社会保险网之外，以及原先因分立制而形成的政出多门这两个问题，在全民健保开办后获得一定程度的解决。”② 全民健保对一般台湾市井小民而言，称得上是相当实惠的健康保障机制，这项制度使得

① 《中国台湾多种医疗健康保险合一》，《医药世界》2007年第5期，第40页。

② 邹萃、侯悄悄：《对话台湾：全民健康保险的效能与隐忧》，《中国社会保障》2009年第12期，第79页。

过去贫病无依、没钱看病、坐以待毙的情况，不复发生，堪称穷人生病时的救星。所以，全民健保堪称是台湾民众最受用的福音。“健保”的优越性主要体现在大病上。越是大病，自付的比例越低。前“立委”沈富雄介绍，他曾做心血管手术，住院 4 天，装了一个血管支架，这个要花费 100 多万元的手术，他只付了不到 2 万元。台北的邱先生每周须做 3 次肾脏透析，每次只需挂号费 100 元。他说，没有“健保”，他早就看不起了——1998 年，“健保”将恶性肿瘤、尿毒症、精神病、先天性畸形等 31 种疾病纳入重大伤病项目，患者不仅医疗费甚至挂号费都可以获得减免。① 从这个角度看，台湾“健保”的确充分体现了社会自助互助、风险共担的精神。对此制度的设计及其效能，台湾资深媒体人汪用和评论道，“台湾的全民健保真的是德政一桩”②。

话虽如此，台湾的全民健保在外界看来笼罩着光环，让人赞叹，但其实也危机四伏，如果不能予以有效改良，这个“乌托邦”正面临崩盘之险。其中财务危机问题始终是最大的困扰。台湾健保肩负着全民健康的使命，虽然官方宣称民众的满意度高达七成，却无法摆脱亏损的隐忧，如医疗资源有限、健保支出已超过保费收入等，不禁令识者忧心台湾健保究竟还可以撑多久。据了解，台湾“健保”在开办第四年，开始出现财政缺口，不得不向银行借款。其后负债越滚越大，以 2005 年为例，保费收入一共 3550 亿元，而支出却达到 4200 亿元，留下了将近 700 亿的巨额缺口。截至 2009 年底“健保局”共积欠银行 1065 亿元债务。③ 前“立委”沈富雄指出，健保的隐忧在于“我们收的钱的成长率不如开销的成长率”，所以每次拉成平衡，三年后就不平衡了。换言之，支出永远大于收入，因为没有节制，“没有自由市场的精神在里头。”台湾人喜欢逛医院，一个小感冒也要到大医院；有的妈妈早上带小孩看内科，如果病情未明显改善，下午再去看耳鼻喉科。健

① 《“健保”，风雨飘摇的“台湾奇迹”》，来源：http：//news. 163. com/10/0827/03/6F2JO21S00014AED. html。

② 《全民健保惠泽岛内民众：台湾的医疗制度》，来源：http：//www. s1979. com/a/news/gangaotai/2010/0308/21454. shtml。

③ 《“健保”，风雨飘摇的“台湾奇迹”》，来源：http：//news. 163. com/10/0827/03/6F2JO21S00014AED. html。

保开销之所以居高不下有一个很重要因素是台湾人有吃药的习惯。去年一年健保药费支出达1250亿台币，较前年成长6.9%，其中台湾人吃最多的是治疗高血压、高血糖和高血脂的药物，去年吃掉323亿台币；十大健保药物排名第一的是具有降血压与保护心脏功效的“脉优”，已蝉联八年冠军宝座，一年就吃掉44亿862万元。① 概言之，一方面是健保的财政漏洞越来越大，另一方面则由于“全民健保”的福利，使台湾民众看病上瘾，长庚医院桃园分院副院长蔡荧煌将此总结为“爱逛医院、爱拿药、爱检查”②。其实，即使没有管理疏失、“骗保”等问题，人口老化、医疗科技进步及居民就医需求增加等因素，也会使“健保”费用增加势不可免。“健保局”数据显示，台湾2009年较1995年，65岁以上老年人从7%增加到10%。而近年来，无论公立、私立医院，为了提高竞争力，都在不断提升医疗科技及方法，导致医疗费用不断攀升。③

总之，“全民健保”是广受民众欢迎的社会制度。这个在社会互助功能上堪称成功的制度，近年来一直面对入不敷出的财务困境。为了因应财务危机，“行政院卫生署”宣布从2002年9月起调涨“全民健保”的费率和部分负担金额。“健保双涨”引发了纷扰不休的政治冲突。许多民间团体，纷纷发声反对；64个团体串联组成的“民间推动健保改革联盟”，前往“监察院”告官，又齐聚“卫生署”抗议；上万名劳工走上街头，高喊“健保调涨，劳工不爽”、“变相加税，惩罚病人”的口号，激烈冲撞“行政院”大门。在野党“立委”也对“健保双涨”进行强力抗争，要求“行政院”收回成命。在社会团体反对，在野政党抗争所卷起的政治冲突中，“行政院”仍然坚持调涨部分负担与费率。就在“健保双涨”引发政治冲突期间，一场民主实验正悄悄地进行。20位来自不同背景的公民，包括公务员、民营企业的雇主和员工、出租车司机、清洁队员、家庭主妇、退休的老年人和

---

① 《台湾健保制度蜚声国际》，来源：新华网2009年3月27日，http：//news. xinhuanet. com/tw/2009－03/27/content_11083511. htm。

② 《台湾健保：医疗制度乌托邦》，来源：http：//biz. 163. com/06/0406/14/2E1JT91J00021HSD. html。

③ 《“健保”，风雨飘摇的“台湾奇迹”》，来源：http：//news. 163. com/10/0827/03/6F2JO21S00014AED. html。

为精神疾病所苦而休学的大学生，这些平常没有机会表达他们对全民健保的意见的公民们，聚集在台北近郊一座会馆，利用跨时两个月，共七天的时间，参加一场“全民健保给付范围”公民会议。在会议中，他们阅读数据，询问专家，经过这些过程，了解全民健保的运作状况，并在了解的基础上，针对全民健保所面临的问题，进行理性的知情讨论（informed discussions），而形成共同的意见。他们主张，为了让全民健保能够永续经营，继续提供给国人广泛的医疗照护，保费可以适度调涨，但在调涨保费的同时，必须致力于减少医疗浪费、提升医疗质量，并改善财务负担的公平性。①

二、“全民健保给付范围”公民会议的过程

这次公民会议以“全民健保的给付范围”作为讨论主题，它牵涉到台湾地区“全民健保”制度一个根本的集体选择，即在资源有限的条件下，民众愿意负担多少保费，来涵盖哪些公共付费的医疗项目？此次公民会议因是实验性质，为了降低会议的复杂性，所以不开放给媒体采访。但“二代健保规划小组”的学者与“卫生署”健保小组人员在场旁听、观察，整个会议过程全程录像，使得会议仍具有听众导向的公开性，而非公民小组成员的闭门对话。从日程安排来看，预备会议的举办时间是2002年6月22、23日及7月6、7日共四天；正式会议的举办时间则是2002年8月3、4、10日共三天。如图2.4所示。

第一，“全民健保给付范围”公民会议的筹备阶段。主要包括组成执行委员会以及挑选参与者等环节。

（一）组织执行委员会

至2001年台湾地区“全民健保”制度已经实施7年，虽然广受民众的肯定，但也面临财务负担与各种不同的问题。“卫生署”于是组成了“第二代全民健保规划团体”，其中特别设立一个有关增加公众参与的小组即“公民参与组”。经由“中央研究院”社会学研究所张苙云教授的推荐，规划团体总主持人台湾大学预防医学研究所赖美淑教授，邀请台湾大学社会学系陈

---

① 林国明、陈东升：《公民会议与审议民主：全民健保的公民参与经验》，《台湾社会学》第六期（2003年12月），第63页。

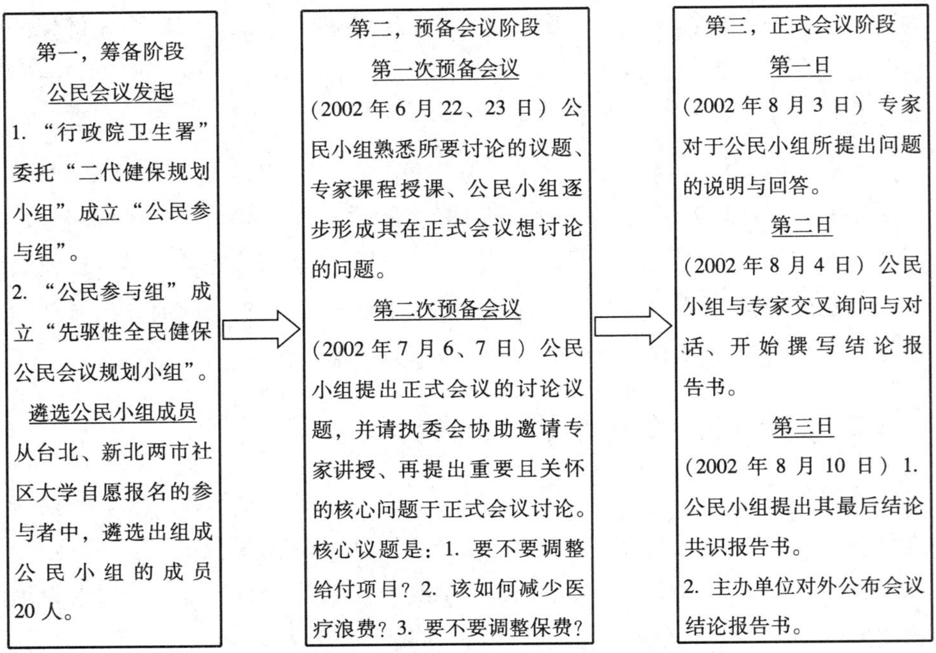

图2.4　“全民健保给付范围”公民会议实施的步骤与阶段

资料来源：作者整理

东升教授担任这个小组的负责人。公民参与小组的成员，除了专门研究台湾“全民健保”制度的林国明之外，还有台大社会学系的吴嘉苓教授、政治大学社工所的傅立叶教授、政治大学公共行政系的黄东益教授、阳明大学的雷文玫教授、邓宗业教授、台北大学社工系林志鸿教师、台北护理学院张宏哲教授等。这些学有专精的学者参与，使得整个研究蓝图更为清晰。黄东益教授和在美国推动审议式民调的詹姆斯·菲什金（James Fishkin）教授有师生关系，也引介菲什金到台湾协助审议式民调的实验计划。吴嘉苓教授、傅立叶与邓宗业教授对于病患团体、社福团体以及专业团体有深入的研究，雷文玫教授则钻研社会行政法，引介美国行政部门与利益团体、人民团体的协商治理（negotiated regulation）制度等。①“公民参与组”的研究成员在反复讨论后，决定以“全民健保的给付范围”作为公民会议的讨论主题：“全民健

① 陈东升：《到审议民主之路：台湾的实践与反省》，来源：http://blog.roodo.com/taiwan-culture/e6b61bb5.pdf。

保保什么？为什么？”此外，为推动“全民健保给付范围”公民会议的进行，“公民参与组”特别成立“先驱性全民健保公民会议规划小组”作为此次公民会议的最高指导单位。

（二）公开招募参与公民

由于这是台湾地区首度举办公民会议，主办方并无任何经验的基础可以判断参与会议的公民，是否能够抱持求知求实的态度来了解该政策议题，并能够从事理性的讨论。因此，主办方决定以台北、新北两市的板桥社区大学、南港社区大学、永和社区大学、芦荻社区大学、三重社区大学以及劳工大学的学员，而非全台民众作为公民小组的招募对象，目的在于希望借由求知意愿较强的社区大学学员的参与，来提升操作能力。

（三）公民小组的组成背景

经过自 2002 年 4 月底至 5 月底长达一个月的招募之后，有接近 70 位志愿者报名参加。主办方先将报名者依性别区分为两组，每组依年龄、教育程度分层排列名单，再依系统抽样抽出 20 位参与者，接着检视这 20 名参与者的基本资料，审阅他们是否过度集中于某个职业类别。这些被选中的 20 位公民小组成员，最后有 19 人全程参与 7 天的公民会议。具体背景资料如表 2. 1 – 2. 3 所示。

表 2. 1　“全民健保给付范围”公民小组基本资料统计表

基本资料		人数	百分比
性别	男	9	45%
	女	11	55%
	合计	20	100%
教育程度	小学	3	15%
	初中	2	10%
	高中职	4	20%
	专科、大学及研究所	11	55%
	合计	20	100%

资料来源：林国明、陈东升：《公民会议与审议民主：全民健保的公民参与经验》，第 112 页。

表 2.2　公民小组职业背景

职业	人数	统计	占总体百分比
学生	2	2	10%
家庭主妇	2	2	10%
司机	2	2	10%
退休人士	2	2	10%
公司职员	3	3	15%
民营企业	2	2	10%
公务人员	5	5	25%
社团组织	2	2	10%
合计人数	20	20	100%

资料来源：林国明、陈东升：《公民会议与审议民主：全民健保的公民参与经验》，第 111 页。

表 2.3　公民小组医疗服务利用频率

医疗服务利用频率（2001 年最后使用到的健保卡卡号）	人数	占总体百分比
低度使用者（A、B 卡）	13	65%
中度使用者（C、D 卡）	5	25%
高度使用者（E 卡及以上）	2	10%
合计人数	20	100%

资料来源：林国明、陈东升：《公民会议与审议民主：全民健保的公民参与经验》，第 112 页。

第二，“全民健保给付范围”公民会议的预备会议阶段。主要包括安排预备会议课程及邀请相关专家进行授课等。

（一）安排预备会议课程及选择授课专家

进行正式公民会议之前，先举行相关事宜的研讨预备会议，其重点在于让公民小组获得“全民健保”的基本知识，并以这些基本知识为基础，进行理性的讨论，拟定正式会议要讨论的议题。因此，授课学者的选择是十分重要的议题。经过“规划小组”审慎的讨论，兼顾授课学者对于相关领域的熟悉程度、立场的超然客观以及能引导一般民众学习热情后，安排预备会议课程与授课专家如表 2.4 所示。

表 2.4　预备会议课程与授课专家安排

课程名称	授课专家
什么是公民会议	台湾大学社会学系　林国明教授
什么是“全民健保”	“二代健保规划小组”执行长　赖美淑教授
“全民健保”的钱从哪里来，花在哪里	台北商业技术学院　朱泽民教授
“全民健保”的经营管理	“中央健保局”副总经理　巫敏生
“全民健保”的成就与困境	慈济大学　叶金川教授
“全民健保”给付的变迁与困境	“中央健保局”　林金龙经理
钱不够怎么办	台中健保管理学院　杨志良教授

资料来源：《“先驱性全民健保公民会议”的筹备过程》，来源：http：//sociology. ntu. edu. tw/~tsd/NHICCprocess. pdf。

在绝对由这些学者担任预备会议的授课专家之后，“规划小组”立刻指派同仁与这些专家联络，大致说明此次公民会议的目的和精神，以及他们各自的授课范围与时间。理论上，授课专家应尽量保持立场的中立，并能熟悉引导学习的技巧，避免学院训练模式。为满足授课专家既能充分了解政策事务面又能深入浅出地介绍相关知识与讯息的要求，“规划小组”邀请的专家，除了介绍公民会议的学者之外，全是“健保”行政系统的“局内人”：历任“健保局”总经理、副总经理、经理、副经理和前“卫生署副署长”等。这份名单可能予人“官方操纵”的印象，其实它反映的问题是：筹备小组对于政府系统之外的专家，是否充分了解“健保”实务、是否具有不同于学院训练式的表达能力，以及更重要的，是否秉持中立的立场，客观地呈现各种相关的资讯，缺乏信心。①

（二）挑选预备会议的主持人

担任预备会议主持人的适当人选，必须熟悉会议主题，具亲和力，能够引导讨论、协助形成结论，但不具强势立场，主要的任务是维持团体讨论、促进成员互动交流、协助公民小组形成问题与回答参与者的问题。经过“规划小组”数次的讨论，决定采用两个主持人的才形式，其中一人熟悉“健保”事务，另一人则熟悉引导讨论。

① 参阅《“先驱性全民健保公民会议”的筹备过程》，来源：台湾大学社会学系科技、社会与民主（TSD）网站，http：//sociology. ntu. edu. tw/~tsd/NHICCprocess. pdf。

概言之，在预备会议进行的过程中，为了避免影响公民讨论与发问情形，不开放现场采访，而改以开放同步转播的观察室，供相关人士了解与知悉进行的情况。此外，为了避免公民小组遭到不必要的干扰，并未详细公布背景资料，以维护公民会议后续阶段得以顺利地进行。

第三，“全民健保给付范围”公民会议的正式会议阶段。这一阶段的重头戏是公民小组与专家之间的对谈以及公民小组形成对问题的共识。

（一）公民小组与专家的对谈。根据“规划小组”的讨论，这一单元的流程为专家回答公民小组于预备会议提出的问题（时间是30分钟，依专家人数平分），接着进行公民小组与专家之间的对谈（时间是1个小时）。在这个部分，被邀请的专家学者如表2.5所示。每段专家与公民小组的对话结

表2.5　正式会议的专家名单与议题

议题	专家名单
我们要不要调整给付项目？ 问题一：在资源有限下，“全民健保”的给付范围与原则为何？ 问题二：是否应该删除某些给付项目？ 问题三：是否应该增加某些给付项目？	李玉春教授 （阳明大学卫生福利研究所） 李世代教授 （台北护理学院长期照护研究所）
我们该如何减少医疗浪费？ 问题四：如何防治医疗院所浪费医疗资源？ 问题五：如何防治民众浪费医疗资源？ 问题六：如何强化“健保局”的行政管理？	张立云 （“中央研究院”社会学研究所） 郭守仁副院长 （彰化基督教医院） 戴桂英副召集人 （“行政院卫生署健保小组”）
我们要不要提高保费？ 问题七：提高保费的必要性？ 问题八：保费调整机制如何制度化？ 问题九：保费调整如何兼顾社会公平性？ 问题十：保费调整如何提升医疗品质？	杨志良副校长 （台中健康暨管理学院） 蔡再本副董事长 （台湾消费者文教基金会） 朱泽民副教授 （台北商业技术学院）

资料来源：《“先驱性全民健保公民会议”的正式会议》，来源：http：//sociology. ntu. edu. tw/～tsd/NHICCformal%20conference. pdf。

束后，便随即进行公民小组内部讨论，在听取专家学者的意见后，针对每个阶段的主要议题与次要问题讨论，汇集公民小组对问题的看法，并尝试建立他们对于这些问题的共识。①

（二）综合讨论。待专家学者与公民小组对谈结束后，“规划小组”于2002年8月4日下午，安排综合讨论的时间，主要目的是让公民小组确实地回答他们在预备会议所提出的问题，由于会议时间已接近尾声，在最后一天的会议中必须向政府官员与民间团体报告公民小组的结论，所以不能让公民小组的讨论有离题或抓不到重点的情况，因此，主持人如何妥善引导讨论的进行，有效地控制时间，是极为重要的。在此次会议中，由于规划小组欠缺举办公民会议的经验，所以无法有效地掌握讨论的过程，时有出现离题或过于冗长的发言，同时也过分注重字句的雕琢，而未将讨论核心集中于原则性的问题，以致即便延长了会议时间，也无法将所有问题讨论完毕。补救的做法是将前几天的会议记录提供给公民小组的主笔人，请他们依照这些记录撰写报告，待正式会议的最后一天，再由公民小组修改与认可主笔人的结论报告。因此，当日会议结束之后，三位主笔人与两位负责记录的小组成员均主动留下，初步整理既有的资料，并且协调分工内容以及结论报告的撰写方式。

（三）撰写结论报告。两次正式会议相隔一个礼拜，期间三位主笔人再度集会一次，整合他们个别撰写的部分，并就报告内容与形式交换意见。集会当天即完成结论报告，并让工作人员带回规划小组，为最后一天会议做准备。

（四）对外公布“全民健保给付范围”公民会议的结论报告。正式会议的最后一天，上午的工作是由公民小组认可主笔人所撰写的报告，三位主笔人依序简单说明他们所负责的部分，并给公民小组充分的时间，详细阅读本份报告，检视是否有遗漏、不足或意思扭曲的情况，接着，便进入修正报告的时间，由小组成员提出修改意见，先由主笔人初步响应，如果发问成员满意主笔人的解释，便不对该部分进行修正，如果不满意，再由公民小组讨论

① 《“先驱性全民健保公民会议”的正式会议》，来源：http：//sociology. ntu. edu. tw/ ~ tsd/NHICCformal%20conference. pdf。

应如何修正。当天下午首先由专家学者指出结论报告的事实性错误，规划小组请林国明教授、雷文玫教授以及“卫生署健保小组”戴桂英副召集人发表他们对结论报告的看法，由于专家学者只能指出事实性的错误，不能影响结论报告的内容，因此，这三位专家学者只就结论报告内的术语、专门用语甚至是错别字与公民小组讨论。除此之外，三位专家学者也针对结论报告的形式与公民小组讨论，说明主笔人或公民小组在撰写报告时所犯的错误。

在专家学者指出结论报告事实性错误的同时，主办单位也在另一个场地，向前来听取结论报告的政府官员与民间人士，简单说明公民会议的性质，以及此次会议安排。

1. 发表结论报告

简报结束后，便请公民小组向与会来宾报告此次公民会议的结论，并请公民小组简单地做自我介绍，并由主持人简介与会来宾。会议结束后，有部分公民小组成员因为听了下午专家学者的建议，便提议再挑选一日，另行召开一次会议，让结论报告更为尽善尽美，更为简明易读，以及更能反映公民小组的意见，经过公民小组全体同意之后，主办单位便将第八天的会议安排在八月十八日，于台大社会学系馆召开。为节省时间，在征得公民小组的同意之后，由主办单位根据最终的结论报告修改，再于八月十八日当天，由公民小组认可与修改。

2. 修饰结论报告。主办单位在第八天会议之前即在不更动公民会议结论的前提下，适当地修改文句与表达方式。会议当天，主办单位向公民小组言明，由于公民会议的结论报告已向政府官员与民间团体公布，故在内容上无任何的修改空间，只能就文字部分进行修正。当天会议进行方式与第七日上午类似，由主办单位说明修改后的报告内容，并让小组成员详细阅读内容，接着由公民小组提出意见，再行决定是否修改，以及如何修改。会议进行十分顺利，众人也能认同经过主办单位修改的报告，认为报告的原意并无扭曲或遗漏，而文句也变得更为通顺，更符合结论报告应简明易读的原则。

下列两点原因致使此次会议存在“多出的一天”的现象。首先，此次公民会议之所以需要这“多出的一天”，是缺乏举办公民会议的经验所致，由于主办单位在主持讨论与报告撰写的安排上，仍不够熟练，才导致需要“多出的一天”，未来若能更有效率地引导公民小组讨论，以及与公民小组事先言明结论报告的形式，应可避免这“多出的一天”；其次，主办单位原先希望公民小组能一肩扛起撰写报告的工作，但是在操作中发现有其困难，一则公民小组不了解结论报告的性质，二是要求一般民众进行长篇幅的写作实属不易。最后则折衷为公民小组提出结论报告的初稿，由工作小组在文句上进行修饰，再请公民小组认可。在会后访谈中，公民小组皆同意这样的做法是在时间不够的情况下，最适当的解决方式，或许未来在规划结论报告的撰写时，能采取此次的做法，当然，所有的安排与理由都必须事先和公民小组说明清楚。

当日会议结束后，也宣告“先驱性全民健保公民会议”正式落幕，主办单位请公民小组在同意书上签名，声明他们同意此份报告的效力，也请他们协助最后一次的访谈。

3. 公民小组的结论报告摘要。整体而言，公民小组对全民健保目前的给付范围相当满意，并不主张大幅增删给付项目。为了在财务困境下维持目前的给付范围，公民小组同意保费可以适度调整，但在保费调涨的同时，必须致力于解决医疗浪费，提升医疗质量，并改善财务负担的公平性。

第一，针对是否调整给付范围，公民小组成员认为，给付范围的增删，应该根据几个原则。最重要的社会互助的原则，“给付范围的增减，绝不能破坏健保全民互助的原意，不然将失去兴办健保的意义”。其次是“权责相符”的公平性，“勿让民众抱着侥幸心态只享权利，而缺乏健保资源有限的体认”；再者，给付项目应该具有成本效益，避免浪费；最后，是健康促进与预防的原则。在这些原则下，公民小组反对“保大不保小”的方案，建议适度增加健康检查的范围以及老人的假牙给付，并建议政府加速推行长期照护的规划；对于个人故意行为造成的伤害，是否不予给付，则无法达成共识。

第二，在减少医疗浪费方面，就医疗诊所部分，公民小组认为：药品价格必须公开；门诊人数应设限（专科医师不足之重大伤病除外）；适当分配医疗仪器的采购权，免除医疗院所间进行仪器采买的竞赛；检讨目前“医药分业”之成效。在如何防治民众浪费医疗资源，公民小组建议：建立民众家庭医师概念；落实转诊制度。对于是否增加部分负担以抑制就医浮滥，公民小组则无共识。对于如何强化健保局的行政管理，公民小组强调，健保经营状况和医疗信息的透明化，最为重要。

第三，有关是否提高保费，多数公民小组成员同意保费调涨的措施，但认为“‘卫生署’只强调健保财务入不敷出之困境，而未透过有效管道，对民众详细充分说明健保财务状况，以及提出健保局近年在开源节流努力之绩效”。因此，建议未来调整保费时，“应透过多重管道让民众知道、注重民意”。公民小组也认为，将来保费费率的调整，可以经济成长率、物价指数作为主要参酌指标，予以制度化，长期而言，更需改变费基，促进保费负担的社会公平。公民小组建议取消目前职业分类的保费负担方式，而完全以经济能力和所得高低为保费计算方式。①

三、“全民健保给付范围”公民会议的分析

首先，“全民健保给付范围”公民会议有助于“造就好公民”。公民会议对参与者的影响上，通常在公民会议结束后，会以深度访谈或问卷调查的方式进行调查。据“先驱性全民健保公民会议”的会后调查显示，参与者对于议题的相关知能明显提高（即对于相关政策更为知情），对于健保相关态度（如表2.6所示）、价值、政策偏好也随之转变（如表2.7所示）、关心讨论与参与公共事务意愿提升即社会连带感（如表2.8所示）。总之，许多参与者认为，公民会议的最大作用在于知能提升的教育效果。这些公民们，多数人在参加公民会议之前，对什么是全民健保，并无太多了解，“健保只是缴费看病而已”；参加会议之后，“才知道全民健保在作什么”。以前，“以为政策只是打打闹闹”，现在却发现，“政策可以用说理的方式理性地讨论”。说理的公共讨论，使许多公民会议的参与者，对全民健保，甚至更广泛的公共议题，所抱持的态度、价值和立场，都发生了改变。许多人都说，参加公民会议之后，他们更加关心，也更愿意参与“跟我有切身关系”的公共事务，因为“知道了才会关心”、“有许多事情都是自己的权利，不能漠视”。参与者也从公共讨论的过程体认到，“合作的精神真的很重要”，“一个人的力量有限，要像健保一样，集合大众的力量”，才能成事。共善

① 参阅《“先驱性全民健保公民会议”的正式会议》，来源：http：//sociology. ntu. edu. tw/ ~tsd/NHICCformal%20conference. pdf。

与合作的取向下所做的知情讨论，使大多数公民会议的参与者，从先前反对保费调涨的立场，转而支持调涨，许多人所持的理由是："现在比较有深入的了解，所以调涨部份我们比较会支持"、"要永续经营，就要调高保费啊，倒掉是全民的损失啊！"①

表 2.6　对"全民健保"的一般态度之变迁

整体而言，您对"全民健保"感到满意吗？

态度	前测		后测		前后测百分比变化
	次数	百分比	次数	百分比	
非常满意	1	6	3	17	+11
满意	6	33	9	50	+17
尚可	10	55	4	22	-33
不满意	1	6	2	11	+5
总合	18	100	18	100	

资料来源：林国明、陈东升：《公民会议与审议民主：全民健保的公民参与经验》，第 113 页。

表 2.7　特定政策偏好之变迁

目前"全民健保"的保险费用不够应付医疗费用，您认为应如何解决？

政策偏好	前测		后测		前后测百分比变化
	次数	百分比	次数	百分比	
提高保险费	1	6	7	39	+33
提高部分负担	5	28	2	11	-17
由政府弥补不足费用	4	22	2	11	-11
减少给付项目及内容	0	0	0	0	0
只要不调保费、什么方法都可以	0	0	1	6	+6
无意见/不知道	1	6	1	0	-6
其他	7	39	6	33	-6
总合	18	100	19	100	

资料来源：林国明、陈东升：《公民会议与审议民主：全民健保的公民参与经验》，第 113 页。

① 林国明、陈东升：《公民会议与审议民主：全民健保的公民参与经验》，《台湾社会学》第六期（2003 年 12 月），第 64 页。

表 2.8　公民会议的价值（社会连带感）之变迁：总体层次之百分比（N=18）

态度	同意/非常同意			不同意也不反对			不同意/非常不同意		
	前测	后测	变化	前测	后测	变化	前测	后测	变化
健康的人应该协助生病的人负担医疗费用?	83	100	+17	11	0	-11	6	0	-6
有钱的人应该协助贫穷的人负担医疗费用?	78	83	+5	16	0	-16	6	17	+11
看病越多人，看病时应需付较多的部分负担?	61	33	-28	22	0	-22	17	67	+50

资料来源：林国明、陈东升：《公民会议与审议民主：全民健保的公民参与经验》，第 114 页。

其次，“全民健保给付范围”公民会议有助于提高政策的正当性和决策的品质。虽然公民会议最终达成的共识报告不具有法律拘束力，但是由于公民会议的组成通常能够反映多元意见，而且代表一般民众经过充分资讯与思辨后采取的立场，颇能印证审议式民主的理念，因此有助于提高政策的正当性和决策的品质，对于决策者也具有相当高的参考作用。“先驱性全民健保公民会议”实验的结果，初步印证了公民会议的这种成效。“健保行政的公民参与越是公开透明、并且容许广泛周延的民众参与，越有助于行政决策的周延与民众对健保决策的接受度。”① 从中可知，在台湾地区政策制定过程中有关公民参与的部分，引进审议式民主的精神，也就是强调对话、反省的深思熟虑过程，经由决策过程审议因素的强化，有助于提升决策的品质与正当性。

最后，“全民健保给付范围”公民会议有助于促进社会共识与共善。一般认为，理性、共识取向的讨论，能使公民们超越私人的自利立场，而导向于关注公共利益。从以往的经验来看，在激烈的政治冲突中，媒体充斥着相互对立的声明，这些声明只宣示立场，但不去论证支持与反对政策的理由，也不去聆听对方的观点。立场的争辩只是“语言的竞赛”，目的是把“观众”争取到自己的立场，而不是反省性接纳各种证据，理性地评估可行的方案，以达成有论理根据的同意。在这种只有立场宣示而缺乏公共讨论的政策冲突过程中，一般民众自是难以理解“健保双涨”到底在争什么、涨与

① 雷文玫：《强化台湾健保行政决策公民参与的制度设计——二代健保“先驱性全民健保公民会议”的建议方案》，《台湾民主季刊》2004 年第 4 期，第 77 页。

不涨对自己、相关他人和社会集体利益可能造成什么后果。① 通过“全民健保给付范围”公民会议会场的观察，以及会后的深度访谈，可以发现公民小组的成员，的确能够抱持着公益与共善的取向来参与讨论，如一位参与者所言：“有些意见不见得是我们大家可以接受的，但是不同的意见，应该是要经过协商，达成共识，找出最好的一个结论出来，我想所有的讨论的结果应该是以全民的利益为优先考虑，去讨论，去考虑。”与此同时，公民小组的成员一再重复强调类似这样的观点：“讨论的问题是针对我们大家的利益”，“在那里讨论，涵盖的范围不会只有我，你会有大体”，“我的原则还是以大体为主”；因为“以大体为主”，参与者会去思考“怎么解决是最公平，或对整个公众利益比较好”。② 如此等等，不一而足。简言之，深度访谈的资料显示，公民会议的参与者的确有着寻求共识的动机，而这有助于促进社会共识与共善。

总之，“全民健保给付范围”公民会议是台湾地区首次公民会议，它有助于强化公民知能，让公民们能在一定的知识与资讯基础上理性、知情地讨论政策议题，从而在一定程度上有效地解决了民众参与不足的问题。但“因举办时机是在健保双涨政策确立之后，故其讨论结果不仅不具实质效力，且有橡皮图章、为政策背书之讥”③。然而，作为台湾地区审议式民主实践的先驱，“全民健保给付范围”公民会议仍起到了抛砖引玉的作用。

第三节　“税制改革”公民会议

税制（税收制度或赋税制度的简称）是一个国家或地区在一定的历史时期，根据自己的社会经济、政治等具体情况以法律形式确定下来的税收体系，它主要解决“开征哪些税、向谁征税、如何征税及如何保证国家税收

① 林国明、陈东升：《公民会议与审议民主：全民健保的公民参与经验》，《台湾社会学》第六期（2003 年 12 月），第 65 页。

② 林国明、陈东升：《公民会议与审议民主：全民健保的公民参与经验》，《台湾社会学》第六期（2003 年 12 月），第 92 页。

③ 廖俊松：《审议民主的实践：台湾与大陆经验分析》，《21 世纪的公共管理：机遇与挑战：第三届国际学术研讨会文集》（2008 年），第 154 页。

的实现”等问题。税制具体可以从两个方面来理解：从法律的角度来看，税制是国家各种税收法律法规、征税办法的总称；从结构角度看，税制也可以理解为各个税种所构成的有机体系，即法律开征的所有税种的名称。广义的税制还包括税收管理体制和税收征收管理制度。①

一、“税制改革”公民会议的起因

在具体分析“税制改革”公民会议之前，我们先了解一下台湾税制的现况。

首先，台湾地区税收政策比较强调“公平优先、兼顾效率”。税收政策的取向，一般来说，主要是指对于公平和效率问题的把握和侧重。以公平为主，还是更加强调效率，会导致不同的税制设计和模式，更会带来不同的经济、社会效果。一般来说，经济发达的国家或地区多是强调公平优先，因为公平与社会正义、法治程度、文明状况息息相关，强调公平实质上是在强调分配的正义和社会结构性的平衡；经济欠发达的国家或地区则多强调效率优先，因为欠发达的国家或地区首先需要解决摆脱落后的贫穷的问题，这是一个创造财富的过程，是创造价值的过程，而鲜少涉及分配的公正和结果的平等。台湾地区市场经济制度比较健全，经济比较发达。因此，其税收政策比较强调“公平优先、兼顾效率”。

其次，台湾地区强调税收政策的产业导向。台湾税收政策在 20 世纪 50 年代主要扶持进口替代产业，60－80 年代主要发展出口加工工业，90 年代以来为促进企业更新改造，不但采用加速折旧，还可由纳税人选择最有利的免税期，对科研和开发费用实行专项扣除和实行进口设备免税。为扭转经济增长持续放慢的局面，台湾当局采取了许多措施，并以 1991 年颁布实施“促进产业升级条例”为标志再次大规模地运用税收优惠手段来促进经济发展。正是因为台湾坚持税收政策产业导向，从而加快了台湾产业结构的优化升级，增强了抵御经济危机的能力。②

---

① 樊静著：《中国税制新论》，北京大学出版社，2004 年版，第 6 页。

② 福建省地税局“台湾税收研究”课题组：《海峡两岸税制比较研究》，《福建论坛·经济社会版》2002 年第 10 期，第 68 页。

最后，台湾地区现行税制功能异化。主要表现在三个方面，一是税收基本功能弱化使得收入持续下降。20 世纪 90 年代以来，台湾地区税收负担总体呈下降趋势。1995 年以前，台湾地区的税收收入占 GNP 的比重一直维持在 18% 以上，但此后快速下降，如 2006 年仅为 14.3%。二是税收调控功能被破坏致使税负不公。一般来说，只有税法才能规定税收的减免措施，而台湾地区的税收减免规定不仅见于各项税法，在其他的产业法律和条例中也屡见不鲜。据统计，现阶段台湾地区的法律法规中涉及税收优惠的条款就多达 130 余项。这种“政出多头”的现象不但破坏了税法的完整性，而且也造成税负不公。台湾地区按职业、产业、所得来源、地区等标准设置了各种税收优惠政策，如税法对高科技产业所得、资本利得、海外所得以及军人、中小学教员的薪资所得等都有减免税规定。这样的税收负担分配格局，使得台湾地区居民的不公平感日益加剧。三是税收结构扭曲导致效率低下。税收优惠所造成的劳动、储蓄和投资等不同要素间承受的税负存在着较大的差异，这不可避免地会扭曲资源配置，从而极大地降低了台湾经济运行的效率。①

通过上述分析可知，台湾地区“高税率、窄税基”的税制已经与该地区经济发展的状况不相适应，出现了税收收入减少、结构扭曲、税负不公等问题。其结果是，从 20 世纪 90 年代开始，台湾地区的财政状况不断恶化，到 2006 年底，台当局累计负债高达 3.4 万亿元新台币，约占其当年 GDP 的 33.3%。由于税收收入连续下降导致的财政失衡以及公众日益增多的对税制公平和效率的质疑，迫使台湾地区于 2003 年开始推行一系列的“税制改革”。

台湾地区“税制改革”之前，政策主辖机关为了慎重起见，以及强化政策变迁的民意基础，于是在先前成功的公民会议之鼓励下，推动政策变迁的前奏，委托学界举办公民会议，借以测试民众的政策取向。至于具体的原因，可由三个层面加以剖析。②

首先，推动取消军教免税及最低税赋制等税改方案。政府相关部门为了推动其政策更新，有时需要终结相关的现行政策，但若要将其终结则必须面

① 参阅常世旺：《台湾地区的税制改革及评析》，《涉外税务》2008 年第 2 期，第 48－49 页；王玮：《台湾最低税负制改革及其评析》，《地方财政研究》2010 年第 3 期，第 76－78 页。

② 参阅林水波、邱靖鋐著：《公民投票 vs. 公民会议》，台北：五南图书出版股份有限公司，2006 年版，第 214 页。

临时境正当性的挑战。于是，基于潮流及时势的对应要求，主办单位亦可通过税改公民会议，借以引起民众正视与思考这些议题，如是否取消军教免税以及订定最低税负制，希望使相关人士的声音能够通过税改公民会议的举行，充分地反映出来，以供相关人士持续进行思索、考虑与对话，最终能使较佳税改方案的胜出。

其次，让民众充分知情相关税改议题。由于税改与民众的权利义务息息相关，因此，“财政部赋税署”基于创新的讲究，乃规划举办“税制改革”公民会议的方式，让民众对税改议题能够有充分的了解。换言之，对于政府将要推动的“税改”，提供了解的机会与管道，乃借由税改公民会议的进行，将政府有关税改的资讯，透明地呈现在公共讨论的场域中，让民众可以自由获取相关税改资讯，以此充实其税改知识与形塑提供税改建言的能力，展现身为知情公民应有的作为。

最后，作为“财政部”推行规划税改的参考。“税改改革”的议题不能只限于专家谈论，因其可能有先入为主和理论所束缚的盲点，再加上所讨论内容未必反映人民需求，而且民众的日常生活意见也可以成为政策推动者的重要参考。然而，以往政府的政策制定十分仰赖专家与学者，一般民众并没有实质参与政策形成讨论的机会。因此，如能通过税改公民会议的举行，提供一般民众与专家进行观念与意见的交流与互惠，将对“税改”议题产生有意义的对话语审议，使得对话与审议的结果，能产生具体与实用性的结论，从而有意于将来税改政策的形成。

二、“税制改革”公民会议的过程

“税制改革”公民会议乃是“财政部”委托世新大学公共管理顾问中心来办理，通过办理公民共识会议的方式，让民众先行获得“税制改革”议题的基础知识，并于会议进行中进行知情而理性的意见交换，致使参与的一般公民，在历经五天公民会议的参与后，能够对“税制改革”争议点形成共识，并据以撰写一份公民小组的结案报告，表达民众理解“税制改革”争议之所在，和不同立场的差异，历经互动而形成的见解。通过此次公民会议的举行，除可激发一般公民参与“税制改革”的相关政策，也使之通过对话的过程，掌握充分的资讯来进行公共讨论，并在寻求共识的过程中，展露社会的核心价值。此外，从政策行销的观点来看，召开公民会议亦可促成公众对于“税制改革”进行广泛、理性的了解与辩论，有效提升公民对税务的知能，政府决策单位与相关学术人士，更能因此正确获取民意归趋与研究素材。① 就日程安排来看，“税制改革”公民会议筹备阶段历经三个月，期间在组成执行委员会之后，亦开过数次筹备会议，针对之后要进行公民会议的资料撰写与专家邀请，有过多次讨论。会议议程一共五天，分别在2005 年 7 月 9 日、10 日、23 日、24 日和 31 日（均为周末）举行。大致过程如图 2. 5 所示。

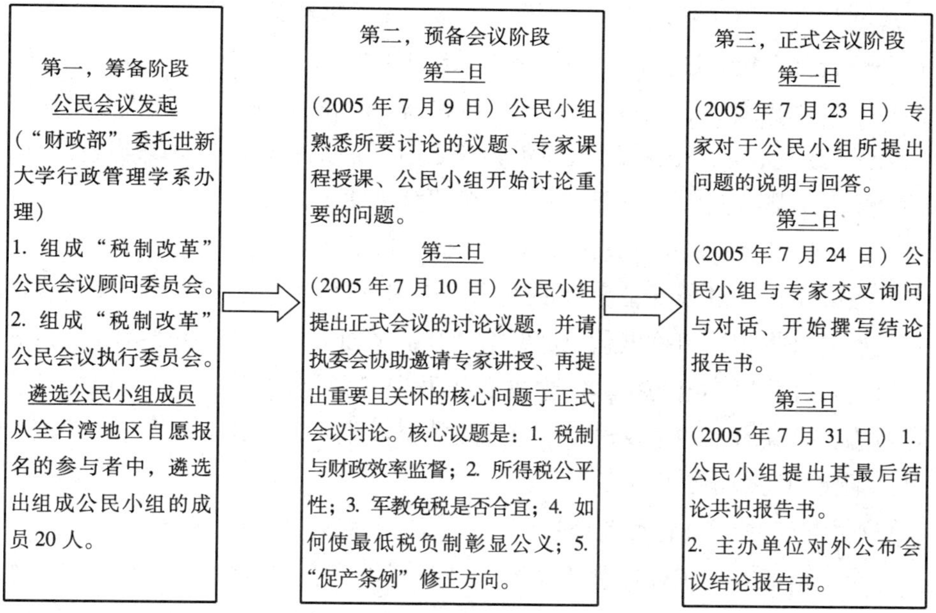

图 2. 5　“税制改革”公民会议实施的步骤与阶段

资料来源：作者整理，来源自林水波、邱靖鉱著：《公民投票 vs. 公民会议》，第 217 页。

第一，“税制改革”公民会议的筹备阶段。这个阶段必须完成以下任务以奠定会议举办的坚实基础。

（一）组织执行委员会

主事者举办“税制改革”公民会议时，首先必须组成执行委员会，以

① “税制改革”公民会议过程，请参阅林水波、邱靖鉱著：《公民投票 vs. 公民会议》，台北：五南图书出版股份有限公司，2006 年版，第 215 – 228 页。

运营所要进行的一切事务，包括公民小组的招募、遴选，专家的邀请与遴选，会议进行流程的安排。而执行委员会成员的产生与组成，则需要靠主办单位进行中立与客观的考虑，进而加以推荐产生。而此次主办单位乃委托学术单位——世新大学公共管理中心来进行，其所拥有的专业人员，对于会议的进行虽具有促进者的作用，但并无法主导会议讨论的进行，以及引导结论的产生。通过受委托团体，根据各方的推荐与客观的遴选，产生九位人士组成执行委员会，用以协助与辅助“税制改革”公民会议以使其顺利运作。而执行委员会成员皆为各界代表，如台湾政治大学财政系教授曾巨威、“工业总会”副秘书长蔡宏明等人。“财政部”这次单纯只是委托者，双方都了解公民会议将独立进行，并将结果提供给“财政部”作为政策改革的参考。而且，就算执委会认为选出的三大讨论议题，目前应是民众最为关切的“税改”议题，但公民小组在预备会议之后，还是有权决定未来讨论方向，甚至要邀请哪些人到公民会议说明，都可独立决定。

（二）公开招募参与公民，对之说明“税制改革”公民会议的目的

主办单位通过公开记者会的方式，说明举办“税制改革”公民会议的目的，并且将相关招募讯息通过网站、报纸平面媒体等管道发布消息，以利于进行对外公民小组的招募。主事者将办理“税制改革”公民会议的性质定位为：公共政策的审议讨论，借以发挥公民影响力为其号召力，以吸引全台湾地区的民众报名参加。

（三）公民小组的组成背景

台湾地区首度正式针对“税制改革”举办的公民会议于2005年7月9日登场，全台报名参加的449人当中，以被抽样选中的20名“公民小组”为代表。这些人中有的家庭主妇、有的是学生、有的是退休人员。虽然他们都不具备“税改”专业知识，但至少都希望能够多了解，并对台湾的“税制”尽一份心力。这20名由主办单位通过全台湾地区人口与报名者特质分布层层选出的代表，性别是男女各10人。教育背景方面则是高中职以下6人，大专学历11人，研究所以上3人（如表2.9所示）。职业方面，共有学生5名，家庭主妇3名，教师3名，退休人士2名，保险业者2名，机电业1人，传销业1名，工厂工人1名，在政府机关工作1名以及公司负责人1名（如表2.10所示）。居住地分布上，北部地区11人，中部地区4人，南

部地区 4 人，东部地区 1 人（如表 2.11 所示）。

表 2.9　“税制改革”公民小组基本资料统计表

基本资料		人数	百分比
性别	男	10	50%
	女	10	50%
	合计	20	100%
教育程度	高中职以下	6	30%
	大专	11	55%
	研究所以上	3	15%
	合计	20	100%

资料来源：林水波、邱靖鉉著：《公民投票 vs. 公民会议》，第 219、220 页。

表 2.10　公民小组职业背景

职业	人数	统计	占总体百分比
学生	5	5	25%
家庭主妇	3	3	15%
教师	3	3	15%
退休人士	2	2	10%
保险业	2	2	10%
电机	1	1	5%
传销	1	1	5%
工厂工人	1	1	5%
公职人员	1	1	5%
企业主管	1	1	5%
合计人数	20	20	100%

资料来源：林水波、邱靖鉉著：《公民投票 vs. 公民会议》，第 221 页。

表 2.11　公民小组居住区域

居住区域	人数	占总体百分比
北部	11	55%
中部	4	20%
南部	4	20%
东部	1	5%
合计人数	20	100%

资料来源：林水波、邱靖鉉著：《公民投票 vs. 公民会议》，第 221 页。

第二，“税制改革”公民会议的预备会议阶段，主要包括专家就各议题课程授课等环节。

进行正式公民会议之前，先举行相关事宜的研讨预备会议。此目的在于建立公民小组对于现行“税制”与财政应有的认识，以使公民能在之后的正式会议，可较为顺利地进行政策审议的讨论与对话。另外，并安排相关的课程内容如“何谓公民会议”、“台湾地区赋税面面观”、“认识最低税负制”、“解析军教免税”等。专家授课就其专业知识对公民作说明，而专家在这个阶段只对“税制”相关知识作深度解析，主要任务是增进公民对这些方面的知能，过程中专家以客观为原则，跳脱个人本位主义、专业主义与其他价值判断，完全针对公民进行税改知识的对话交流与互动。此外，预备会议还设计一些特殊的课程如“角色扮演”（role play），希望参与者除了从自身的角度，也能尝试从他人的角度，如“财政部长”或企业主的角度，来思考同样的问题，同样都是为了力求客观。①

概言之，在预备会议进行的过程中，全程均公开透明，开放记者媒体与一般民众探知，只是为了避免影响公民讨论与发问情形，才不开放现场采访，而改以开放同步转播的观察室，供相关人士了解与知悉进行的情况。此外，为了避免公民小组遭到不必要的干扰，并未详细公布背景资料，以使后续的正式会议得以顺利地进行。

第三，“税制改革”公民会议的正式会议。这一阶段所要完成的任务有专家咨询、各类议题讨论的频率和状况及公民共识逐步性形成与持续性讨论。

（一）专家咨询。在正式会议的第一天，会议安排的是专家接受公民小组的咨询。专家的安排乃是根据核心议题，邀请对问题熟悉的专家与会接受咨询。首先就第一个议题：财政支出的效率与监督，进行专家与公民的互动。其中专家包括官方、民意代表与学者，接受公民小组的提问，相互进行观念与视框的交流，并解答公民对此议题的关心与疑问。再就第二个税改核心议题：“促进产业升级条例”的修正方向，作必要的咨询，参与的专家乃邀请各方——第三部门、官方、产业，针对其对该议题关怀的部分，接受

① 《税改公民会议理性探讨政策》，《台湾新生报》2005 年 7 月 10 日，第 2 版。

公民小组的咨询与对话。第三个税改核心议题：军教免税是否合宜合时，亦邀请官方、学术界、民间团体的各方专家，对本议题与公民小组进行咨询互动。第四个税改核心议题：所得税的公平性与最低税负制的问题，邀请专家与会，进行咨询与询问等相关问题。至于在这个专家咨询的过程中，专家可以适当陈述自己的观点说明问题，试图以合理的论据取得公民的认同。例如在“是否取消军教免税”的税改问题上，在他们与专家咨询对话后，公民原有的知识，在咨询过后对该议题所形成的见解与看法就有些改变。何况，在与其他公民进行意见与观点的交换后，通过相互交流了解彼此对于四项议题的差异与共同点。从差异处探知参与者相互之间立论理由的合理性，相互论辩的攻防，以理性与平和的态度与论据，使得双方的意见与看法达到较为一致的境界。甚至促使相互意见与建议趋于中间，取得相当的共识，以为后续的再讨论与交流基础，这是公民会议甚为重要的一部分。此外，各界对于“税制改革”议题的专家，平时恐无机会聚集在一起，唯有通过公民会议的大众政策审议机制，将产、民意、官、学术以及民间团体串联起来，形成一个审议治理的平台，共同提供对“税制”议题的资讯与看法，可较为全面地形塑“税制”议题的改革蓝图，以使之后的公民能够收到各方观点与想法，详细检视其理由，形成自主性的主张，以为后续形成共识的基础。

（二）各类议题讨论的频率与状况。在针对“财政支出面的效率与监督”，公民小组讨论较无较太大的争议，所以讨论后的共识度还算高，包括强化政府财政监督统与透明化财政运用，以及强烈监督“立法委员”相互职责。而在探讨“所得税的公平性与最低税负制”，有关于重新开征证券交易所得税与强化监督财团法人的机制，更存有极大的共识。对于“军教免税是否合宜”议题，被讨论的频率最多也最为热烈，参与者虽对于军教免税不合时宜具有很大的共识。不过对于“国中”以下的教职员取消免税后，税收应该如何使用，是否该专款专用于改善教育环境等，与“财政部”在提出最低税负时，同时提供信赖保护条款是否合乎公平正义等议题，公民小组在经过激烈讨论后，最后仍无法达成共识。

（三）公民共识逐步性与持续性讨论。共识形成必须通过持续且有意义的对话。而公民会议强调在专家讲述相关税改资讯后，公民间经过对话与观念的交流，将逐步形成对于税改议题的想法，进而相互分享与讨论，从中形塑彼此持续对税改议题的讨论基础，维持继续审议的动机。公民在“税制”议题共识形成过程中，可能会受到一些资讯感化的影响，以致在认知、情感与评价取向上各有不同，再加上每位公民的人格特质有异，联想与推论方向有别，对于“税制改革”议题的见解、方案的选择，抑或是行动取向就会有所偏好。因此，与会者必须进行诚挚的倾听，找到对方论述的内涵与旨趣的所在，作为之后共识形成的调适与修正的基础。再者，共识的形成须仰赖相互对话的公共场域，从中探究出彼此对于“税制改革”的共同立场（良善税改政策），采取一致的行动（积极审议、公益思考），进而能成就对“税制”方案的共识。

会中公民对于政府支出有几点共识，如政府对于财政问题抱持公正与透明原则，对于预算支出与分配提供民众监督机制、“立法委员”应该善尽其责看紧人民荷包，对于行政机关应该严格监督。至于未达成共识的部分，就呈现在军教免税是否合宜、现行租税减免的法规修正上等。

（四）对外公布“税制改革”公民会议的结论报告。在公民会议的最后一天，公民小组根据他们所接受的资讯，加上自我理性的判断，秉持公平正义的原则，兼顾各方观点与论述后，对于“税制改革”的核心议题，提出公民自主的意见与共识，提供给社会大众与有关单位作为重要的参考，以及作为后续继续讨论的依据。主办单位当日便以公开记者会的方式，邀请各界人士参与公民会议共识报告的提出，且通过公开的方式，引发相关人士对于税改议题提出积极的回应，促使公民会议的效益更展现出来。

公民小组在其共识会议报告书中，首先将报告书地位，认为此共识报告书乃是人民真正理性与真实的声音，不会为任何政府施政作为背书与卸责的依据。共识结论报告书内容呈现的是：对于政府进行税改真正应该要落实其关切的部分，需要主事者正式与回应，且肯认“税制改革”对于人民权益的重要性，相关单位应该积极对此议题进行持续的审议与讨论，并认真思考与检讨现行“税制改革”的方向与政策。此次会议在税改议题的共识上主要包括以下几点：

1. 夫妻共同申报扣除额应调高到八万八千元，扣除额、免税额、薪资扣除额总额应调高至二十四万；

2. 在严格评估下，应开征证券交易所得税；

3. 全面稽查财团法人是否成为节税管道；

4. 最低税负制应扩大税基，并将个人税率调高；

5. 海外所得订出日出条款，纳入最低税负制；

6. 落实“促进产业升级条例”的日落条款，设定优惠年限，避免优惠无期限，若绩效不佳可随时终止；

7. 取消军教免税。

从税改公民会议的结论报告书中，可以观察到几个现象：第一，共识报告书将讨论与审议的部分详细列于报告书中，标示审议税改议题具有共识的部分及其背后支撑的论点与理由，以提供相关人士作进一步的讨论与检视。第二，对于审议过后，仍未趋于共识的税改议题亦开列出来，并说明主要因素为何，点出重点何在。第三，公民会议对于议题的讨论，均是具体且是大众所关切的核心议题，并不打高空与放言空论，真实与具体的聚焦于讨论。因此，现今税改所面临的困境与问题，经过了解税改的相关资讯及与各界专家谘商询问之后，融入公民本身的生活经验（对于税改议题的体验）与参与公共事务的智慧，对于税改议题政策提出具有建设性的建言。这项建言，在将来相关政策形成之后，或有参酌的重要性及价值性。

三、“税制改革”公民会议的分析

首先，“税制改革”公民会议有助于“造就好公民”。“税制改革”公民会议过程中针对参与成员的调查显示，“公民本身吸取新知、积极投入公民会议的热情令人感佩，确实也有人有备而来，除了主办单位提供的材料，还收集了税改议题的相关剪报、各种相关法律条文，以进一步请教专家学者。另外，公民认知此次税改公民会议的目的：审议良善的税改政策，所以其既不愿意被主事者所导引，也仍然秉着身为公民的身份，对于现行税改问题提出自主的看法与建议，自主地抛出相关议题，以供整体大众的思量与讨论。”① 由此可见，“税制改革”公共讨论的过程产生了教育的效果，它有

① 林水波、邱靖鉱著：《公民投票 vs. 公民会议》，台北：五南图书出版股份有限公司，2006年版，第232页。

助于提高公民的知能，养成公民们重视公益与合作的精神，并扩大公民参与公共事务的兴趣与能力。

其次，“税制改革”公民会议有助于提高政策的正当性和决策的品质。此次会议之作用显得重要，在于让税改的方向听到了民间普罗大众的声音，并成为台当局进行“税制”改革的重要参考依据。比如，公民会议中的结论报告书中提出了非常有参考价值、非常有创意的提案。“税改公民会议中，针对海外所得形成的共识是，个人所得税制最终须改为属人兼属地主义，但考虑到这牵涉到相当复杂的问题，不是短期间可以达成的。因此，认为政府应订定日出条款，在一定期间内将海外所得纳入最低税负制，并且修改所得税法，完善个人所得税制。”① 由是观之，“税制改革”公民会议从参与民主的基础，加入理性审议、公共沟通的过程，通过结合一般民众与理性知识，使得决策过程更为完备。亦即经由公民理性、平等的审议，达到了提高公共政策正当性与决策质量的结果。

最后，“税制改革”公民会议有助于促进社会共识与共善。公民会议的价值在于建构出一个理性讨论的沟通平台，促成公众对议题的深度认识，进行知情理性的讨论，形成集体意见。“税制改革”公民会议过程中强调调和彼此的差异与冲突来评估政策议题所涉及的利益价值冲突，强调参与者必须抱持开放的心胸，接受对方的论点，否则也无法期望对方能尊重自身的论点等做法，促使与会民众的思维必须超越个人利益的思考，转向以公共利益为导向，在这过程中所形成的共识基础，比起一般的参与管道，是更具有“共善”的价值。

综上所述，在“税制改革”公民会议的过程中通过公民之间的沟通来加深彼此相互了解，并且可以这种方式来提高民众对于公共事务的了解，也让大众可以参与到公共政策的讨论之中，使得政府在决策时常被诟病的“黑箱”（black box）问题可让民众有了更开放的认识和理解，从而增加政策的正当性及适当性。与此同时，这一公共审议的过程也让大众主动、积极地参与到政策制定的过程之中，不再如以往一般被视为被动的政策接受者，

① 林水波、邱靖鉉著：《公民投票 vs. 公民会议》，台北：五南图书出版股份有限公司，2006年版，第230页。

这也是个教育的过程，借此来提高公民参与的意愿。

第四节　小　　结

为了打破“当代民主的瓶颈”，让不具专业知识的公众，能够具有充分的资讯来进行公共讨论，以提高一般公民对公共政策的参与，西方国家发展出许多民主参与机制的实验，其中，“公民会议”的实践经验，尤其值得重视。这个由丹麦发展出来，逐渐推行到其他国家的民主参与模式，主要的目的在于促成社会公众对政策议题进行广泛的、理知的辩论，并将他们讨论后的共识观点，写成正式报告，向社会大众公布，并供决策参考。“在公民会议中，非专家的公众（lay public），被提升到显著的地位，是他们，而非专家，来界定什么是重要议题；借由专家提供的知识协助，他们在有讯息根据的基础上，来评估政策议题所涉及的利益与价值冲突，并在争议中试图达成共识性的见解。”① 简言之，公民会议有一个基本理念，不管是支持或反对立场，都要以“公共利益”为最大考虑，然后提出理由说服对方，以相互了解、沟通方式，为争议性问题找出最佳解决办法。“公民会议是由人民参与讨论的，其主要功能是让公民可以在充分的资讯下理性讨论，因此公民会议所得到的结论是更具深度的资料，对于行政首长而言，不仅是一项民意调查而已。因为它是来自选民的意见，而这意见不是数据上的变异而已，同时具有不同选项背后的理由。此外，公民会议的结论不仅可以确认施政的规划与方向是否符合民意的需求，有时也有可能形成新的政策方向、新的政策规划或执行方法等。”②

本章的案例充分说明公民会议具有造就“好公民”、提升决策品质以及促进社会共善等作用，但它也有其局限，主要表现为代表性、创新不足以及不具约束力等问题。

首先，代表性不足的问题。公民参与的模式或者是民意调查的资料，欲

---

① 林国明：《公民会议：公民参与的民主实验》，来源：http：//sociology. ntu. edu. tw/ ~ tsd/ consensusconferenceintro. pdf。

② 黄东益：《审议过后—从行政部门观点探讨公民会议的政策连结》，（台湾）《东吴政治学报》2008 年第 4 期，第 76 页。

作为政策的参考或根据，为了取信于民众与各方的利害关系人，除了在法律的规范以外，在统计上的代表性更是其正当性的参考依据之一。然而公民会议由于参与人数仅有二十位左右，因此许多受访者皆担心，使用公民会议的结论是否会造成更多的争议。公民会议因为是要让参与公民都能呈现多元意见，并指出其支持或反对理由，为了深入讨论，除了以相对于其他会议较多的时间进行讨论外，参与的人数也不宜太多，否则将限制公民发言次数与时间，无法有效地进行沟通与深入的对话，因此将人数设在20人左右。其目的与一般的民调不同，并非要找到一个具有科学代表性的大样本，基于这样的思考所规划的审议机制，成为其常受诟病的理由，使得举办公民会议的机关在参考结论报告时会有疑虑，缺乏代表性便缺乏公信力，容易使结论报告沦为供参的局面。除此之外，公民会议的召开缺乏法源的基础，会议的结论缺乏强制性，也是其正当性受到质疑的原因。

其次，创新不足的问题。公民的参与与民意的调查，除了是行政体系欲咨询民意的趋势外，更是要解决更多行政单位在规划政策过程中思维的盲点，提供更多元的意见，一方面要符合民意，另一方面更是要寻找创新的规划、执行等方法。公民会议在某种程度上的确为行政机关开了一个新视听，让许多不同的声音出来，来平衡决策过程中许多不同的观点。除了扩展更多的意见外，也有部分的创意是被激发出来的，而行政机关也可能依据这样的一个创意延伸拟成另一个政策计划。但在大部分的公民会议中似乎没有看到所谓创新的讨论，绝大部分的内容都是机关单位内早已思考过的面向。“这部分有几种可能性：其一，部分受访者认为议题过于庞大，导致讨论过程无法集中，大多题目仅能草草带过，无法做更深入的探讨。其二，部分受访者认为，参与者并非是相关的专业，对议题的熟悉度与掌握度并不深，因此无法做出超越专家可以思考的范围。”①

最后，公民会议结论不具约束力的问题。公民会议的结论不具有法律上之拘束力，主要基于两个原因：其一，公民会议参与者仍为小众，因此即便参与者在抽选上反映多元背景，但没有办法从公民会议里面反映出社会整体

---

① 参阅黄东益：《审议过后——从行政部门观点探讨公民会议的政策连结》，（台湾）《东吴政治学报》2008年第4期，第77－80页。

对一个议题赞成和反对的比例。其二，公民会议无法对政策的具体细节做出太过技术性的判断，且结论具开放性质，仍须转化为具体的法案或政策方得实行，而难以直接产生法律效力。① 一言以蔽之，缺乏标准的程序化和制度化导致“整体来说，公民会议对行政部门政策影响不显著”。②

综上所述，公民会议的实践仍然存在许多需要加以改进的地方，如在“代理孕母”公民会议中出现的参与者获得资料的不周延、会议赶时间以及达成共识的暗示等③。事实上，“即便在多数民主国家，公民审议也不易在体制内拥有一定的法定程序或位阶，所谓的‘审议’仍需面对公民素质不一、利益分殊，不同位阶的公民享有不同发言权的困境。”④ 尽管如此，公民会议的过程和讨论越审慎周延，以及社会议题与讨论结果的关注越高时，其所产生的事实上的拘束力，仍为决策机关所无法忽视，其积极的意义“在于让决策者明白，在取得充分资讯之后的公共讨论所呈现的民意为何”⑤。

自 2002 年台湾大学社会学系的“科技、社会与民主”团队（TSD）将公民会议的运作模式引进台湾之后，许多高校相关院系、社区大学和社团等纷纷加入公民会议的实践热潮，并先后针对“全民健保”、“代理孕母”、“高雄过港缆车”等政策议题举办公民共识会议，期望从争议中寻求最大共识。从审议式民主的特质来看，台湾地区公民会议的实践具有以下四项特质：其一，从选人、开会至产生结论整体过程，都遵守公民会议基本的运作机制规范；其二，激发公民对民主的想象，并且深化参与者议题论述能力，进而发展出与外来优势论述抗衡对话的实力；其三，在过程中具备理性沟通的情境，不同立场的成员不仅为自己立场辩护，也倾听对方的论点，最终尝

① 李宜卿：《公民参与的机会与挑战——台湾审议民主制度化之研究》，台湾大学社会科学院“国家发展”研究所硕士学位论文，2010 年版，第 61 页。

② 参阅黄东益：《审议过后——从行政部门观点探讨公民会议的政策连结》，（台湾）《东吴政治学报》2008 年第 4 期，第 80 页。

③ 黄启荣：《公民会议 形式民主》，《联合报》2004 年 9 月 23 日，第 1 版。

④ 靳菱菱：《反核或拥核？审议式民主在原住民部落实践的思考》，来源：http：//cpis. bp. ntu. edu. tw/DevelopmentStudies/Data/ACDS _ 2nd _ B42. pdf。

⑤ 《来上公民课！公民会议、教育与公民权的再学习》，《台湾立报》2005 年 1 月 24 日，第 4 版。

试相互说服；其四，在运作过程中，促使专家与公民进行相互反思与理解。① 此外在台湾，目前公民会议的结论对政府政策尚未具有强制力，但能汇聚众议、向有关单位提出建议和申诉，具有舆论力量。尽管如此，仍然面临诸如代表性不足、是否需要具备共善的取向以及如何避免利益团体的议题操作等问题。“除了代表性的争议之外，团体内部与团体间是否进行公共审议式的沟通，以及团体或个人能否跳脱原本立场与利益，跳脱出‘对抗性的政治’来衡量政策主张，是这种共识成败的重要因素。”② 以“税制改革”公民会议为例，因为报名人数不多，而且多集中于都会地区，导致公民小组的产生有其先天上的限制，无法扩大公民参与层面，直接使得参与审议的成员组成与结果受到相关人士的质疑与批评。政府相关部门在会议期间，通过各种公众媒体发表对“税改”议题的政策观点，试图影响公民会议的共识决定。由最后的共识结论来看，其似乎仍难逃脱政治力的影响等。③ 这些均是在推动公民会议过程中必须加以面对与省思的地方。

---

① 廖俊松：《审议民主的实践：台湾与大陆经验分析》，《21世纪的公共管理：机遇与挑战：第三届国际学术研讨会文集》（2008年），第165页。

② 顾尔德：《听别人说话的能力》，（台湾）《新新闻》第916期（2004年9月23－29日），第14页。

③ 参阅林水波、邱靖鉱著：《公民投票 vs. 公民会议》，台北：五南图书出版股份有限公司，2006年版，第303页。

第三章　台湾的实践：公民会议Ⅱ

本章以2004年“高雄第一港口跨港观光缆车”、2005年“新竹科学园区宜兰基地”、2006年“淡水捷运周边环境改造”公民会议为例分析台湾民众参与地方性（“直辖市”、县、社区层级）公共政策议题的情况。其中，“高雄第一港口跨港观光缆车公民会议”是台湾地区第一次由地方政府发动公民会议来讨论公共政策议题或曰第一次就市政议题进行公民共识会议。“新竹科学园区宜兰基地”公民会议，则与台湾大多数由公部门委托学术机构所举办之公民会议相当不同。此场公民会议由代表社会进步力量的民间团体积极串联引进，鼓励民众参与科学园区设置议题的讨论，使其第一次有机会对高科技产业与地方发展的关系进行公共审议。“淡水捷运周边环境改造”公民会议以淡水社区公民会议为观察个案，从中可以发现社区型的审议式公民参与，更能引发民众参与讨论的动机，更能贴近公众的关怀、凝聚社区意识，落实审议式民主的理念。

第一节　“高雄跨港观光缆车”公民会议

跨港缆车是否兴建，涉及高雄市的观光发展、都市人文景观、生态环境和财务收益等诸多议题，一直争议不断，许多社会团体纷纷针对这个议题表达意见。关于高雄跨港观光缆车的争议可以扼要区分如下：首先是安全性。反对者对于自然环境地形之改变——旗津海岸公园侵蚀问题、南柴山崩塌与破碎的环境潜在危机、哈玛星地质松软存有疑虑，并对跨港观光缆车之兴建是否需要办理环境影响评估存有异见。其次是对文化资产保存之破坏。反对者认为缆车经过旗津区旗后炮台、旗后灯塔与鼓山区的雄镇北门、打狗英国领事馆等四个古迹地的上空，景观环境地景完整性将被破坏。第三是对自然生态之破坏。反对者认为柴山地区有丰富的动植物生态，甚至有保育类之台湾猕猴，正反意见对于本案规划开发面积对柴山生态之影响存有争议。第四是对城市景观带来之改变。反对者认为缆车兴建带来城市美学地貌之变，旗后山、打狗隙、柴山、海港，海天一色的城市意象将被电缆线切割。最后是兴建的效益问题。反对者质疑观光缆车人潮逐年递减，跨港缆车还本期是十年后，然而缆车的高峰不超过十年，高雄市政府将如何面对回本问题?① 但一般民众对跨港缆车所涉及的相关争议，究竟抱持何种态度却一直隐晦不明。有鉴于此，高雄市政府决定采用“公民会议”这种公民参与模式来了解民众的态度。一般民众无法有效地参与政策讨论，也缺乏充分的资讯来了解政策议题，这是当前民主体制的运作常被诟病的问题。公民会议的举办，不但希望让一般公民有机会能够参与政策的公共讨论，而且希望这样的讨论是在有充分且公开的讯息基础上进行的。公民会议的举办可以让立法者和决策者知道，知情的公共讨论所呈现的“民意”究竟是什么，这种形式的公民参与，对实现决策民主化具有重大意义。

一、“高雄跨港观光缆车”公民会议的起因

在“行政院”“观光客倍增计划”中，有“恒春半岛旅游线”、“高屏山麓旅游线”及“云嘉南滨河旅游线”等三条陆路旅游线之规划，各旅游线并交集于高雄市。于是高雄市政府拟新增一条“高雄国际观光港旅游线计划”，结合南台湾三条陆路旅游线，充分发挥观光旅游总体经济之加乘效益。谢长廷就任高雄市市长之后便以“海洋首都”作为施政主轴，欲充分发挥高雄的区域优势，除利用高雄市长达百余公里的水岸线、东西临港线及港区土地资源，配合发展跨港缆车、轻轨、捷运、环港观光船、爱河观光船及游轮，并结合国际及城际之交通网，建构完整的海、陆、空“三 D”运输系统城市。于是在 2003 年将跨港缆车纳入“高雄国际观光港旅游线计划”八大轴线之一题报“行政院”。②

旗津地区有相当的观光价值，多年以来，高雄市区与旗津地区的交通联

① 刘孟奇：《高雄第一港口跨港观光缆车公民共识会议》，廖锦桂、王兴中主编：《口中之光：审议民主的理论与实践》，台北：台湾智库，2007 年版，第 79 – 80 页。

② 《高雄第一港口跨港观光缆车公民共识会议：阅读资料》，来源：https：//ceiba. ntu. edu. tw/course/81a0df/pdf/194 _ 1. pdf。

系主要是靠渡船以及过港隧道。据统计，67%以上的人开车进入旗津地区，造成空气污染的问题。同时随着港区货柜量增长及旗津地区观光的发展，唯一陆路“过港海底隧道”每逢假日及上下班时段便会塞车。另外，因为全程免收费用，旗津末端因为欠缺经费及人力，显得环境脏乱。高雄市都市发展局曾于1985年开始进行旗后山与柴山间兴建跨港大桥可行性评估，1995年因环境影响评估无法过关而结案，但与此同时也产生了兴建跨港缆车的替代案构想。2001年高雄市政府工务局办理“旗津庙前路改善风貌、提振商机规划报告”，其中就现有资料规划研究跨港缆车之可行性，初步评估为可行。根据委托高雄中山大学进行的民意调查显示，赞成兴建缆车的比例高达73%。2002年高雄市政府所提出的“高雄国际智慧自由港计划”，以“观光缆车”带头为旗舰计划，获“中央”全力支持，预期规划设计在2004年4月完成，并预定于2005年开工，2006年完工营运。①

虽然民调结果显示有七成以上的高雄市民支持兴建跨港缆车，同时市议会多数议员也表态支持兴建，但是反对者的声浪持续高涨。在几次由市议会及民间团体举办的公听会及研讨会中，与会者并未扩及当地居民、一般民众，仍然以专家学者与团体代表为主，而这些会议也未能有效排除反对者的疑虑与协商出任何的共识。换言之，由于跨港观光缆车议题涉及历史人文景观、城市美学、生态环境、产业收益、工程安全等诸多复杂的层面，始终是充满争议的议题。以往跨港观光缆车议题的讨论多以行政官员、专家与团体代表为主体，而缺乏让一般民众参与的渠道，有鉴于此，高雄市政府公开采取公民会议的形式，提供公民发声的机会。对此，台湾大学社会学系林国明教授表示：“高雄的‘第一港口跨港观光缆车公民共识会议’，是台湾第一次由地方政府发动公民共识会议来讨论公共政策议题，希望这次会议的经验能为台湾民众参与地方公共事务的政策讨论，建立可供参考的模式。”②

---

① 刘孟奇：《高雄第一港口跨港观光缆车公民共识会议》，廖锦桂、王兴中主编：《口中之光：审议民主的理论与实践》，台北：台湾智库，2007年版，第79页。

② 刘孟奇：《高雄第一港口跨港观光缆车公民共识会议》，廖锦桂、王兴中主编：《口中之光：审议民主的理论与实践》，台北：台湾智库，2007年版，第81页。

二、“高雄跨港观光缆车”公民会议的过程

与全台性公共议题的公民会议一样，“高雄跨港观光缆车”公民会议分筹备、预备会议与正式会议三个阶段。其中，预备会议利用两天的时间听取专家演讲，了解跨港观光缆车对高雄历史人文景观、城市美学和自然生态的影响，以及跨港缆车的工程安全和财务收益等问题；正式会议于2004年11月举行，讨论跨港缆车的环境影响、跨港缆车的工程安全、缆车的兴建以及其观光与经济效益等等，最后形成“有条件兴建”的共识结论。

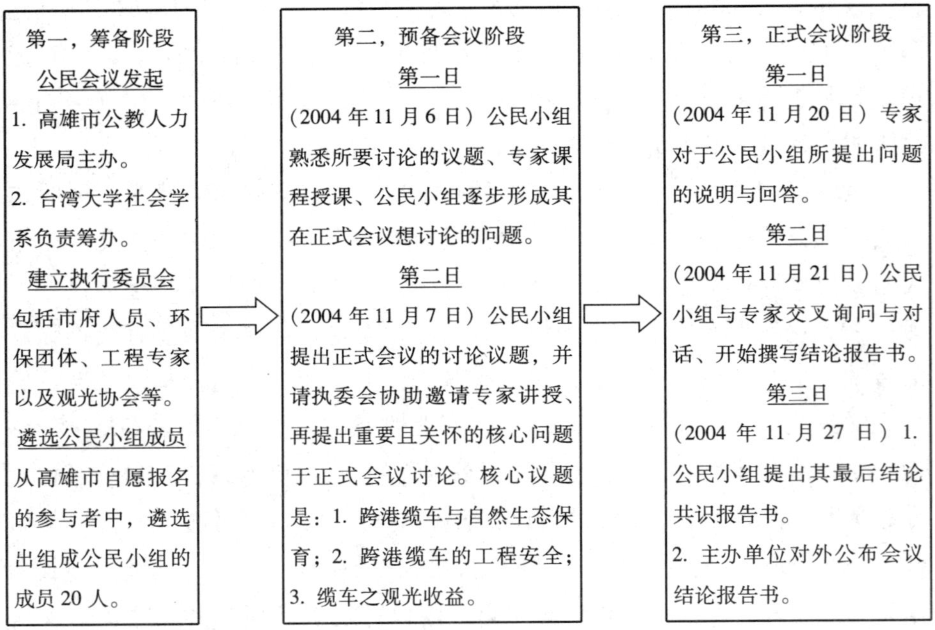

图3.1 “高雄跨港观光缆车”公民会议实施的步骤与阶段

资料：作者整理

第一，“高雄跨港观光缆车”公民会议的筹备阶段。主要包括组成执行委员会以及挑选参与者等环节。

（一）组织执行委员会

为求平等、公开地呈现各种争议中的观点，主办单位依照会议程序，必须先准备可阅读资料，以便在预备会议阶段中，让公民小组成员阅读、熟悉各种必要的知识，而为了确保可阅读资料能够平等、公开地呈现各方面的观

点，就必须组织一个执行委员会，将各种观点的代表人物都尽可能地囊括进来，以监督包括可阅读资料在内的各种会议准备工作是维持其平等与客观的立场。为了组织这样的执行委员会，主办单位计划邀请各方面的代表，包括市府人员、环保团体、工程专家以及观光协会等。在种种争议中，观光协会基本上赞成兴建缆车，但质疑路线规范所牵涉的商业利益问题。工程专家基本上则习惯于将问题化约为技术问题，也就是要工程技术与安全系数之间的关系，对兴建与否也没有强烈的好恶。因此在这个议题上，主要是以在地生态团体与高雄市政府之间的争议较大。① 执委会成员名单如表 3. 1 所示。

表 3. 1　跨港缆车公民会议执委会成员名单

姓名	单位、职称/职务
林国明	台湾大学社会学系副教授　计划主持人
陈东升	台湾大学社会学系主任　“二代健保”公民参与组召集人
李忠潘	中山大学海洋科技研究中心主任
郭献彰	扬雪法律事务所律师
陈文源	高雄市工业监事会召集人

资料来源：林国明、黄东益、杜文苓著：《行政民主之实践：县市型议题审议民主公民参与操作手册》，第 11 页。

（二）公开招募参与公民

“跨港缆车公民共识会议”经过将近一个月的招募，总共有 145 位民众报名参加。有 89 位男性，占六成，56 位女性，占四成。以年龄结构来说，50 到 59 岁的最多，有 44 位，占三成，其次是 40 到 49 岁，有 40 位，占二成七。以教育程度来说，89 人的学历为或专科以上，占六成八，高中职及以下的，有 46 人，占三成二。报名者之中，有八位是里长。跨港缆车公民共识会议的执行委员会认为，里长是民选的基层公务员，平常已有表达意见管道，因此将里长从抽选名单中剔除。② 主办单位从主动报名者之中抽取 20 人参加公民会议。由于主动报名者的人口特质与高雄市民的人口结构有所差异，为了使参与公民会议的民众，在人口特质上具有异质性，同时也顾及报名者参与机会的公平，主办单位在抽取公民小组时，采用分层抽样的技术来

① 蔡宏政：《公共政策中的专家政治与民主参与：以高雄“跨港缆车”公民共识会议为例》，《台湾社会学刊》第 43 期（2009 年 12 月），第 23 页。

② 《建跨港缆车 公民小组停看听》，《民众日报》2004 年 11 月 5 日，TMP285 版。

抽选参与者：先将报名者依教育程度、年龄和性别分层排列名单，然后分层抽取特定的人数。每一分层的抽选人数，同时考量该分层的“占高雄市人口比率”和“占报名者人口比率”两项因素来计算（各占一半）。①

（三）公民小组的组成背景

最后确定的20位公民小组成员中，就性别来说有11位男性、9位女性。与高雄市的人口特质比较，公民小组成员的组成，年龄结构和教育程度方面稍微偏高，但差距不大。以年龄来说，20－29岁有2位，30－39岁5位，40－49岁5位，50－59岁有6位，60岁以上有2位。从教育程度来看，有2人在研究所以上，大学及专科者有8位，高中职有5位，“国中”和小学程度者5位。以地区来说，缆车预定经过的旗津、鼓山和盐埕区有6位，占三成。职业的分布非常广泛，包括家庭主妇、教师、电脑工程师、书店经理、补习班负责人和广告公司员工等。② 如表3.2所示。

表3.2 “高雄跨港观光缆车”公民小组基本资料统计表

基本资料		人数	百分比
性别	男	11	55%
	女	9	45%
	合计	20	100%
年龄	20～29岁	2	10%
	30～39岁	5	25%
	40～49岁	5	25%
	50～59岁	6	30%
	60岁以上	2	10%
	合计	20	100%
教育程度	“国中”及以下	5	25%
	高中职	5	25%
	大专	8	40%
	研究所以上	2	10%
	合计	20	100%

资料来源：作者整理

① 参阅林国明、黄东益、杜文苓著：《行政民主之实践：县市型议题审议民主公民参与操作手册》，台北：“行政院研究发展考核委员会”编印，2008年版，第13－14页。

② 林国明、黄东益、杜文苓著：《行政民主之实践：县市型议题审议民主公民参与操作手册》，台北：“行政院研究发展考核委员会”编印，2008年版，第14页。

第二，“高雄跨港观光缆车”公民会议的预备会议阶段。这20位成员，将在预备会议中经由专家授课来汲取跨港缆车议题相关资讯。除专家授课之外，主办单位也准备阅读资料，介绍跨港缆车所涉及都市人文景观、生态环境等议题。

（一）安排预备会议课程及选择授课专家

进行正式公民会议之前，先举行相关事宜的研讨预备会议，其重点在于让公民小组获得“跨港缆车”的基本知识包含“都市规划与城市美学”、“自然环境与生态保育”、“缆车之观光收益”以及“缆车之工程安全考量”等，并以这些基本知识为基础，进行理性的讨论包括与专家的对谈，并拟定出正式会议要讨论的议题。①

（二）预备会议的波折

“高雄跨港缆车”公民会议中，地方环境保护团体和主张兴建的高雄市政府的立场不同，经过充分沟通后，环保团体同意派代表参与执行委员会，但是公民会议预备会议结束后，部分环保团体发现参与者可能形成的结论是倾向有条件的开放兴建，再加上与高雄市政府、办理的台大团队缺乏信任，于是地方环保高雄市团体绿色协会邀请地方民意代表，召开记者会强烈批评办理单位挑选参与民众的程序有瑕疵，刻意操弄公民会议的结论，要求重新抽取参与公民会议代表，但是遭到主办单位负责人拒绝，高雄市政府也尊重主办单位的意见，因此绿协代表以退出执行委员会以示抗议，并不再为公民会议背书。②

对此，主办单位负责人在发布的新闻稿中强调说，“公民会议在西方已经行之有年，从来没有任何介绍公民会议的文献指出说公民小组的抽取必须由执行委员会来进行，但都强调公民会议的执行过程必须‘透明，留下记录’，他们抽取公民小组成员的过程，由于全程录音，且做成会议记录，完全符合‘透明，留下记录’的原则，程序上毫无瑕疵可议之处”。因此，“他相信绝大多数的生态团体应该能够信任他们办理公民会议所秉持的‘独

① 《高雄第一港口跨港观光缆车公民共识会议：预备会议议程》，来源：https：//ceiba. ntu. edu. tw/course/81a0df/pdf/194 _ 1. pdf。

② 陈东升：《审议民主的限制：台湾公民会议的经验》，《台湾民主季刊》2006年第1期，第96页。

立、中立、公开、透明’的精神，少数一两个人的质疑和单一社团的行动，不能代表高雄生态文化团体，也不能折损关切民主深化的人们通过公民会议来讨论公共议题的努力。”据亲身参与此次公民会议的研究者观察，除了技术上如“分层抽样”值得商榷之外，主办单位的确对结论报告的立场抱持开放的态度，而且在一开始讨论是否举办公民会议时，便一再对高雄市官员强调“共识”是没有任何预设立场的。对于公民小组的抽选，主办单位也的确没有任何偏好。因此，整个会议过程是“公开、透明的”。①

第三，“高雄跨港观光缆车”公民会议的正式会议阶段。这一阶段的重头戏是公民小组与专家之间的对谈以及公民小组形成对问题的共识。

（一）公民小组与专家的对谈。在 2004 年 11 月 20 – 21 日的正式会议中，公民小组与专家的对谈主要包括三个议题：一是跨港缆车的环境影响；二是跨港缆车的工程安全；三是缆车的兴建与观光、经济效益。针对第一、二个议题，公民小组于 2004 年 11 月 20 日下午进行综合性讨论并形成初步的共识。针对第三个议题，公民小组于 21 日下午进行综合性讨论并形成初步的共识。

（二）形成整体意见。待专家学者与公民小组对谈结束后，“高雄跨港观光缆车”公民会议规划小组于 2004 年 11 月 21 日下午，安排综合讨论的时间，主要目的是让公民小组确实地回答他们在预备会议所提出的问题，形成整体的意见。

（三）撰写结论报告。两次正式会议相隔一个礼拜，公民小组于期间的主要任务是撰写结论报告，并为最后一天会议做准备。②

（四）对外公布结论报告。正式会议的最后一天，上午的工作是由公民小组认可主笔人所撰写的报告，几位主笔人依序简单说明他们所负责的部分，并给公民小组充分的时间，详细阅读本份报告，检视是否有遗漏、不足或意思扭曲的情况，接着，便进入修正报告的时间，由小组成员提出修改意见，先由主笔人初步响应，如果发问成员满意主笔人的解释，便不对该部分

① 蔡宏政：《公共政策中的专家政治与民主参与：以高雄“跨港缆车”公民共识会议为例》，《台湾社会学刊》第 43 期（2009 年 12 月），第 26 页。

② 《高雄第一港口跨港观光缆车公民共识会议：正式会议议程》，来源：https：//ceiba. ntu. edu. tw/course/81a0df/pdf/196 _ 1. pdf。

进行修正，如果不满意，再由公民小组讨论应如何修正。当日上午另一项重要任务是邀请林国明教授、林传贤教授以及叶张基律师等专家发表他们对结论报告的看法，由于专家学者只能指出事实性的错误，不能影响结论报告的内容，因此，这三位专家学者只就结论报告内的术语、专门用语甚至是错别字与公民小组讨论。当日下午的公民会议的任务主要有两个方面：一是最后确认结论报告；二是对外公布结论报告。①

综上所述，高雄市第一次以市民共识参与市政建设的“高雄第一港口跨港观光缆车”公民会议，经过 3 个月筹备、讨论后，全程参与会议的 18 位市民代表，终于在 11 月 27 日向市府递上结论报告，达成“有条件兴建跨港缆车”的共识；所谓有条件兴建的前提为“避开具有生态争议性的路线”，即为上柴山与跨港的路段。② 结论报告公布之后，高雄市政府积极回应，高雄市长于 2004 年 11 月 30 日在市政会议上宣示，市政府将在 12 月针对“高雄第一港口跨港观光缆车”公民会议结论作出政策性的决定，以确定是否兴建，或兴建时需避开哪些路线。最后重新规划的缆车路线改从旗津到新光码头，总投资额约新台币 13 亿元，采民间投资方式，全数由民间出资，特许经营权年限为 23 年。③

三、“高雄跨港观光缆车”公民会议的分析

首先，“高雄跨港观光缆车”公民会议有助于“造就好公民”。公共讨论的过程本身也将产生教育的效果，提高公民的知能，养成公民们重视公益与合作的精神，并扩大公民参与公共事务的兴趣与能力。从此次高雄市政府公教人力发展局办理公民会议的经验中，可以发现有提供充分与适当的资讯为基础，辅以专家学者授课，对公民小组成员的提问，尽可能以客观中立立场予以回应，相对之下公民逐渐具备公共议题常识能力后，也有意愿去理性

---

① 《高雄第一港口跨港观光缆车公民共识会议：正式会议议程》，来源：https：//ceiba. ntu. edu. tw/course/81a0df/pdf/196 _ 1. pdf。

② 《“高雄第一港口跨港缆车”是否兴建 市府本月决定》，《台湾日报》2004 年 12 月 1 日，第 A22 版。

③ 刘孟奇：《高雄第一港口跨港观光缆车公民共识会议》，廖锦桂、王兴中主编：《口中之光：审议民主的理论与实践》，台北：台湾智库，2007 年版，第 84 页。

地讨论复杂的政策议题。此外，公民共识会议的参与经验也让某些成员转化了本身的政策偏好、提升其知能，并让成员更具有意愿参与和讨论公共事务。许多参与者认为，公民会议的最大作用，在于知能提升的教育效果。“参加公民会议，可以增加很多知识。知道很多事情”、“公民会议的作用，对我讲起来。这个知识方面我都有得到。”①

通过“结构式问卷”询问有关跨港缆车知识的客观指标显示，公民小组的知能的确因为参与会议而有所提升。以正确率来说，五题测验题都有显著的成长，当问及“请问下列台湾哪一个地区已经搭建缆车等相关措施”时，参加完会议后答题正确率提高九倍；当问及“目前规划的跨港缆车第一期路线当中，预计架设几个场站”时，参加完会议后答题正确率提高近十一倍；当问及“请问目前规划的跨港观光缆车第一期路线中，下列哪个地方并未设站”时，参加完会议后答题正确率为原来的三倍；当问及“请问跨港缆车所经过的柴山地区，地质主要是由哪种岩石所组成”时，参加完会议后答题正确率为原来的两倍；当问及“请问跨港缆车工程的规划与设计不需要考虑哪个部分”时，参加完会议后答题正确率为原来的 1.3 倍（如表 3.3 所示）。此外深度访谈的结果显示，无论是参加前一无所悉的成员，或是对此议题较能掌握的参与者，都因为提供的资讯或专家的授课而更深入了解相关的议题。从中可以发现，公民小组成员学习从其他人或其他团体的角度来看待问题，学习的过程也扩大个人的视野，知识增长一方面来自于讨论过程的自我反省，及之间异质性的经验相互不断激荡，另一方面是来自会议中多方面的资讯，如会员资料、专家演讲、对专家的交叉质询，这正是公共讨论的预期效果。②

其次，“高雄跨港观光缆车”公民会议有助于提高政策的正当性和决策的品质。当民众对政策议题缺乏了解，他们很可能对政策采取漠然的态度，认为“吵吵闹闹”的政策争议事不关己。当他们有机会可以参与政策讨论而成为“知情的公民”，对政策有了开明的了解和意见判断的能力，也就有

① 萧元哲、郑国泰等：《高雄市第一港口跨港观光缆车之公民会议研究》，（台湾）《新竹教育大学学报》第 22 期（2006 年），第 253、258 页。

② 萧元哲、郑国泰等：《高雄市第一港口跨港观光缆车之公民会议研究》，（台湾）《新竹教育大学学报》第 22 期（2006 年），第 254－255 页。

表 3.3 公民小组参与公民会议后知能提升的情况

测试问题	前测正确率（%）	后测正确率（%）
请问下列台湾哪一个地区已经搭建缆车等相关措施？	5.6	55.6
目前规划的跨港缆车第一期路线当中，预计架设几个场站？	5.6	66.1
请问目前规划的跨港观光缆车第一期路线中，下列哪个地方并未设站？	27.8	83.3
请问跨港缆车所经过的柴山地区，地质主要是由哪种岩石所组成？	44.4	88.9
请问跨港缆车工程的规划与设计不需要考虑哪个部分？	72.2	94.4

资料来源：萧元哲、郑国泰等：《高雄市第一港口跨港观光缆车之公民会议研究》，第254页。

了认知的基础，因而能够主动关心政策讯息，并与他人讨论。由此可见，公民会议让一般民众有机会了解议题、深入探讨、相互说理，并作出对于政策的建议，自然有助于提高政策的正当性和决策的品质。正如“高雄跨港观光缆车”公民小组成员所言：“我会觉得公民会议是有它的价值的，因为台湾的公共议题很少被拿来这样讨论的，大部分第一个就是政府提出来、民间反对，舆论上有一些交锋，双方就开开记者会，民众似乎都是隔岸观火……就公民而言，他们无法客观直接就政府的资讯来做评量，这个是政府资讯公开的问题、不是你们的问题，而是政府本来就应该提供更多的资讯给公民来参考、来了解整个开发案。但是第一种情况是他们可能有公开，但只公布在他们自己的公布栏，或者是相关的乡镇区公所公布栏公告一下，就号称公布了……第二个是在没有资讯公开的情况下，要宣称你的决策是很完美、很棒的、应该得到民众的支持，是站不住脚的，因为民众只是听你喊喊口号，觉得应该支持。”① 简言之，公民会议作为一种公民参与方式，其目的在于提高一般公民对于公共政策的参与，让一般公民能够在具备充分资讯的情况下进行审议讨论，并促成社会公众对于议题进行广泛与理性的辩论。这一公民参与的过程越是广泛周延、公开透明，政府相关机构作成决策的正当性就越

① 萧元哲、郑国泰等：《高雄市第一港口跨港观光缆车之公民会议研究》，（台湾）《新竹教育大学学报》第22期（2006年），第257页。

充分，也就越有助于提升决策的品质。

最后，“高雄跨港观光缆车”公民会议有助于促进社会共识与共善。此次公民会议透过“结构式问卷”的调查，有78.8%（14位）成员表示自身的立场再参与会议之后产生不同程度的改变，仅有21.2%（4位）的成员并未因为参加会议而改变或更坚定之前的立场，如表3.4所示。另外，对于会议过程的整体观察也显示，全体成员虽然仅有18人，在共善精神引领下，能够充分考量到高雄市观光经济发展之整体利益，也就是以公利为出发点来进行意见交流。更重要的是，这次讨论的议题是兴建跨港缆车，实际上因兴建而直接受到影响的人有限，但由公民小组的结论报告中，证明民众的确能够兼顾社会整体及少数人的利益，找到一条实质的政策出路。[①] 总之，公民通过开放且公平的管道表达其对公共利益的认定与要求，这将有助于降低社会的激进冲突，进而学习互相尊重与包容，其结果是必将促进社会的共识与共善。

表3.4 公民小组成员参与公民会议后立场转变的情况

立场的转变情况	次数	百分比（%）
参加会议后立场还是没有改变，与未参加前相同	2	11.1
参加会议后立场只改变了一小部分	7	38.9
参加会议后大部分立场均已改变	5	27.8
参加会议后立场已完全改变	2	11.1
参加会议后更加坚定之前的立场	2	11.1
总计	18	100

资料来源：萧元哲、郑国泰等：《高雄市第一港口跨港观光缆车之公民会议研究》，第256页。

总之，虽然台湾地区地方政府首度举办的公民会议并未设定影响政策的目的，但参与者还是认为这种参与模式能够使基层民众的意见表达出来：“我觉得公民会议一定要尝试啊，第一次嘛，第一次很难马上看出决策的效果，但我觉得起码是要听听民众的看法，即使没有立即可见的政策效果。”“但你做的话可能还有机会让决策者参考，你不做连那个机会都没有。”换言之，高雄市公民参与兴建跨港观光缆车政策，通过审议过程，进而产生参与公共事务的动机，并经由参与了解自己具有自主性与选择权，从而通过参

① 萧元哲、郑国泰等：《高雄市第一港口跨港观光缆车之公民会议研究》，（台湾）《新竹教育大学学报》第22期（2006年），第253页。

与而表达对政府政策的看法，不但可促使个人参与政策意识的觉醒，并获致知识与心理上的满足感。与此同时，公民因参与公共事务，无形中培养出对政府部门的认同感与参与治理公共事务的能力，可弥补政策资讯的不足，并避免行政精英垄断，通过整合社会各界资源，更进一步地建立人民与政府的依存关系。因而，公民参与可以形塑公民对生活环境的归属感。高雄市政府也相信公民会议的讨论形式，可以用来弥补过去跨港观光缆车议题讨论的不足，也期望能够招募关心跨港观光缆车的一般大众来进行充分的讨论，让他们在理解跨港观光缆车议题的基础资讯和发展背景后，能够在会议期间进行充分的理性沟通，提供参与公民小组各方的立场与论点，让公民成员自行思索与判断，并在会议的互动过程中，试图寻求对此议题的共识。①

第二节　“新竹科学园区宜兰基地”公民会议

位于台湾东北部的宜兰县长久以来一直侧重文化观光产业，当地人对家乡生活环境的干净不受污染相当自豪，但相对而言经济发展迟缓也是不争的事实。为平衡岛内东西发展，台当局在其实施的“绿色硅岛”计划中决定兴建“竹科宜兰基地”，以三星红柴林作为第一期生产基地，三星天送埤及员山内城作为第二期生产型基地。然而，“竹科宜兰基地”的计划却遭到三星红柴林居民激烈的反抗，迫使竹科管理局破天荒地在进入实质计划的设计前先进行基地设置的可行性评估。与此同时，以宜兰社区大学为首的民间团体也串联筹划宜兰县首次的公民会议，希望赶在园区可行性评估完成之前得出会议结论，送给政府相关行政机关参考。② 这场由民间团体举办的公民会议同样可分成筹备、预备与正式会议三个阶段。在预备会议中，通过分层随机抽样选出的20人公民小组先在两天的时间里阅读相关资料并参与专家授课，确立正式会议所欲探讨问题与希望邀请的专家名单；并在后来三天的正式会议中做出会议结论，于2005年6月12日向媒体记者及社会大众公布，

① 萧元哲、郑国泰等：《高雄市第一港口跨港观光缆车之公民会议研究》，（台湾）《新竹教育大学学报》第22期（2006年），第258、263页。

② 杜文苓、陈致中：《民众参与公共决策的反思—以竹科宜兰基地设置为例》，《台湾民主季刊》2007年第3期，第34－36页。

并将结论报告递交竹科管理局与宜兰县政府相关单位。①

一、“新竹科学园区宜兰基地”公民会议的起因

宜兰县因为地形封闭，与外界联系的交通不方便，工商业发展迟缓，历届地方政府均以提振区域经济为主要施政目标。1980 年 12 月成立的新竹科学园区，是台湾高新科技产业孕育的温床。根据“新竹科学工业园区管理局”统计，至 2003 年底，区内共设有 370 家高科技公司，营业总额达新台币 8578 亿元；累计实收资本额达新台币 9941 亿元，创造出优秀的经济成绩。由于台当局实行较为完善的高新科技产业扶植政策，使得高科技产业的发展呈迅猛势头，导致厂商对用地的需求也相对地提高。1990 年代，台湾第一个科技园区新竹科学园的用地已经呈现饱和现象，台当局开始规划设置新的科学园区。当时，宜兰县县长游锡堃向台当局正式提交评选科学园区的报告。由于宜兰县的交通以及教育等关键因素仍不具备充分的竞争条件，所以没有获准设置科学园区。

2000 年初，台当局提出建设“绿色矽岛”等蓝图，宜兰县政府联合新竹清华大学，遵循新经济时代的产业发展方向，规划设置宜兰知识型产业园区，并向相关部门提交相关计划。台当局经过正式评估之后，确认了在东部设置科学园区的可行性。随后，“国科会”向“行政院”建议设置“新竹科学园区宜兰基地”并获“行政院”原则同意，遂于 2004 年中开始进行基地的遴选作业。② 依据宜兰县政府的规划，预期“竹科宜兰基地”的开发效益可以达到以下几点：

第一，增加地方就业机会。据新竹科学园统计，新竹科学园在 2003 年就业人数为 10. 18 万人，南部科学园区在 1999 年后就业人数达 17. 93 万人。平均每一公顷土地，可以创造 80. 33 个就业机会。预计第一期开发至少可以增加宜兰地区 5 万个就业机会。

---

① 此次公民会议的主要结论有两点：一是对于低污染、具前瞻性的通讯知识服务园区以及数位创意园区进驻宜兰表达欢迎的共识；二是对于生产型基地之进驻宜兰与否则未能达成共识。即便如此，台当局还是于 2007 年初宣布暂缓“竹科宜兰基地”的开发。

② 《新竹科学园区宜兰基地公民会议：可阅读资料》，来源：http：//icul. ilc. edu. tw/consensu/file/可阅读资料 . pdf，第 13、15 页。

第二，增加地方税收。除进驻厂商的直接投资金额之外，第一期的土地征收费用约为200亿、整地及厂房费用约300亿，外来资金总计500亿台币。据统计，2003年新竹科学园的产值为9941亿台币，1999年以后南部科学园区产值则预计为1兆9000亿台币，地方营业税额增加，加之园区刺激不动产交易，连带增加了土地增值税收。

第三，提高地方人口素质。据新竹科学园2003年的统计资料显示，10.18万名员工中，专科以上人数占67%（大学以上占43%），平均年龄为32岁。

第四，引进重大公共建设投资机会。为促进园区发展，台当局将积极倡导地方在园区周边地区兴建各项公共设施，如都市计划更新、区域道路改善、休闲游憩设施开辟等。

第五，促进区域共荣发展。在科学园区规划中，设置事业专用区、住宅区、商业区、学校、管理服务园区及其他公设用地等，效益如同新设市镇，将促进社区发展。①

依据“行政院经建委”审查意见，“竹科宜兰基地”第一期开发基地中，属于生产型的“红柴林基地”将于2005年6月下旬开始办理可行性评估，包括民众意愿、厂商投资意愿、环境适宜性及民间参与公共建设可行性等调查及评估，“通讯知识服务园区”则预计于2005年7月进行开发计划及环评等作业，预定2006年6月之前完成用地变更，并办理后续土地征收作业。然而据报道，2005年1月10日，宜兰县红柴林地区地主及家属约三百余人向“监察院”陈情指出，宜兰县政府2003年7－8月提报台当局设置科学园区，经评审委员会确定后，地主才陆续获知，地方人士质疑整个规范过程草率。地主组成的“反红柴林基地自救会”指出，三星乡是溪南水源头、唯一的灌溉水源，负责灌溉大罗东地区，包括罗东、五结、冬山乡等农业用水及若干民生用水；科学园区也是高用水需求产业，一旦设置科学园区后，水源将可能被园区所排放废水所污染，未来势必无人愿意将受到污染的水源作为灌溉与民生用水。除此之外，在宜兰社区大学多次主办的会议讨论及田野访谈中，均对科学园区进驻之后可能对宜兰现有的“政治”、“经

① 《新竹科学园区宜兰基地公民会议：可阅读资料》，来源：http：//icul.ilc.edu.tw/consensu/file/可阅读资料.pdf，第20页。

济”、“交通”、“文化”、“产业”等产生的影响存有诸多的疑问。[①] 兰博家族协会理事长林奠鸿说，宜兰吸引人之处，就在好山好水，若引进科学园区导致污染，他不知宜兰县还有什么足以傲人。“竹科进驻宜兰固能带动发展，但希望科技新贵在前来宜兰的同时，也能抛弃知识的傲慢和优越感，并融入宜兰县，而非把宜兰当成竹科的一部分，变成竹科的附庸。”[②]

维护兰阳平原的青山绿水，营造美丽的家园，是宜兰县民长久以来积极追求的目标。而“安宁的居家生活，顺畅的交通，美丽的景观，便利且配套完整的公共设施，合理的人口密度，优质的生活空间，均衡的产业发展，永续的生态环境”则是未来之目标。在此目标的指引之下，宜兰社区大学结合台湾大学社会学系与北投社区大学共同合作，针对宜兰县即将设置的宜兰科学园区的发展及其对当地环境与人文的可能冲击，举办公民会议邀请一般民众（lay people）参与讨论。[③] 此次公民会议的目标在于，首先以“新竹科学园区宜兰基地公民会议”为题，引入“公民会议”的操作模式，邀请关心宜兰发展的居民一同参与，为宜兰在地高冲突性的公共议题结合一套高民主的讨论程序，以寻求“共识”及“共善”的可能性。其次是通过公民会议，寻求民众对“新竹科学园区宜兰基地”设立的共识，将未来冲击影响减到最低。最后则是将操作公民会议的技术与知识转移给宜兰县公众，让更多团体能具备独自办理公民会议的能力，而有助于未来公民会议在宜兰的长期发展。同时，经由公民会议网站架设的管道，让过程透明化，使更多民众认识审议式民主的意义以及公民会议的理念等。[④]

二、“新竹科学园区宜兰基地”公民会议的过程

与其他议题的公民会议大体一致，“新竹科学园区宜兰基地”公民会议的过程也可分为三个阶段。第一是筹备阶段。主要任务包括单位组织分工、

---

① 《新竹科学园区宜兰基地公民会议：可阅读资料》，来源：http://icul.ilc.edu.tw/consensu/file/可阅读资料.pdf，第22－24页。

② 《竹科进驻 宜兰犹豫 学者不解》，《联合报》2005年6月5日，TMP01版。

③ 《新竹科学园区宜兰基地公民会议：计划缘起》，来源：http://icul.ilc.edu.tw/consensu/First_Yilan/index1.htm。

④ 《新竹科学园区宜兰基地公民会议：计划目标》，来源：http://icul.ilc.edu.tw/consensu/First_Yilan/index2.htm。

议题的挑选、执行委员会的成员组成、先期宣导与公民小组成员的招募、公民会议种籽培训工作坊的办理、公民小组组员的挑选和阅读资料的撰写等。第二是预备会议阶段。主要任务包括专家授课例如公民会议的介绍、与议题相关知识的讲授等，公民小组形成要讨论的主要议题，挑选专家咨询人选的名单、组成正式会议专家小组。第三是正式会议阶段。正式会议的第一天，公民与专家对谈，对部分议题进行综合讨论从而达成初步共识。专家有针对性地对普通民众事先提出的问题进行答辩。这是一个非常激烈的过程，在这个过程中，专家们对有关涉及“环保”、“政治”、“经济”、“交通”、“文化”、“产业”等方面的议题做出详细的阐述。正式会议的第二天，完成最后部分议题的综合讨论达成初步共识。会议的第三天，也是最后一天，公民小组向专家、听众和媒体公布他们的报告，在报告正式公布之前，专家可以对报告内容有疑问的地方进行澄清和修正，但是他们不能对公民小组所达成的共识产生影响。

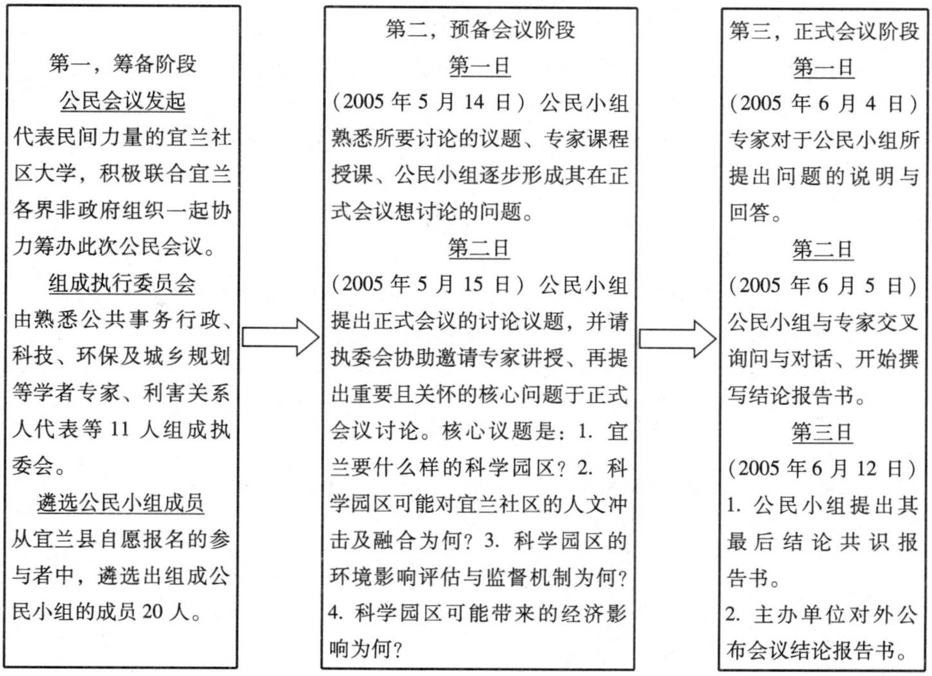

图3.2　“新竹科学园区宜兰基地”公民会议实施的步骤与阶段

资料：作者整理

第一，“新竹科学园区宜兰基地”公民会议的筹备阶段。主要包括组成执行委员会以及挑选参与者等环节。

（一）组织分工

“新竹科学园区宜兰基地”公民会议是审议式民主在宜兰的第一次实践，为了确保举办的过程能够公平和客观，此次公民会议的组织分工包含指导单位、主办单位、补助单位及协办单位。指导单位的分工负责公民会议的培训课程、培训资料的编写、召开执行委员会会议、参与可阅读资料的审核；指导主办单位如何召开公民会议、问卷如何调查与研究。主办单位负责筹备会议需要的经费，组成工作小组，对公民会议的展开进行筹备规划。工作小组负责议事程序及其规则的制定、会议场地的布置、安装设备以及撰写会议讨论的记录等，使议程得以顺利进行。协办单位则可以提供临时性的议事支援，并参加公民会议种籽培训工作坊的培训以及对会议的过程进行监督，为公民会议培训学员较有良好的素质奠定了基础，而且协助主办单位对公民会议各项工作提出意见，如表 3.5 所示。①

表 3.5 “新竹科学园区宜兰基地”公民会议实施计划：单位组织分工

指导单位	世新大学	1. 策划办理“公民会议种籽培训工作坊”课程； 2. 专责培训教案之编写； 3. 全程参与执行委员会会议及五天公民会议； 4. 参与可阅读资料撰写及编审； 5. 指导主、承办单位进行公正客观之会议程序； 6. 问卷调查与研究。
主办单位	陈锡南基金会 台湾智库	1. 负责提供本计划所需经费； 2. 与承办单位沟通组成筹备小组。
承办单位	宜兰社区大学	1. 组成工作小组进行规划及办理公民会议； 2. 负责各项行政事务办理； 3. 负责各项会议场地、设备、议事程序及规划等工作； 4. 可阅读资料撰写、宣导及招募公民小组。

① 《“新竹科学园区宜兰基地公民会议”的由来》，来源：http：//icul. ilc. edu. tw/consensu/file/「新竹科学园区宜兰基地公民会议」的由来 . pdf，第 7 页。

续表

协办单位	仰山文教基金会	1. 担任计划协同主持人，并出席筹备会议及执委会议； 2. 派员参加“公民会议种籽培训工作坊”培训及观察各项会议，作为往后独立办理地方公民会议种籽养成； 3. 提供五天公民会议议事支援人力； 4. 预备会议及正式会议结束后一周，完成撰写逐字记录稿。
	佛光公共事务学院	1. 担任计划协同主持人，并出席筹备会议及执委会议； 2. 派员参加“公民会议种籽培训工作坊”培训及观察各项会议，作为往后独立办理地方公民会议种籽养成； 3. 协助问卷调查研究。

资料来源：《“新竹科学园区宜兰基地公民会议”的由来》，第7页。

从组织分工的基本情况来看，“新竹科学园区宜兰基地”公民会议包含了指导单位、主办单位、补助单位及协办单位。其中最值得关注的是，各单位分工合理，权责明晰，而且参与的机构都是大学与基金会这样一些在社会有名望有地位的单位。学校是提供理论的舞台，基金会是促进社会公益发展的平台。从此次人力配置的一览表（表3.6）来看，专家学者的职称以及现职的状况，他们都是阅历丰富、知识渊博的人物，如张捷隆校长、卢俊伟研究员、许文杰教授等，从人力资源的配置的情况可以看出宜兰公民共识会议是具有一定的实力的。

表3.6　公民会议人力配置情况

职称	姓名	任职
计划主持人	张捷隆	财团法人宜兰社区大学教育基金会执行长　宜兰社区大学校长
协同主持人	卢俊伟	财团法人台湾智库财经部研究专员
协同职场人	许文杰	佛光人文社会学院公共事务所教授
协同主持人	简杨同	财团法人仰山文教基金会秘书长
专案秘书	汤谱生	宜兰社区大学专任秘书
专案秘书	许鼎钧	宜兰社区大学专案人员
助理专案秘书	江琼如	财团法人仰山文教基金会专任秘书

资料来源：《新竹科学园区宜兰基地公民会议：单位组织分工》，来源：http：//icul. ilc. edu. tw/consensu/First _ Yilan/index10 - 1. htm。

（二）组成执行委员会

执行委员会成员的挑选，主要基于平衡性的考虑。公民会议所要讨论的议题，不仅是社会关切的，而且是具有争议性的。议题必然会牵涉到不同群体的利益，而这些利益群体在大会上很可能会从自身的利益出发据理力争，各执一词，以致出现冲突。而公民会议的召开，是以寻求“共识”为目标，在这个过程中，不仅应该让相互冲突的利益与观点能够呈现，更重要的是在这些冲突中寻找共同谅解并达成共识。由于负责组织与监督公民会议的执行委员会，对参与公民共识会议的成员的挑选、会议资料的提供、议程的控制等等都具有举足轻重的影响，因此成员的组成结构，可以容纳不同利益观点的代表，以避免造成偏袒，不让特定一方的伦理观点或知识见解支配了会议的议程。典型的执行委员会的成员组成，从身份上来说，通常是邀请不同立场的代表来共同组成执行委员会。其成员包括来自学界的专家、产业界的实业家、代表公共利益的社会团体以及来自主办机构的计划执行人。此外，有时候还利用社区大学的教学资源或财团法人基金会的相关联络网，针对不同议题向适合担任执行委员的人士进行邀请。执行委员会负责监督整个公民会议的举办过程，确保会议举办过程的独立与完整。此次会议成员多元化的背景结构，体现了平衡与客观的原则，即涵盖着不同的观点、秉持着开放的立场，以保护会议的公信力。此次公民会议执行委员会组成委员的背景及代表人数如表 3.7 所示。

表 3.7　执行委员会建议组成委员之背景及代表人数

<table>
<tr><th colspan="3">本案执行委员会建议组成委员之背景及代表人数</th></tr>
<tr><th>委员会组成领域</th><th>委员专长条件</th><th>代表人数</th></tr>
<tr><td>公民会议专业人士</td><td>公共事务行政</td><td>2 人</td></tr>
<tr><td rowspan="3">了解本议题之学术专业人士</td><td>科技</td><td>1 人</td></tr>
<tr><td>环保</td><td>1 人</td></tr>
<tr><td>城乡规划</td><td>1 人</td></tr>
<tr><td rowspan="2">社会公正人士</td><td>学术团体代表</td><td>1 人</td></tr>
<tr><td>NGO 团体代表</td><td>1 人</td></tr>
<tr><td rowspan="2">利害关系人代表</td><td>支持科学园区设立</td><td>2 人</td></tr>
<tr><td>反对科学园区设立</td><td>2 人</td></tr>
</table>

资料来源：《“新竹科学园区宜兰基地公民会议”的由来》，第 4 页。

（三）宣传、招募小组成员以及办理“公民会议种籽培训工作坊”

公民会议召开之前，主要通过新闻媒体、制作海报、传单、网络等方式，进行先期宣传，说明召开会议的目的与讨论主题，并征求民众加入公民小组。① 民众通过了解会议的要求、性质、内容与限制，使得会议的精神在民众中得以广泛地流传，这些无疑会使民主精神在宜兰县生根、发芽并茁壮成长。

此外，学术指导单位世新大学会指派专人协助办理为期四周共24小时的“公民会议种籽培训工作坊”，以培训公民会议的主持人、参与会议的行政团队、储备下届公民会议种籽的成员等，使上述成员了解公民会议的执行方法，以利于往后进一步向全县各乡镇推广公民会议的精神与具体的操作流程。会后由主办单位颁发给所有参与成员研习的证明，并为“公民会议种籽培训工作坊”制定相关的课程，如介绍公民会议的含义、主持技巧与活动等相关问题。②

（四）挑选参与者组成公民小组

执行委员会组成后，首先重大的工作就是在挑选志愿者参加公民会议，并以15－20人的人数组成公民小组。公民小组成员的挑选应反映社经人口的背景差异，如性别、年龄、教育、职业、居住地区等代表性。③ 依上述要求从报名者中随机抽选具有代表性的参与者，主办机构通过公开的途径，如在报纸、广播、媒体或网络上发放征告，在说明召开公民共识会议的目的与讨论的主题的基础上，征求志愿参加者。除了已经具备会议讨论主题的专门参与者之外，所有愿意了解该议题并愿意来参与讨论的民众都在欢迎之列。不过，也有年龄的限制，通常限制为具有选举权资格的年龄。愿意参加的人，必须在报名信函中简单介绍自己的背景（性别、年龄、教育程度、职业与居住地），以及想要参加的原因。按照宜兰县的人口结构，将年龄、性

---

① 《新竹科学园区宜兰基地公民会议：先期倡导、招募公民小组成员》，来源：http：//icul. ilc. edu. tw/consensu/First _ Yilan/index10 －3. htm。

② 《新竹科学园区宜兰基地公民会议：公民会议种籽培训工作坊》，来源：http：//icul. ilc. edu. tw/consensu/First _ Yilan/index10 －4. htm。

③ 《新竹科学园区宜兰基地公民会议：挑选参与者组成公民小组》，来源：http：//icul. ilc. edu. tw/consensu/First _ Yilan/index10 －5. htm。

别、教育程度、居住地区等因素依序考量，经过历时两小时的分层随机抽样及三次的缺额补抽选过程，终于选定20位公民代表出席“新竹科学园区宜兰基地”公民会议。这20位代表依性别条件，包含了12位男性及8位女性代表；年龄层在60岁以上有三位、50－59岁有四位、40－49岁有四位、30－39岁有四位、30岁以下有五位；教育程度分别是“国中小”4位、高中职4位、大专8位、研究所以上有4位。为了让20位公民小组成员能在会议期间不受干扰，能公正、公开、独立地进行讨论，主办单位将暂时不公布20位成员的名单与背景，直至正式会议结束。①

第二，“新竹科学园区宜兰基地”公民会议的预备会议阶段。主要包括安排预备会议课程及邀请相关专家进行授课等。

（一）安排预备会议课程及选择授课专家

结合可阅读资料，主办单位安排课程来介绍和讨论“新竹科学园区宜兰基地”主题所涉及的各个方面例如“基地引进产业类型”、“园区工业污染防治”、“县内水资源配置”、“土地征收”、“赋税公平原则”“就业人口及人口政策”、“传统产业冲击”、“休闲产业策略”、“公共设施需求”、“交通网络因应计划”等。这些相关的议题在预备会议期间必须邀请相关的专家担任讲师进行解答，挑选讲师的人选必须符合以下条件，如表3.8所示。此外，公民小组对自己要讨论的议题有很大的决定权，但执行委员会也可以根据会议的目的指定公民小组必须要讨论的议题。最后由公民小组确定

表3.8　预备会议邀请专家担任讲师人选之资格

预备会议邀请专家担任讲师人选之资格
1. 中立同时对于议题娴熟的学者专家；
2. 提供简单的书面数据；
3. 对于议题作广泛的介绍；
4. 说明各种不同的观点；
5. 事先与专家充分沟通、避免引导公民小组的内容。

资料来源：《新竹科学园区宜兰基地公民会议：预备会议（2天）》，来源：http：//icul. ilc. edu. tw/consensu/First _ Yilan/index10－7. htm。

① 陈发威：《审议民主：宜兰公民共识会议的表达》，华中师范大学硕士学位论文，2009年版，第23页。

他们想要在正式会议讨论的议题。①

（二）公民小组提出问题与挑选正式会议专家小组

1. 公民小组问题的提出

预备会议的第一天，主办单位首先邀请专家致辞，阐述主办的目的、讲述公民参与的重要性，并鼓励公民小组在会议中能够充分讨论并达成共识；接着公民进行自我介绍（三分钟）并说明参与动机以及对此次会议的期望，并在此过程中相互认识，主持人或是工作人员做好参与者的背景资料记录，了解他们的参与目的并促进公民小组之间的互动。有时候，会议也会出现料想不到的窘境：其一是由于场地设施过于简陋，无法邀请到有一定知名度的嘉宾进行开幕致辞，致使开幕仪式过于粗糙，这就会削弱会议的隆重性，影响公民参与的积极性。其二，如果讨论的议题范围与争议性太大，公民对主办单位提出的议题进行质疑，并要求主办单位对此进行具体的解释，那么在既定的时间内，公民自我介绍的时间将会被挪用，小组成员之间就难以有充分的了解与良好的互动，公民就很可能在含糊的议题上产生消极的心理。而宜兰这次的公民会议没有遇到以上两种准备不足的开幕情况，这为第二天的预备会议打下了良好的基础。到了预备会议的第二天，公民会议中的每位成员都已经做好了小组讨论的充分准备。首先是小组成员根据各小组的情况，把组内的各种观点进行整合。一般情况下，先由每位小组成员把三到五个大问题写在纸上，然后在组员之间进行讨论，最后整理出本组所要讨论的问题。

2. 确定讨论的议题与专家的挑选

（1）每个小组派出代表作报告，反映存在的问题。小组代表作报告的时间只有十分钟。在规定的时间内，组内成员可以作简单的补充。每个代表就本组共同商讨得出的结论，向在场所有的会议成员、专家、观众，反映存在的主要问题。然后，全体会议成员就问题展开进一步的讨论与补充，并确定最后的议题以供正式会议阶段讨论。例如第一组报告提出来的问题包括地价和周边的问题、厂商跟周边的关系，地方监督问题等。同理，第二小组、

① 《新竹科学园区宜兰基地公民会议：预备会议（2 天）》，来源：http：//icul. ilc. edu. tw/consensu/First _ Yilan/index10 –7. htm。

第三小组根据上述程序做出本组的报告。如果代表作报告的时间将要结束，主持人会进行特别提醒。这样的过程能使在场的会议成员、专家、观众都能了解到各小组在经过充分的讨论后得出的急需解决的问题。这样做既能推进地方的民主政治和社会公平，又为推进宜兰的改革发展收集了宝贵的参考意见。这些做法对于维护地方的社会稳定，满足需要的多样性，反映弱势群体和困难群体的需求，促进地方政府的机制创新和提升政绩等都起了举足轻重的作用。

（2）主要问题的归纳。对上述三组报告的内容可归纳为：第一组有利润提成的诉求、园区进来之后和宜兰发展的关系、企业回馈的机制如何建立的问题；第一、二组都提到征收的保障，以人或以地为主，地价征收补偿；第一组、第二组、第三组都很关注宜兰的交通、周边环境的发展以及开放把握程度的问题。第三组提到相关的配套机制、研发的知识机制怎么样连接起来的问题，以及为了促进宜兰社会的发展，需要哪些措施，例如外来流动人口进入宜兰后，当地的双语学校跟在地的关系如何处理，新的教育系统的建立跟原有的教育系统的关系以及对其造成的冲突程度如何都需要一定的措施去评估。又如就业机会与经济发展的关系以及就业的多样性和不同层级的社会保障的设定等。有水、土、废弃物、各种环境保护问题。最严重的问题就是溶解物的规范问题，甚至各组都提到监督机制等。宜兰县政府或主办单位是不是有一个完全透明的资讯网络？大家谈到宜兰基地的问题，都是从利润、征收的保障、交通、配套机制、教育、就业、环保、政府的透明度等问题出发考虑，这些问题让大家意识到要建立一个什么样的基地。

（3）挑选专家的意见。经过两天的讨论，后面的这些结果，将会成为未来三天的议程。委员们也很关心他们的讨论，已经在观察室里整整地收看了两天的讨论过程。现场有三位执委，包括校长和两位老师，他们还会跟大家一起讨论公民共识会议未来的邀请对象。执委们都非常清楚公民共识会议的精神，三位执委每人有三分钟的时间，就民众刚刚讨论的结果进行相应的补充说明。对将要讨论的议程，他们会做一些意见上的补充。这些意见的补充不能超出可阅读资料的范围之内，或者是这两天的预备课程里曾经提及过的，只是对大家忽略的部分再作提醒。由此可见，预备会议对执委们的发言也规定了明确的范围。这就有助于在正式的会议中，公民们和在场的专家进行更精确更简洁更全面的交流，以促进正式会议的顺利开展及精英与民众互动。会议邀请了高级技术人员、县和局的干部人员、法律界人士、大学教授、非营利组织团体等来参加会议。从执委对其他意见进行讲话补充，表达了真实的想法。这些讲话的内容涉及产、官、学、民的代表，即每个代表反映了行业各界的意见，因此可以从这个角度去斟酌，尽量去邀请不同方向的专家人选。①

第三，"新竹科学园区宜兰基地"公民会议的正式会议阶段。这一阶段的重头戏是公民小组与专家之间的对谈以及公民小组形成对问题的共识。

（一）公民小组与专家的对谈。在这个部分，专家围绕预备会议形成的主题和子题对选定的议题做个人报告。每个小组针对主题与子题邀请的专家数目为 3 –5 个不等。每位专家作报告的限定时间只有 10 分钟，接近 8 分钟时，主持人会以铃声作提醒。专家做报告完毕后，即进入公民小组成员的提问。各位成员根据自己的想法与需要提问，问题一般都具有紧急性、普遍性。专家根据自己的经验与知识回答公民的问题。

（二）总结讨论且形成共识

小组共识报告是由各公民小组写的一些结论性报告，以供大家参考。在没有脉络之下都会存在一些不同结论的报告。各小组应该思考：用怎样的方式来展现问题？要一个什么样的园区？公民小组共同决议出来的，要不要？为什么？这些都是大家最关心的问题。由此根据以上会议的内容可以从三个方面作出总结：一个是对于人文社会方面的影响；一个是环境影响以及它的监督机制；一个是经济面的影响。除了这三个大的方面外，还有两个非常重要的也是经过所有成员共同讨论出来的：一个是决策程序，即要通过什么方法来讨论一些重要的问题，用什么方法来确保要解决的问题得到落实。在几场共识讨论之后，他们需要的已不仅仅是一个单一的园区，而是建立什么样的配套措施去解决将产生的一系列问题。在这样的思路下，会议成员很好地在利用这珍贵的几个小时，大家都在认真的思考：什么可以让大家形成共识？所有的公民成员的出发点都是为了把家乡建设好。因此还有什么是他们

① 参阅陈发威：《审议民主：宜兰公民共识会议的表达》，华中师范大学硕士学位论文，2009 年版，第 25 –28 页。

之间尚存在分歧的，还没有真正达成共识的？这些都要在这短短的时间内解决。因为最后形成的共识结论需要用集体的名义发表，需要大家共同签署同意书，表明大家对此已无异议。

（三）指出无法达成共识的问题与审核最终报告

“新竹科学园区宜兰基地”公民会议小组成员经过三天的会议，主办单位提供行政与编辑协助，由公民小组成员撰写报告，公民小组完全掌握报告的内容。他们分别对宜兰园区的生产特性：园区进驻宜兰之后，对于当地的环境、人文、社会、经济的冲击；以及整体规划之下应有的配套措施等都进行了详细的讨论。最后，还对宜兰需要什么样的高科技产业，迎接高科技产业的同时还需要做好什么样的准备等问题做出了审慎的共识。没有达成共识之处，也尽量清楚地说明了不同意见的理由。这份报告严谨地传达了他们艰辛讨论的成果，并提交给了宜兰政府以及相关部门作为决策的参考，以及作为广大宜兰民众思考制定竹科宜兰基地发展政策的参考。其报告如下：

议题一：宜兰要什么样的科学园区

我们欢迎低污染、具前瞻性的通讯知识服务园区以及数位创意园区进驻宜兰园区城南基地与五结中兴基地：

1. 通讯知识服务园区：……能提供一般阶层就业机会。

2. 数字创意园区：……关联产业的聚集效果及与观光旅游服务业的结合，带动更多的就业机会。但是……所导致的污染程度与风险相对提高，因此经过激烈的讨论，公民小组成员对于生产型基地应否进驻红柴林，仍未能达成共识。持正反意见的成员人数相当接近，我们不采用表决数人头的方式来显示不同意见的强弱，但共同努力，将正反意见所主张的理由清楚述明如下：

反对设置生产型科学园区之意见如下：

1. 由于生产型高科技园区具备大量生产的特性……以及高科技产业污染不可逆的忧虑。

2. 由于宜兰有条件与能力选择其他可发展之愿景……也认为生产型基地不适宜进入宜兰。

赞成设置生产型科学园区之意见如下：

1. 鉴于生产型基地带动的经济效益大……接受生产型园区。

2. 因为三星乡红柴林为宜兰精致农业园区，应优先保存……由县政府进行全县土地利用评估，重新考量其位址适宜性。

3. 如果限于诸多因素，生产型园区不得不设于红柴林基地……议题各方面都涉及宜兰的发展走向，地方的命运发展掌握在公民自身手里。

这份结论报告蕴涵的是公民小组认真而热烈的讨论之后的心血。报告从当地的实际情况出发，考虑到发展的利弊如效益、污染、破坏、人文等各方面。经过讨论后宜兰民众对宜兰的现状与未来的发展更加清楚，思考路线更加清晰。让宜兰民众有足够的智慧，避免再次陷入经济发展与环境破坏之间的二极论的局面。然而，有太多的经验告诉人们，面对发展，人类必须要有足够的准备。于是，当一方面欢欣鼓舞于园区设立将带来新契机的同时，也不得不戒慎恐惧地思索。议题一的最终答案包含宜兰公民正反相方的意见，由于他们正反意见的人数相当，并没有采取投票的方式去决定最终决议，虽然结果是这样，但这是让政府思索未来的好方式，因为政府不能偏颇正反任何一方。对于包含正反两面观点的报告，政府更能从中寻求出一条更符合当地发展以及民生意愿的规划道路。报告的内容还能让宜兰民众做好发展宜兰的准备。园区设立后会出现返乡效应也将带来无限商机。外出打工的当地民众终于在家乡父母的殷殷期盼之下，有了回流的机会。报告内容的确满足了许多宜兰当地居民以长久之计对待发展和进步的设想。而这份诉求的建立，正对外界清楚而具体地勾勒出：对于地方政府下的人民，到底什么才是他们真正的需要。每一项呼唤、激烈讨论的表情背后，都显现了他们有真正意义上的权利去诉求意愿。而会议中每一道严格的把关，都是对可持续发展的坚持，都是人民将来监督地方政府的有效证据。最后报告由全体公民小组签署认同，对宜兰社会公布，并送至宜兰县政府、县议会和相关部门及团体。以此让政府能够关注民众的意愿，保护群众利益，从而影响其决策。①

总之，“新竹科学园区宜兰基地”公民会议整个规划筹设记录显示，从举办“种籽工作坊”、召开“执行委员会”，其组成涵盖地方、非地方之专

① 参阅陈发威：《审议民主：宜兰公民共识会议的表达》，华中师范大学硕士学位论文，2009年版，第29－34页。

业人士与相关团体代表，到公民小组的招募抽选、预备、正式会议的推动，以及后续访谈追踪等，强调民间自主筹办，力求公正客观的“竹科宜兰基地”公民会议，虽然缺乏公部门资源的挹注，但筹办过程细腻的组织分工，动员相关社会网络的广度，其踏实地完成了公民会议的每一步骤，与公部门主办之公民会议相较毫不逊色。①

三、“新竹科学园区宜兰基地”公民会议的分析

2005 年 2 月 24 日，由宜兰社区大学主办的“新竹科学园区宜兰基地”公民会议召开第一次工作协调筹备会，展开了为期 5 个月的公民会议筹备与执行，针对宜兰县即将设置的科学园区，其所可能带来的发展与冲击进行公共审议。经过预备、正式会议共五天的讨论，与会人员对于科学园区的高科技厂商进驻城南基地及中兴基地，表示欢迎，而对于制造生产型厂商是否应该进驻红柴林基地的看法两极，无法达成共识。赞成把红柴林基地纳入园区的小组委员认为，生产型基地带来的经济效益及就业机会明显，可以“有条件”接受。但反对进驻者认为，污染水源的风险大，红柴林基地不适合纳入科学园区。② 针对争议多时的竹科宜兰工业园区三星乡红柴林基地，“行政院国科会”于 2007 年 1 月 12 日决定放弃开发。③ 不论争议及其结果如何，宜兰的公民会议操作经验，验证着强调双向沟通、开放互重的审议程序设计，可以促进包容与共善利益的追求，增进实质参与内涵等。④

首先，“新竹科学园区宜兰基地”公民会议有助于“造就好公民”。通过公共审议的过程，能对参与者产生转化作用，带来教育的效果，促使公民们对政策议题的了解，促进公民关心公共事务与公共利益的道德品质与公民德行。这一点在“竹科宜兰基地”公民会议上表现得尤为明显。公民会议严谨的操作程序，使宜兰民间团体看到提升公共讨论素质能力的机会，将公

① 杜文苓：《审议民主与社会运动：民间团体筹办新竹科学园区宜兰基地公民会议的启发》，（台湾）《公共行政学报》第 23 期（2007 年 6 月），第 74 页。

② 《宜兰公民盼环保在地化》，《联合报》2005 年 6 月 13 日，TMP01 版。

③ 《红柴林基地“国科会”放弃》，《中国时报》2007 年 1 月 16 日，三星报导。

④ 杜文苓、陈致中：《民众参与公共决策的反思—以竹科宜兰基地设置为例》，《台湾民主季刊》2007 年第 3 期，第 56 页。

民会议视为提升公民社会民主知能的制度工具，也使筹办单位重视审议民主操作过程中的公信力与自主性，认真地掌握公民会议精神，尽其所能的执行所有的细节工作。“这样的认知与态度，使这场宜兰公民会议呈现与公部门委办主导会议不同的面貌，即在一股深具感染力的集体学习动能，鼓舞着每一位筹办者与参与者主动积极地投入。”① 换句话说，在参与公共讨论的过程所获得的公民知能，包括特定的政策知识、广泛的政策讯息，以及实践公民权利的心智能力，能够进一步养成积极关心、参与公共事务的公民德行。据会后的访谈显示，此次宜兰公民会议在“造就好公民”方面的确发挥了很大的作用，它“扩大在地居民对宜兰城乡生活环境与科学园区开发政策的关怀，思考在未来宜兰县城乡永续发展审议制度中可以扮演的角色”②。

其次，“新竹科学园区宜兰基地”公民会议有助于提高政策的正当性和决策的品质。公民会议的倡导者不但强调受到决策所影响的公民应有影响集体决策的机会，同时也认为，知情、理性的讨论所达成的集体决定，可以提供更为充分的讯息判断，也使得不同利益、价值和偏好能够受到平等的考量，而提升决策的品质与正当性。在“新竹科学园区宜兰基地”公民会议中，“透过这样的公民会议模式，可以让现代政府施政除对不同团体、公民提供参与机会外，对不同的意见尊重采纳，且能贯彻执行，将有助于政府公信力的累积。”③ 事实上，对于政策直接影响有明显证据的为 2005 年 6 月举办的“新竹科学园区宜兰基地”公民会议，在 2007 年“行政院国科会”有关新竹科学园区宜兰基地选址的决定，排除原先规划而具争议的三星红柴林基地，并引述公民会议的结论作为其选址理由之一。④ 由此可见，借由扩大参与者的眼界与知能，减少、克服“局部理性”的认知限制，此次宜兰公民会议可使参与者能在较为充分的资讯基础上进行深入的讨论与交流，理性地判断“竹科宜兰基地”政策的优劣，进而提升决策的品质。

---

① 杜文苓：《审议民主与社会运动：民间团体筹办新竹科学园区宜兰基地公民会议的启发》，（台湾）《公共行政学报》第 23 期（2007 年 6 月），第 87－88 页。

② 《新竹科学园区宜兰基地公民会议：预期效益》，来源：http：//icul. ilc. edu. tw/consensu/First _ Yilan/index13. htm。

③ 廖俊松：《审议民主的实践：台湾与大陆经验分析》，《21 世纪的公共管理：机遇与挑战：第三届国际学术研讨会文集》（2008 年），第 161 页。

④ 《三星红柴林基地“国科会”放弃》，《中国时报》2007 年 1 月 17 日，第 2 版。

最后，“新竹科学园区宜兰基地”公民会议有助于促进社会共识与共善。审议民主理论认为，在公共审议中，参与者能够摆脱自利的思考方式，而以集体利益为考虑，最终达成符合社会共善的决定。进一步而言，公民会议强调公民参与乃基于开放平等的原则，并且在辩论或对话的过程中，秉持理性与公共利益取向，期望能在有争议的公共议题中获得共识。“新竹科学园区宜兰基地”公民会议的进行，提升民众参与公共议题论述的质量，“让宜兰县民更熟悉公民会议，更加领会如何以审议式民主的精神来解决公共政策不同立场、价值、利益关系的争议，让多元的意见理性辩论，并相互了解，以达成相当的共识。”① 据会后的访谈显示，多元而充足的信息提供进一步促进民众思考问题的不同的面向，一位成员提到，“立场（正反）两边很 balance，了解越多，你会思考的面向就更多……”，而对问题多元的思考，可能使参与者抛弃原本既定立场，朝更大的公共利益思索，一位参与者就提到，公民会议激发与会成员，以“尽到应尽的责任作为思考的逻辑，所以就把自己的利益摆在第二”。② 由此可知，公共讨论能使参与者接触、思考、反省各种不同的观点与信息，在讨论中学习；理性、共识取向的讨论，能使公民超越私人的个体立场，而转向关注公共利益，从个人利益的冲突转向共同利益的界定，趋向一致和共善。

总之，公民会议强调在政策制定的过程中，应减少专家知识的霸权，而采取论述的、审议的决策过程，毕竟这些所谓的“专家”可能对自己专业以外的领域一无所知。同时，公民会议亦希望强化政策制定过程中公民的参与角色，通过彼此的对话、讨论，倾听来自各方不同的意见，以培养公民知能，形成“扩大了的心胸”、“设身处地”的思考，进而在共善取向下，达成共识。“新竹科学园区宜兰基地”公民会议充分说明了，公共审议的过程不只有助于最终的公共政策获得最好的品质，而且也帮助了每个人完成自我转化，从坚持己见的私我变成尊重理性意见的公民，从坐井观天的视角变成面面俱到的思虑，以促进社会整体的公共利益。“宜兰公民会议的结论报告

① 《新竹科学园区宜兰基地公民会议：预期效益》，来源：http：//icul. ilc. edu. tw/consensu/First _ Yilan/index13. htm。

② 杜文苓、陈致中：《民众参与公共决策的反思—以竹科宜兰基地设置为例》，《台湾民主季刊》2007 年第 3 期，第 53 页。

中明白的陈述，公民小组欢迎竹科宜兰基地的到来，也期盼着科学园区的到来能带动宜兰商机发展与解决人口外移的现象，但其后续规划与发展必须严守着宜兰过去傲人的环保经验，重视任何可能造成污染的影响，并需审慎评估生产型基地的选址与设立。此外，公民们也展现将持续监督的决心，要求公部门与厂商必须重视科学园区设置后可能产生的种种问题。”这份报告显示通过知情理性的讨论，公民可以聚焦于公共利益，在当今环境保护与经济发展论述的冲突中，找到一条属于地方永续的出路。①

第三节　“淡水捷运周边环境改造”公民会议

“淡水捷运周边环境改造”公民会议是基于新北市淡水地区在捷运通车之后，成为台湾最热门的观光景点之一，在捷运带来庞大游客带起积极发展的同时，也对淡水市区及淡水捷运站周边带来了环境的冲击。在这样的情形之下，未来淡水的空间如何经营？淡水人对淡水的未来的想象为何？这些均须通过审慎思辨的民主精神，经过社区居民理性的公开讨论，以寻求未来对于经营淡水市镇空间的共识。

一、“淡水捷运周边环境改造”公民会议的起因

新北市淡水地区原为传统文化小镇，1997 年捷运通车之后逐渐转变为台湾第一大的风景区。不断涌进的观光人潮及随之而来的商业行为，逐渐将淡水地区由传统的小镇推向现代化、商业化，因而对淡水市区与外围地区的环境、空间与文化产生相当的冲击。再加上新北市政府为强化淡水地区之发展，针对淡水地区推动淡海新市镇开发计划，未来更针对淡水之区域发展预估规划了许多开发计划，这些都市化、现代化的过程和政府由上而下的施政行为，慢慢地激起淡水地区居民与社区民间团体的反抗意识。面对这样的多元挑战，淡水社区大学、淡水文化基金会、世新大学行政管理学系及淡江大学建筑系等学术团体共同发起召开公民会议，以期通过审慎思辨的民主精

① 杜文苓、陈致中：《民众参与公共决策的反思——以竹科宜兰基地设置为例》，《台湾民主季刊》2007 年第 3 期，第 54 – 55 页。

神，提供社区居民公开理性的讨论，从整体发展的角度来思考淡水捷运外围地区的发展图像。

关于公共议题的经营，淡水社区大学与在地文史工作者已经累积相当丰富的经验，十多年来进行过不同型态的社区营造工作，从抢救老街及古迹、淡水河环境保育、重建街改造等，都发展出一套经营文化空间的在地经验。2000年推动“淡水文化会议”以整合淡水的文史教育即空间营造的经验，之后催化成立了“淡水社区大学”以延伸此一论坛的目标。此次公民会议的召开即是以上述在地经验与淡水社区大学既有之课程为根基，通过居民的参与讨论，规划淡水捷运周边环境的配套设施，提出属于民间的共识及解决方案，并与公部门进行对话。①

二、“淡水捷运周边环境改造”公民会议的过程

由淡水社区大学等发起的“淡水捷运周边环境改造”公民会议经由执行委员会依据报名人数依淡水镇人口特质抽出15位公民小组，这15位公民小组成员阅读过主办单位准备的议题手册内容，在初步了解议题的情况下参与三个礼拜五天的公民会议过程，首先于2006年10月28日、10月29日预备会议过程，通过主办单位邀请之专家授课，并经过双方的互动对谈，更进一步了解淡水整个都市计划与发展、交通、环境、观光的现况与未来的可能性后，由公民小组讨论提出自身对于议题更想深入了解的部分，于正式会议邀请相关专家及公部门对谈；其次在11月11日、11月12日与专家及公部门对谈之后，公民小组成员在充分议题了解后，针对淡水所面对的问题，相互讨论激荡、凝聚共识、提出共同的解决方案；最后于11月18日记者会中，公民小组宣读他们经过充分讨论激荡后所产生的结论报告，邀请在地团体、公部门参与结论报告发表会，针对会议结论提出响应，此次公民会议经过这些过程为淡水的未来愿景踏出了第一步。②

---

① 林子伦：《审议民主在社区：台湾地区的经验》，余逊达、赵永茂主编：《参与式地方治理研究》，浙江大学出版社，2009年版，第181页。

② “淡水捷运周边环境改造”公民会议过程，请参阅陈致中：《社区治理与审议式民主：以淡水社区公民会议为例》，世新大学行政管理学系硕士学位论文，2008年版，第56－67页；林子伦：《公民会议在社区：开启台湾民主深化的工程》，台北：台湾民主基金会，2006年版。

第一，举办“淡水捷运周边环境改造”公民会议的筹备阶段。主要包括组成执行委员会以及挑选参与者等环节。

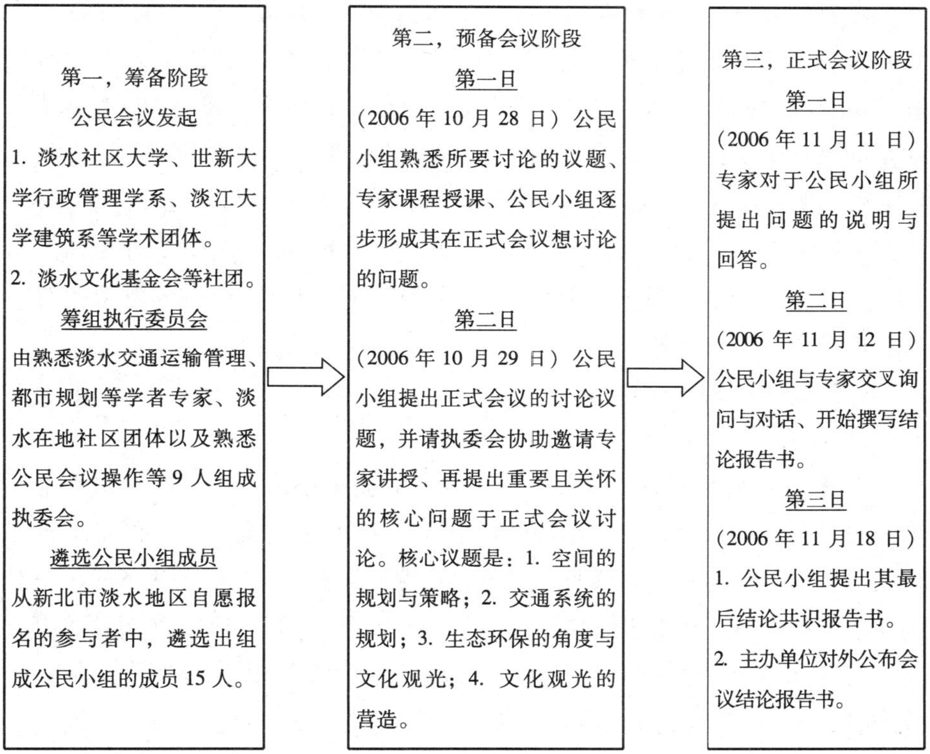

图3.3　“淡水捷运周边环境改造”公民会议实施的步骤与阶段

资料：作者整理

（一）成立执行委员会

为确保公民会议能在公平、公正且信息充足正确的情况下进行，在会议进行前，主办单位淡水社区大学邀请针对“捷运淡水站周边环境经营议题”熟悉的各方面专家组成执行委员会，负责前置作业策划、会议流程规划、公民小组的招募与遴选、议题手册的审查，以及监督会议进行的公正性与客观性。此次公民会议的执行委员会成员包括淡水社大主任、熟悉审议式民主操作模式的教授、建筑及交通运输领域之专家学者、淡水文史工作者、捷运局官员、淡水镇民代表等，共同监督并规划整体会议之进行。执行委员会还确认邀请两位会议主持人，全程陪同公民小组，协助会议进行。值得注意的是，主持人必须维持超然立场，不应将自身对于政策议题的意见加诸讨论过程。①

在公民会议筹备与举办的过程之中，执行委员会共召开了四次会议。于2006年8月19日召开第一次的执行委员会议中，针对此次会议计划时程表、可阅读数据的大纲架构、招募方式与管道、会议议程安排及进行方式做初步的意见交换；第二次的执行委员会会议确认招募宣传的细节，以及议题手册的内容；第三次的执行委员会则进行公民小组抽样与议题手册的定稿，第四次执行委员会于预备会议结束后召开，针对预备会议中公民小组所提出之对于“捷运淡水站周边环境经营”议题进一步所欲了解的问题架构与专家名单进行邀请方向确认。

（二）公开招募参与公民

1. 公民小组的招募

在确立主题为“观光与在地生活共享的淡水小镇—捷运淡水站周边环境经营”公民会议后，主办单位公开招募年满20岁并居住或在淡水地区工作的民众，希望所有对此议题有兴趣或是为了淡水未来发展及生活质量提升的淡水居民能够踊跃报名参加。主办单位于2006年8月20日在别具历史意义壳牌仓库召开公开招募记者会将此消息通过媒体散布出去，也获得了《联合报》地方版及文化淡水小区报的报导，并通过多元管道进行为期一个月的宣传招募，于第四台跑马灯、淡水社大网站及部落格、社造联盟电子报、TWCU、地方性免费网站及BBS张贴此次会议讯息、在捷运车站及通过红毛城古迹导览学员发放招募传单。同时运用淡水社大网络资源，于社区大学各班进行宣传与初步解说。

2. 公民小组的遴选

招募时间从2006年8月21日召开招募记者会起至10月7日，共计一个月的时间，期间共计25位的民众报名参加，执行委员会依照淡水镇的人口特质，依“年龄”、“性别”、“教育程度”进行分层抽样，抽选出15位民众参与此次会议，并再次询问其是否能全程参与此次会议，将无法参与者剔

① 林子伦：《审议民主在社区：台湾地区的经验》，余逊达、赵永茂主编：《参与式地方治理研究》，浙江大学出版社，2009年版，第182页。

除，另挑选背景相近的报名者递补，以期公民小组的成员能符合淡水镇民的人口特性，最终形成的公民小组名单详见表 3. 9。

表 3. 9 “淡水捷运周边环境改造”公民小组名单

编号	性别	年龄	教育程度	经过捷运站的频率	经过原因	经过方式
1	男	50	大专	经常	购物	机车
2	男	48	高中职	偶尔	休闲运动	汽车
3	男	63	大专	每天	运动	机车、公车
4	女	50	初中	经常	休闲运动	公车
5	男	55	小学以下	每天	休闲运动	步行、脚踏车、机车
6	女	52	初中	每天	做生意	汽车
7	男	34	大专	每天	通勤	捷运、机车
8	男	49	大专	每天	通勤	捷运
9	女	75	大专	每天	通勤	公车
10	女	22	大专	每天	上课	捷运
11	男	29	硕士	经常	通勤	机车
12	女	23	硕士	经常	通勤	机车
13	女	25	大专	每天	通勤	公车
14	男	30	硕士	每天	通勤	机车
15	男	50	大专	经常	运动、购物	脚踏车

资料来源：陈致中：《社区治理与审议式民主：以淡水社区公民会议为例》，第 60 页。

（三）公民小组的组成背景

此会议经由执委依据报名人数依淡水镇人口特质抽出 15 位公民小组成员，由表 3. 10 可以看出这些来至淡水镇公民小组成员背景的异质性，这 15 位公民小组成员于阅读过主办单位准备的议题手册内容，在初步了解议题的情况下参与五天的公民会议过程。

第二，“淡水捷运周边环境改造”公民会议的预备会议阶段。预备会议主要是通过课程与活动的设计，使公民小组对于“捷运淡水站周边环境经营议题”建立基本的认识，经全体成员相互讨论后，提出针对捷运淡水站周边环境经营议题现在所面临的具体问题与现况，于正式会议审议所欲提出的重要问题并进行整理与面向归类，并提出想要邀请的专家名单。

表 3.10 “淡水捷运周边环境改造”公民小组基本资料统计表

基本资料		人数	百分比	基本资料		人数	百分比
性别	男	9	60%	年龄	20～29 岁	4	26.6%
					30～39 岁	2	13.4%
	女	6	40%		40～49 岁	2	13.4%
					50～59 岁	5	33.3%
	合计	15	100%		60 岁以上	2	13.4%
					合计	15	100%
教育程度	小学以下	1	6.7%	职业	工	1	6.7%
	初中	2	13.4%		商	4	26.6%
	高中职	1	6.7%		学生	2	13.4%
	大专	8	53.6%		公司职员	5	33.3%
	研究所以上	3	20%		退休	3	20%
	合计	15	100%		合计	15	100%

资料来源：陈致中：《社区治理与审议式民主：以淡水社区公民会议为例》，第 61 页。

（一）预备会议准备工作

预备会议在2006 年 10 月 28 日、10 月 29 日分为两天于淡水社区大学举行，会场地规划分为主要会议场地以及会议旁听区，主要会议场地安排全程录像，并利用摄影设备同步转播，将主要会场讨论的情形传送至旁听区，让旁听民众以及相关单位人员可以同步观察了解主场地的讨论状况，主要会议场地除了主持人、公民小组以及现场工作人员外，开会时间禁止其他人员进出，以保障会议的质量。

（二）会议议程安排

2006 年 10 月 28 日、10 月 29 日预备会议过程中，通过主办单位邀请之专家授课，经过双方对谈，更进一步了解淡水整个都市计划与发展、交通、环境、观光的现况与未来的可能性之后，接下来为预备会议最重要的部分，与会的公民小组经过说明与意见表达，通过小组及全体讨论提出在正式会议中所将讨论的重大议题，过程中对每人提出的问题加以审视，此时由主持人协助议题的汇整与归类，最后提出议题方向之重要讨论问题，分别为“空间的规划与策略”、“交通系统的规划”、“生态环保的角度与文化观光”及“文化观光的营造”等四大议题并罗列所属问题，于正式会议邀请相关专家及公部门对谈。

（三）邀请会议主持人

研究团队在会议期间邀请两位主持人，一位是淡水文化基金会执行长，其过去对淡水地区有着丰富的社造经验与对淡水小区的充分理解；另一位为专业都市改革组织副秘书长，曾协助办理“台北市愿景十三谈—学习圈”及公共论坛等审议式民主操作模式经验。唯两位主持人皆无实际主持审议式民主类会议经验，经过主持人培训后协助会议进行。主持人主要工作是全程陪同公民小组，鼓励每一位公民小组成员皆能踊跃发言，并协助会议进行，厘清并整合公民小组成员之共识意见。

第三，“淡水捷运周边环境改造”公民会议的正式会议阶段。正式会议的设计共三天，这一阶段的重头戏是公民小组与专家之间的对谈以及公民小组形成对问题的共识。

（一）专家咨询

在正式会议期间，公民小组针对“空间的规划与策略”、“交通系统的规划”、“生态环保的角度与文化观光”及“文化观光的营造”等四大议题进行广泛、深入的讨论，并与不同领域和立场的专家学者进行对谈，凝聚全体成员的共识。每位专家首先简报自身观点，之后回应公民小组在预备会议中提出的问题，接下来由公民小组提问，由专家现场回应公民小组的提问。正式会议的设计，是通过不同立场的专家，让公民小组更完整的了解各方的信息，并经过现场的提问与回答，能让各方观点有更多呈现与比较的机会。与专家回答部分进程相当热烈，在议程时间结束后，公民小组仍会利用下课时间追问专家，公民小组彼此也会相互讨论，利用休息或是用餐时间再次进行意见交流。

（二）撰写结论报告

由于此次会议结束前，需撰写反映全体成员意见的结论报告，因此承办单位协助会议讨论记录整理，并由公民小组针对议题分组撰写初稿。

此次公民会议所设定的四项讨论主题，每个主题又区分数个子题，经过正式会议广泛且深入的讨论，以凝聚全体成员的共识。讨论时间结束后，由四组担任主笔的公民小组成员分别撰写四大议题结论报告初稿，其余小组成员亦协助主笔人进行整理。主笔人参酌会议期间的讨论内容，撰写完成结论报告初稿，并在正式会议最后一日（2006年11月18日），由全体成员进行逐字确认。

（三）结论报告暨记者会

1. 确认结论报告及专家勘误

公民会议最后一日，承办单位安排专家学者，针对公民小组结论报告初稿中，属于“事实性”的错误提出意见。专家仅对于公民小组结论报告初稿中，如法律条文与数据等事实性的错误提出意见，并不涉及更动结论报告的内容。公民小组参考专家勘误的意见后，由全体成员“逐字”认可主笔人所撰写的结论报告初稿。

2. 结论报告记者会

公民小组完成认可结论报告之后，举行公民会议记者会，由公民小组对外公布此次会议的结论报告。其中，公民小组提出淡水镇处于“交通”、“环境”、“文化”、“观光”四者相互冲击与影响的情况之下，以“在地观点”提出对于淡水镇在此四面向所存在的问题，并提出可能的解决方案及政策建议供政府部门参考。与此同时，公民小组还提及社区公民参与的重要性，并建议未来应拟定社区民众的共同规约如“环境公约”、“社区宪章”等地方自治规约。主办单位淡水社区大学与淡江大学建筑系教授，新北市政府相关官员、淡水镇公所机要秘书及淡水镇镇民代表到场聆听结论报告并针对结论报告做出回应，会后则将结论报告送交政府各单位参考。

总之，此次公民会议的结论报告，对于淡水镇与淡水站周边未来空间营造与控管、交通改善方式与策略、生态永续经营与策略、文化发展愿景与观光经营方式等各方面，提出了诸多共识，包含推动在地的环境公约、发展车站周边转乘系统、以渔业文化为在地特色以及强化社区总体营造等，以发展出一种环境改善、文化与商业并存、游客与居民共享的和谐相处之道。①

① 林子伦：《审议民主在社区：台湾地区的经验》，余逊达、赵永茂主编：《参与式地方治理研究》，浙江大学出版社，2009年版，第185页。

三、“淡水捷运周边环境改造”公民会议的分析

首先，“淡水捷运周边环境改造”公民会议有助于“造就好公民”。此次公民会议增加了民众对该议题讨论的程度与机会，同时提供与会成员体验沟通模式的公共参与，打破对于公共参与的既有印象，也因此在参与过程中提高参与公共议题的认知与信心。在会后的深度访谈当中，“公民提到自身在会后的确对于相关议题有进一步的了解，通过公民会议的进行，能将过去不知道的地方公共计划、信息释放，更理解当中所呈现的问题症结点，而透过知能的增加，是能够更具体地去与其他人互动，阐述理念并厘清问题。”① 与此同时，就前测和后测的政治效能感分布情形与变化量而言，如表 3. 11 所示，参加会议后公民政治效能感呈小幅度的提升，例如，参加会议后，比较同意“您认为您自己的意见值得政府参考吗?”，比较同意“有人说即使别人不同意我的意见，我也应该勇敢的讲出来，请问您同意这种说法吗?”，而对于中央、地方政府的相信程度亦在会议后呈现提升，另外在问卷“请问您觉得参加此场公民会议的经验，会不会提高您往后参与公共事务讨论的意愿兴趣?”中，3 位表示“提高一些”，而 7 位表示“提高很多”，如表 3. 12 所示。这显示参与公民会议的确能够增加公民的政治效能感，并增强往后参与公共事务的兴趣。“自己参与的过程中有认知到其实自己是公民会议的一分子，那其实这部分其实是对社会有一个道德责任的使命感，我觉得这一部分会加强，对地方事务，慢慢大家会对这一件事会更有关心。”“我觉得像这样的一个会议它是学习的开始，因为我觉得会议也是一个教育的过程，在会议结束之后再遇到类似议题的东西，会有比较多的敏感度也会更加补充这方面的知识，也就是说如果再参加这样的会议，会更快进入状况中，也会对所讨论的议题想法更深入一点。”② 概言之，参与公民会议使得原先对政治冷漠或是缺乏反应管道的公民小组，不但提高了未来对公共事务的参与感，而且也激发了对地方事务的责任感。

---

① 陈致中：《社区治理与审议式民主：以淡水社区公民会议为例》，世新大学行政管理学系硕士学位论文，2008 年版，第 81 页。

② 陈致中：《社区治理与审议式民主：以淡水社区公民会议为例》，世新大学行政管理学系硕士学位论文，2008 年版，第 93 页。

表 3.11 前测和后测政治效能感变化量

题目	非常同意			同意			不同意			非常不同意			无意见/不知道		
	前测	后测	变化	前测	后测	变化	前测	后测	变化	前测	后测	变化	前测	后测	变化
E1	0	0	0	2	2	0	5	6	1	4	2	-2	1	2	1
E2	0	0	0	3	4	1	4	3	-1	3	3	0	2	2	0
E3	3	2	-1	4	4	0	3	3	0	1	2	1	1	1	0
E4	1	1	0	5	4	-1	3	5	2	2	1	-1	1	1	0
E5	2	2	0	8	10	2	0	0	0	0	0	0	2	0	-2
E6	2	4	2	9	8	-1	1	0	-1	0	0	0	0	0	0
E7	1	2	1	2	6	4	4	1	-3	1	0	-1	4	3	-1
E8	1	3	2	4	4	0	3	1	-2	1	0	-1	3	4	-1

E1　有人说“政府官员很关心一般人的想法”，请问您同意这种说法吗？

E2　有人说“民意代表和关心一般人的想法”，请问您同意这种说法吗？

E3　有人说“政治太复杂了，一般人是无法了解的”，请问您同意这种说法吗？（反向）

E4　有人说“一般人对政府的政策没有什么影响力”，请问您同意这种说法吗？（反向）

E5　您认为您自己的意见值得政府参考吗？

E6　有人说“即使别人不同意我的意见，我也应该勇敢地讲出来”，请问您同意这种说法吗？

E7　整体而言，您相不相信我们的“中央政府”？

E8　整体而言，您相不相信我们的地方政府？

资料来源：陈致中：《社区治理与审议式民主：以淡水社区公民会议为例》，第 91 页。

表 3.12 请问您觉得参加此场公民会议的经验，会不会提高您往后参与公共事务讨论的意愿兴趣？

答案	人数	百分比（%）
完全没有提高	0	0
不太有提高	0	0
提高一些	3	25
提高很多	7	83.3
遗漏值	2	16.7
合计	12	100

资料来源：陈致中：《社区治理与审议式民主：以淡水社区公民会议为例》，第 92 页。

其次，“淡水捷运周边环境改造”公民会议有助于提高政策的正当性和决策的品质。审议式民主的倡导者主张，公共审议的质量是衡量民主合法性的一种标准，审议的质量越高，就能表示决策更具正当性、合法性。[①] 换句话说，通过审议的过程可以协助那些无法接受最终政策决定的人去接受集体行动的正当性，让他们相信民主审议下的决策结果并非来自于党派协商角力下的产物，即使不同意最终的政策产生，至少他们不会认为那是各种不同竞争利益角力下优胜劣败的结局，而是考量多方冲突立场与意见所获致的结果。[②] 在“淡水捷运周边环境改造”公民会议过程中，可以发现“这样的审议过程是与过去一般讨论是相当不同的，透过这样子的彼此讨论过程，能够更清楚问题所在，更具体的讨论出细节，更客观的来看待而非单纯的个人观点”。“因为它跟一般讨论最不同的地方在，依我来看，这事情提供的是对话，对话座谈意见，对话产生意见也是跟刚刚差很多，就是他才不是你的（主观认知），简单来说就是经过思辨的，经过辩证，经过检查才清楚的，这样的东西是有很强大的功能的。”“是我们大家透过公民会议共同来讨论，重要的事讨论、不重要的事也讨论，讨论到最后会有一个结论和成果，然后再来给他们做参考。然后他们（指相关的政府机关）如果也觉得认同的话，就会照这样来做，来达成我们的愿望，这样未来也会更好。这是事实啊，讲话就是要有这种细节，不能太笼统、太随便，这样会办不成事的。”[③] 一言以蔽之，通过公民会议的公民参与方式凝聚社区力量发展对未来愿景与政策规划共识，不但能够改善公共政策质量，亦可通过这样的参与方式取得公民社会的信任感，从而提高公共决策的正当性。

最后，“淡水捷运周边环境改造”公民会议有助于促进社会共识与共善。公民会议的进行通过专家授课与可阅读数据的提供，深化民众对议题的了解，而与专家答辩的过程中，更提供厘清问题，增进公共判断的机会；通过角色扮演的设计，小组讨论的过程，以及主持人角色的串场协调，参与公民有机会摆脱既定立场，从更大的角度与视野思考整体的公共利益。根据调

---

① 陈剩勇、何包钢主编：《协商民主的发展》，中国社会科学出版社，2006 年版，第 46 页。

② Amy Gutmann and Dennis Thompson, *Democracy and Disagreement*, Cambridge, M. A.: Harvard University Press, 1996, pp. 21 – 22。

③ 陈致中：《社区治理与审议式民主：以淡水社区公民会议为例》，世新大学行政管理学系硕士学位论文，2008 年版，第 83 – 84 页。

查可以发现，大部分的小组成员参与完会议后都会改变原先的价值观与想法。这是因为信息增加了，使他们更加了解现实的情况，而且他代表的是社会全体，必须站在公众的立场加以考虑，不再只是单纯的想到自己而已。有时内心会产生私利与公益间的冲突，虽然明知做出这样的决定对本身不利，却对整个社会是最好的时候，两者只能取其一，由于公民会议强调共善与共识，大家都是秉持自己的良心做出对大家比较有利的决定，面对这种情况，要由本来反对的态度转而支持可能就需要一个足以支持的理由，才能化解内心的冲突，而这理由就是从参与会议所得到的相关知识。① “当中一位公民小组提到原先他认为赞成开发道路的人都是为了谋取利益的，但当这样的观点由一样是公民小组的成员提出时，由于他是一般民众真实的存在自己身边，提出的例子都是相当生活化的经验，原先的思考方式在此就做了改变，愿意倾听理解不同观念的声音。”② 如此等等，不一而足。这样的转化过程极大地促进了社会的共识与共善。

总之，面对争议性的议题，审议式民主并非只是粗略地汇集民意、通过投票或发动体制外的抗议来拥护某种意见，而是经过“施与受”（giving and taking）的对话以及论证过程，让参与者彼此学习，理解个人与他人之间的重要差异，使每个观点都能得以彰显，进而找出合理的、能被接受的政策方案。作为彰显审议式民主最主要的方式之一，公民会议主张参与是基于开放及平等的原则，“在取得充分且均衡的资讯，秉持相互尊重的态度，以公共利益的取向，进行理性的讨论，期望能够对于具有争议的问题取得共识。”③ 换言之，审议式的公民参与，可以强化一般民众对公共事务的了解，提高民众参与公共政策的能力与意愿，并经过公民间持续地理性的聆听、思考与公开讨论不同的价值、观点、利益，共同寻求集体的公共利益。通过对参与“淡水捷运周边环境改造”公民会议公民小组的问卷及深度访谈数据，可以

---

① 洪德俊、陈羽甄：《公民会议之民众参与及冲突管理策略》，来源：http：//www. btcc. org. tw/web/94tc/show2B/2. doc。

② 陈致中：《社区治理与审议式民主：以淡水社区公民会议为例》，世新大学行政管理学系硕士学位论文，2008 年版，第 85 页。

③ 陈东升：《审议民主的限制——台湾公民会议的经验》，《台湾民主季刊》2006 年第 1 期，第 79 页。

发现此次公民会议在程序上“信息提供的充足度”、“论坛进行的中立性”、“达成结论的技巧性”及“对公民会议的整体评价”都达成了过去举办公民会议应有的水平，而在实质的效益上也展现了审议式民主所具有的“知能及论述技巧的提升”、“理性及相互理解的讨论”、“政治效能感与公共参与意愿的提升”等重要特质。[①] 这充分说明了，此场公民会议无论在程序上及实质上均达到了预期效果。

第四节　小　　结

审议式民主在地方政治、利益集团运作体系以及精英支配的治理模式之外，提供了一个让民众能够发声的公共讨论空间，使得专家知识与常民经验，以及不同利益团体和价值立场，能够进行对话与沟通。从本章的案例可见，不论是县市型公民会议还是社区型公民会议，均促成了公民理性的讨论与相互了解的沟通，提升了公共讨论的知识基础，增加了公民政治效能感与激发讨论公共事务的意愿。2005 年由宜兰社区大学举办有关“竹科宜兰基地设置”问题的公民会议中，作为决策主体的公民在知情审议的过程中，充分关照科学园区发展相关问题的各个面向，在不同价值的理解之上寻找共识，在会议进行中充分展现出高质量的讨论思辨过程，以及会议结论中对议题细致深入的阐述与具体的政策建议。[②] 尤其是社区型公民会议，它直接探触地方议题，连接公民、政府官员及社区中的利害相关人，创造了信息的流通互动与对话，拓展了民众参与地方公共政策讨论的空间。这不仅可改变地方与社区治理的型态，亦可强化地方政府与社区组织的治理能力。“公民在此过程中获得了机会表达他们的在地关怀，透过讨论学习到政策议题相关的知识，了解社区居民的想法，并提供政策建议与行动方案，协助地方问题的解决；而政府官员和社区组织也透过此过程有了广大的公众支持，更了解公

---

① 陈致中：《社区治理与审议式民主：以淡水社区公民会议为例》，世新大学行政管理学系硕士学位论文，2008 年版，第 131 页。

② 杜文苓：《投资民主：台湾公民审议对政府决策的启示》，“迈向参与式民主的挑战与实践”研讨会（2011 年 5 月 14 日），来源：http：//www. taiwanthinktank. org/page/chinese _ attachment _ 2/2028/0514. pdf，第 108 页。

民的想法为何，也培养了公民关心公共事务及解决问题的能力。”“值得一提的是，社区大学与社区组织已逐渐具备独立办理公民审议论坛的能力，淡水社区大学于 2008 年初发表了‘淡水的远见——21 世纪地方议程’白皮书，即是 2006 与 2007 年三场社区审议论坛，进一步凝聚淡水居民共识的具体成果。”① 尽管如此，地方性公民会议在实践上仍然存在相当程度的局限以及困境尚待克服，如对审议式民主概念不熟悉、资源与人力欠缺、在地知识的建构与累积不足、制度性回应机制不健全以及地方政治权力结构复杂等②。尤其在社区层次上，公民会议面临更多的挑战，如表 3.13 所示。

表 3.13　公民会议在社区的挑战

面向	内容	发展的挑战
高成本	心力、人力高度密集； 筹备期至少 3 个月； 执行经费 13－19 万。	不容易普及；如何因地制宜。
社区资源匮乏	经费、在地研究的匮乏造成可阅读数据以及听证专家的邀请困难重重。	没有充足的地方知识，公民会议的意义与其局限？ 如果生活经验、地方知识与专家知识的对话不能更为平等，互相说服的过程将更为漫长。
地方利益与社区情感的束缚	形成开放、共善的氛围难度更高。	当知识不是形成权力差异的主因，公民会议需要怎样的调整？ 与地方情感联系更为直接紧密时，内在的冲突是很高的，结构性的议程设计，有足够的时间解消情感的束缚？
地方政府的保守	议题由社区自主发动，主管机构往往不会对公民会议结论明确响应。	如何建立民众对于公民会议的信心？
社区对于公民会议结论的发展期待高	社大学员与民众对于公民会议结论的持续关怀。	如何发展并扩大公民会议所凝聚的社区能量？

资料来源：杨志彬：《审议民主的理念与实务》，来源：http：//www. docin. com/p－41980961. html。

---

① 林子伦：《审议民主在社区：台湾地区的经验》，余逊达、赵永茂主编：《参与式地方治理研究》，浙江大学出版社，2009 年版，第 185－186 页。

② 林子伦：《审议民主在社区：台湾地区的经验》，余逊达、赵永茂主编：《参与式地方治理研究》，浙江大学出版社，2009 年版，第 186－188 页。

从第二、三章的实证研究可见，不论是针对全台性还是地方性议题，公民会议均有助于“造就好公民”、提高政策的正当性和决策的品质以及促进社会共识与共善等。其结果，“过往认为投票即民主的旧观念正逐步被改善，社会各界也体认到政策不应由少数精英决定，无论是政府或民间均逐渐倾向于以‘沟通’达成共识，并以此作为社区发展或政策规划的依据。”譬如竹科宜兰基地在计划之初并未与在地居民沟通，因此竹科宜兰厂址消息一出，随即引发农民抗争，后来经由民间单位举办公民会议，并邀请行政单位和农民进行沟通。最后，会议结论欢迎设立竹科宜兰厂址，只是必须建设完善的污水处理系统，以免污染宜兰当地的土地和水源。① 下面则从几个方面对公民会议在台湾地区全台与地方层级上的实践困境进行比较分析：

第一，公民会议的品质能否得以保证？公民会议强调知情的讨论，丰富的信息与知识的提供将有助于审议讨论的质量与成果。一般而言，针对全台性议题而举办的公民会议基本上能够确保公共审议的品质，这是因为全台性议题绝大多数是由政府相关部门委托比较知名的、熟虑公民会议操作的学术团队如台大社会学系举办的，通过这些学术团队的精心授课与辅导，参与全台性议题的公民小组成员能够有效地将公民会议基本理念与精神贯彻于会议之中。相比之下，地方性议题特别是许多社区型的审议讨论议题，由于长期缺乏关注，导致会议的议题手册编撰、专家经验与咨询，大多缺乏多元的在地知识与生活经验的提供。此外，许多地方性议题由民间社团自主办理，由于许多政府信息的不公开，公部门提供的政策相关信息不仅相对不足，许多信息已经过消化改写，以致无法贴近民众的需求。例如在讨论“新竹科学园区设宜兰基地”议题时，因为政府相关部门不愿提供地下水污染资料，致使讨论无法深入，② 从而无法保证公民会议的品质。

第二，经费与人力资源能否得以保证？由于在公民会议的操作过程中有许多严谨的设计，需要投注相当的资源。全台性议题的公民会议实践，其经费资源主要来自政府，一般情况下能够得到足够的保障。相比之下，地方性

① 张誉馨：《审议民主中的性别差异》，（台湾）《女学学志：妇女与性别研究》第 27 期（2010 年 12 月），第 276 页。

② 《推动公民会议 审议民主发芽了》，《中国时报》2007 年 10 月 8 日，T4 版。

议题的公民会议缺乏资源补助，社区型公民会议所获得的补助更是相对缺乏，大多仰赖社区民间组织串联发动或协力合作，因此普遍面临资源欠缺的问题。此外，在地审议人才的培育也是关键之一，例如审议论坛的主持人扮演十分重要的角色，他们必须带领公民讨论，并确保公民能聚焦于议题中并提出有建设性的讨论，过程中必须保持中立，并于会议中协助公民小组理解歧异点、寻求共识，并归纳、整并相关的看法等。以社区型公民会议为例，因其独特的性质需要更多的在地经验与知识的投入，考虑社区型议题常牵涉在地细节之讨论（如街道名称、在地社团组织、相关公共设施地点），若对在地社区不了解，很难进入社区居民之讨论氛围，无法与其充分沟通。因此，相关人才的养成与资源募集相当关键，以因应未来审议式民主发展的需求。①

第三，是否受到政治权力结构的影响？全台性议题经常会受相关政府部门和利益集团的影响。例如在“税制改革”公民会议前，平均每四天在主要报纸就有一则关于政府税改政策的报导，对于一般民众会产生相当程度的影响，当然也会对于公民会议参与者的看法产生影响，税改公民会议的重要结论，是军公教免税措施不合时宜应取消，以及依“财政部”的提案内容来实施最低税负制，这两个结论和“财政部”主要改革内容是有相当高的一致性（税制改革公民会议并没有讨论到营业税的问题，但讨论促进产业升级条例租税减免的修正方向，公民会议讨论内容和财政部在媒体宣示的改革方向并不是完全相同），分析结果显示出政府部门透过媒体对公民会议所产生的影响。“政府委托办理公民会议，有时却干预讨论的进行，影响结论的方向，显示公民会议是无法摆脱政治力的操弄。”② 地方性公民会议的举办则跳脱不出地方的政治脉络。以 2004 年高雄跨港缆车的公民会议为例，“无论是社会运动团体对于公民会议的举办或是会议达成共识内容的不满，而发动强烈抗争，或者是社会运动团体将公民会议当成是促进社会大众讨论

---

① 林子伦：《台湾审议式民主参与的实践困境》，“迈向参与式民主的挑战与实践”研讨会（2011 年 5 月 14 日），第 115 页，来源：http：//www.taiwanthinktank.org/page/chinese_attachment_2/2028/0514.pdf。

② 陈东升：《审议民主的限制——台湾公民会议的经验》，《台湾民主季刊》2006 年第 1 期，第 95 页。

社会改革的相关问题，其实都显现出审议民主公共讨论所具有的政治性格。"① 此外，社区型议题常常涉及相当多层级的权责范围，相关社区在这些议题上往往无自主决策之权力。由此可见，不论是全台性议题还是地方性议题的公民会议，均面临着政治权力介入的问题。

第四，公民会议的结论是否能够影响相关的政策？从台湾过去数场公民会议中可以观察到，行政部门与主办单位在会议过程中有良好的互动与合作，相关单位不仅对于审议式的公民参与模式感到肯定，对于结论也予以相当的重视。以苗栗"造桥火车站宿舍周边环境规划"公民会议为例，造桥火车站主管当局相当肯定此审议论坛的精神与结论，在会议后将其老旧宿舍的营造交由在地文史团体规划，即是一个良好的范例。在全台性议题的公民会议中亦有良好的案例，如"全民健保给付范围"公民会议。不过，也有一些案例中，政府单位对于审议论坛的会议结论，采取选择性响应或根本不响应，使得与会公民产生相当负面的观感，反而增加民众与政府间彼此之不信任，以"税制改革"公民会议为例，"一项颇为敏感的共识是，公民会议一致主张在严格评估下开征证所税；但令人大感失望，'财政部长'却以台湾股市以散户居多，一定要有完善的配套才能复征，并以'财改会'建议将复征证所税列为长期税改目标来回应，似乎迫不及待地想抛开烫手山芋。"② 不仅如此，有民间社团甚至认为，"'行政院税改小组'提报'院会'的税改草案，根本不符七月召开的税改公民会议共识。"③ 在地方性议题的公民会议中也存在如此不足的案例。如"台北市汽机车总量管制"公民会议中，"正如多位与会公民表示，不知有何政策是依公民会议结论续行推动。"④ 由此可见，不论是全台性议题还是地方性议题的公民会议，均面临着其结论可能不被重视的问题。"由于政府缺乏制度性的响应机制，不仅减损审议论坛之公信力，使得相关议题决策过程中民主化程度大大降低，也

---

① 陈东升：《审议民主的限制——台湾公民会议的经验》，《台湾民主季刊》2006 年第 1 期，第 97 页。

② 《公民会议为税改加把劲》，（台湾）《经济日报》2005 年 8 月 3 日，TMP01 版，社论。

③ 《税改草案不符公民会议共识 泛紫：应符最低税负制精神》，《台湾新生报》2005 年 8 月 13 日，第 2 版。

④ 吴秋莹：《审议民主在地方公共事务决策之实践——以"台北市应否订定汽车总量管制计划公民共识会议"为例》，台湾大学社会科学院政治学系硕士学位论文，2007 年版，第 106 页。

将扼杀具有公共参与意愿的与会公民之政治效能感。因此，如何将审议民主与现有之决策机制或地方自治制度结合，例如结合公民投票，环境影响评估、或是都市计划审议机制等制度化流程，将是审议民主制度化的重要课题。”①

总之，通过第二、三章公民会议的实证研究可以发现，台湾地区公民会议的主要发起人与运作单位，基本上可分为两大类，分别为政府部门委托办理与民间社团自主办理。由政府部门委托办理的公民会议，公民的角色是被动参与的。相比之下，由民间社团自办的公民会议，民间社团自主筹办整个公民会议的内容与过程，也展现出积极影响公共政策的意图。以“新竹科学园区宜兰基地”公民会议为例，“它以一个非政府组织举办的会议，相对于多场政府委托举办的公民会议，能够明显地影响政策，似乎构成一个特殊的案例，也值得进一步探讨其对政策产生影响的因素。”② 当然，相对于官方所办理的公民会议，民间自办的公民会议如“竹科宜兰基地”公民会议，在过程中面临许多的局限性，诸如资源不足、议题信息取得与在地专业知识的局限，致使在筹办过程中造成人力物力耗损，但质量绝不输公部门委托办理公民会议的水平；可惜的是，其结论却不如公部门委办公民会议受到重视；而从同属民间主办性质的“北投社造协议”公民会议之相关结论也未受到相关公部门重视的局限情形来看，“使得人们必须审慎思考未来审议式民主在台湾落地生根发展的相关课题，包含如何在现行参与制度中纳入民主审议机制，发展协助审议式民主操作的专业机构团队，以及信息公开的相关制度立法等。”③ 与此同时，应当注意到，“淡水社区公民会议中公民在一些争议的讨论中，的确显示了理性言说无法获致共识的情形，而这些争议于会

① 林子伦：《台湾审议式民主参与的实践困境》，“迈向参与式民主的挑战与实践”研讨会（2011 年 5 月 14 日），第 116 页，来源：http：//www.taiwanthinktank.org/page/chinese_attachment_2/2028/0514.pdf。

② 黄东益：《审议过后—从行政部门观点探讨公民会议的政策连结》，（台湾）《东吴政治学报》2008 年第 4 期，第 86 页。

③ 杜文苓、陈致中：《民众参与公共决策的反思——以竹科宜兰基地设置为例》，《台湾民主季刊》2007 年第 3 期，第 88－89 页。

议外非正式的互动的确呈现了可能获致共识的可能性。”① 这揭示出公民会议的讨论方式，除了通常使用的理性论辩之外，还应有其他的言说方式如“说故事”可作为论述方式，以推动公民会议在更广泛的公共事务议题上能够得以应用，第四章的内容即为例证。

① 陈致中：《社区治理与审议式民主：以淡水社区公民会议为例》，世新大学行政管理学系硕士学位论文，2008 年版，第 123 页。

第四章　台湾的实践：公民会议Ⅲ

2004年台湾促进和平基金会、时报文教基金会、公共电视台等机构举办“面对族群与未来：来自民间的对话”民间对谈活动，希望以公民共识会议的方式，让持不同意见的民众针对台湾社会中尖锐的“省籍—族群”议题进行讨论。与第二、三章所列举的“全民健保给付范围”、“竹科宜兰基地”等公民会议采用理性论辩方式不同的是，“族群和解与对话”活动引进“开放空间”的会议模式和“说故事”的论述方式，试图通过民间的渠道，以相互了解、沟通与理解的方式去推动“族群和解”之路，治疗台湾社会为“省籍—族群”政治动员所撕裂的伤痛。

第一节　开放空间

一、什么是开放空间

“开放空间”（全称“开放空间会议技术”，英文 open space technology，缩写 OST）是一种动态的会议模式，是1983年由美国人哈里森·欧文（Harrison Owen）在注意到人们在茶休时的有价值的交流而发明的。所谓“开放空间”就是创造出一个可以相互讨论的平台，没有人知道答案，对未知开放，以随时准备迎接惊喜（Be prepared to be surprised）的心，勇敢的提出自己的看法，同时也敞开心门，倾听别人的想法。① 作为目前国际上较为流行的互动会议模式，“开放空间”通常由一名主持人进行组织和主持，每个参与者提出自己关心的问题并与他人展开讨论，最终制定出合理方案并实施。在开放空间方法指南中有这么一个提示：在讨论程序中，主持人是讨

① 《开放空间技术》，来源：http：//rayhr1981. blog. 163. com/blog/static/16259369220109279652211/。

论的核心与灵魂，他担负着重要的程序职能，能够保障讨论的顺利进行，确保参与人实现权利。

首先，开放空间的一条定律即“双脚定律”（the law of two feet）。它要求参与者对自己的体验全权负责。如欧文所说：“如果任何时候你发现自己既没有做出贡献，也没有学到东西，那么就拔起两脚走吧。你成为无聊的囚徒只是因为你自己选择这样。除了你自己之外，没有任何其他人能为你负责。”① 也就是说，在讨论的过程中，开放空间会议鼓励参加者运用“双脚定律”，意思是每一个人都要为自己的学习负责，你可以在某一个讨论时段，参加这一时段中你有兴趣参与的议题，在这个议题上，若你觉得没有学到东西，或认为自己在这项议题上已没有贡献，就可以运用你的“双脚”，很自由地到别组去讨论，或暂时休息一下也可以。

其次，开放空间的四大原则或四个基本前提。其一，出席的人都是最适当的人（whoever come is the right people），这提醒在小型团体的大家，要达到成效的重点，并不是聚集上万人还有董事长的出席，基本的条件是想要做一点事的人的存在。只要出席，就显现出对这议题的关心。其二，不管何时开始都是最适当的时间（whenever it starts is the right time）。让人家知道真正的成效出现时根本不在乎当时几点，应该发生（或是不发生）的时候就会发生。其三，不管发生什么，都是当时只能发生的事（whatever happen is the only thing that could have）。这去除所有预设立场、懊悔、或坚持，不再去考虑早知道就如何，应该怎样，或者必须是如何的想法。当下发生的，就是该而对的议题。其四，结束的时候就结束了（when it's over，it's over）。简单地说，就是不要浪费时间。做你该做的事，做完了。就开始进行其他有用的事。

最后，开放空间具有活跃、真诚、“品位”等特色。其一，“开放空间”很活跃。在这一过程中，它努力降低人们张嘴的“门槛”，往往从你最容易讲述的问题开始，让各方在互动中到自己的位置，一旦人们决定参与，这个场合就会变得热烈起来，人也变得积极。其二，“开放空间”很真诚。在人

① 转引自（美）夏洛特·谢尔顿、刘芊著：《量子飞跃：改变你工作和生活的七种量子技巧》，中国财政经济出版社，2008 年版，第 149 页。

们由“封闭”变得“开放”的时候，会真情流露。同时被“开放空间”激发出来的还有包容、体谅和创意。其三，“开放空间”还很有“品位”。“开放空间”可以在很短的时间里就能产生自己独特的文化认同，人们不是来被动地执行和接受什么命令，而是要让自己来参与创造某项决策。在“开放空间”中，人们能够寻找到自己的位置，也找到了自己的责任，当然也获得了尊重。当在一个空间内，人们都彼此给予对方足够的尊重，自然就有了“品位”。①

总之，正如欧文所言：“开放空间技术最起码是一种新的更好的开会的方法。其标准过程是，大团组或小团组（从5人到1000人不等）在非常短的时间内经自我组织来处理高度复杂的问题。几乎没有任何的帮助设施，而且议程一类的事先计划也从来不会有。”② “开放空间”是一种新的尝试，可以把人们的工作积极性调动起来，很多方面与传统的会议大不一样。它改变了正式的会议型态，营造一种开放、自由且弹性的方式与情境，针对复杂且具有冲突性（潜在或外显）的议题进行讨论，强调与会者的自主性、参与性与被尊重，并且从讨论过程中产出具体之行动方案。换言之，开放空间即营造出一个讨论平台，所有的与会者在其中开放自我对于议题进行讨论，也具备主动提出讨论的权利，亦视实际情形由与会者自行决定加入讨论小组或离开、结束讨论。③ 在开放空间会议中，每一成员都可以针对讨论的主题提出自己认为重要的议题，而成为该议题的召集人。召集人必须做三件事：一是预先约定的时间到了，要召集会议。二是尽量让每一位参与者都有机会发言。三是找人做会议记录。“每项议题的会议记录，会用大海报纸张贴在‘新闻墙’上，没有参加会议的人可以借此了解其他组的讨论情形，进而引发新的议题，在最后做整理时，做了几件很有意思的事：全体参加者到新闻墙看看今天所有的讨论结果，若有需要可以在各议题的会议记录上加上自己的意见，或修正自己的看法，以便整理记录更完整。每个人发五个红色小贴

---

① 孟谦：《“开放空间”带来新的社区体验》，《社区》2010年第7期（上），第1页。

② 转引自（美）夏洛特·谢尔顿、刘芊著：《量子飞跃：改变你工作和生活的七种量子技巧》，中国财政经济出版社，2008年版，第148页。

③ 陈书吟：《南部社区大学实践社群共学的启动——开放空间会议模式初体验》，来源：http：//www. napcu. org. tw/epaper/147knowledge。

纸，贴在你认为最重要的会议记录上，不一定每一个重点贴一张，若觉得这个实在太重要了，可以把五张贴纸贴在同一个点上。”经过这个步骤之后，在新闻墙上可以很明显地看出大家认为重要的关键点集中在少数的几个地方，这已形成初步的共识。针对有初步共识的重要部分，每一个人想一想把自己在哪一方面有兴趣、能有所贡献，可以主动认养或另组小组做更深入的讨论。如果时间允许，可针对几项焦点问题，展开进一步的行动计划，把大家的智慧化为行动。开放空间会议把尊重人，及相信每个人都能有所贡献的理念，通过具体的形式（游戏规则）展现出来，进而引发许多颇具建设性的走向行为。“理念—形式—行为”成为一种良性循环的增强回路，带动整个会议的气氛，爆发出一股惊人的生命力。①

二、开放空间的原理和功能

作为一种民主讨论会议的形式，“开放空间”具备如下的基本原理。

首先，自我责任感。在会议开始之前除了一个会议的主题之外，什么都没有了！会议的日程由参会者自己制订并对此承担责任。所有的参会者都可以是讨论会的参加者，也可以是讨论会的发起者。每个人既可能是老师，也可能是学生。活动的主体就是参会者，他们对会议的内容、沟通、文化和结果负责。自我责任感的原理也体现在“双脚法则”上，即参与或不参与，参与什么样的小组讨论、讨论什么样的话题完全取决于你自己双脚的方向——开放的空间里，你有决定自己选择参与的充分自由。

其次，多样性。一个“开放空间”式的活动是建立在每个参会者因个体不同而对会议主题的理解也有所不同这一认识上的，为会议主题打开各种不同的渠道也就开发了更广阔的观点、思路和解决方案的天地。在“开放空间”式会议中有着无边的可能性使人与人之间建立关系并交谈。

最后，结果。“开放空间”式会议为每场讨论作了详细的记录。第三天对结果进行筛分和优选，并对下一步工作进行规划，比如建立工作小组，在

① 《开放空间技术》，来源：http：//rayhr1981. blog. 163. com/blog/static/16259369220109279652211/。

组内对会议达成的中心内容进行继续的讨论。①

如上所述，作为一种富有成效的动态会议模式，“开放空间”能够将一个对于组织、机构很重要的主题仅在很少的规则辅助下，通过一个新的空间和时间格式由参会者讨论完毕。它提供了一个提倡自我承担责任的场合。一个“开放空间”式的会议不仅是一次活动，更是一个改变的过程。换言之，“开放空间”作为一种全新的会议方法，提出了新的思路和方法。它打破了通常会议“单向、单主题”的模式，充分集合与会者的智慧，而且“空间”中全部的讨论内容很快就出现在所有参会者的手里，建立异常开放、通畅、透明的信息流通渠道，充分激活了“会议”的参与、评价机制，保证了“会议”之“议政”的本初功能。这是一种超越了“召开会议”的先进的管理方法。②

首先，在“开放空间”过程中通过参与者的沟通、互动、合作、创新探索发现面对挑战和转变的策略。作为一种由参会者自行讨论的动态的会议模式，参与者可以创造并管理会议的日程，围绕着一个中心战略目标，所有的利益相关方都可以支持并参与其中。无论是培训，一个三天的会议，或者普通的员工例会，“开放空间”会议产生的结果都是十分有效的，尤其适用于要求复杂的问题，或是大家的想法有分歧的情况。例如，一场半天或一天的“开放空间”会议，可以协助人们很快地找出共同的问题和机会，并建立相互的了解；一场两天半的“开放空间”会议，可以包括问题、机会和行动计划，将完整的过程报告交到参与者手上。

其次，开放空间使新议题有可能出现。为什么？因为开放空间其中一个阶段是让参与者自己去选择主题，进入小组讨论。每一个参与者都可以临时提议一个主题，邀请其他人来讨论，所以新的议题永远可能会出现。当讨论走到某个地方的时候，有人决定要谈谈道歉的问题，有人则要讨论媒体如何加深族群的冲突，也有人要讨论我们如何可能坐下来沟通彼此不同的看法。你可以自己提出讨论主题，只要有另一个人愿意坐下来跟你

---

① 《开放空间论坛》，来源：http：//www. ccpg. org. cn/Article/ShowArticle. asp？ ArticleID = 268。

② 《感受“开放空间”》，来源：http：//www. chinadevelopmentbrief. org. cn/qikanarticleview. php？ id =689。

谈，你们两个就成为一个小组。如果没有人要参加，而你有话想说，主办单位也会提供白纸让你自己写下来，贴在后面的墙壁上，让大家可以看到你想说的话。

最后，开放空间促发了内在的动力。在“开放空间”会议里你会发现，你如果什么都不参加、什么都不仔细听的话，你就是浪费时间。所以基本上你必须主动跟别人互动，而不是在一个既定的形式下进入别人要你讨论的东西。所以它有一个很有趣的原则就是，当讨论结束的时候，你们随时可以解散，然后选择加入别组。你不用硬撑着，当你觉得你自己很累了，譬如某个人讲话非常的蓝而你非常的绿，你根本听不下去只想跟他打架的时候，你可以自己选择离开，然后待会儿等你心情平复后再回来。所以它有这样一种自由的形式，但还是有一个松散的主题，它会使沟通的品质更好。①

总之，“开放空间”是一种可以激发各类群体、机构创新的方法，可以提升领导力，建立有创造力的组织，使得人们在工作中产生非凡的结果。因此，参加者不但更喜欢这种与传统的会议组织形式不同的会议设计，而且表现出了更多的创新、激情和责任心。经常开会的人都知道有个“茶歇时间”，这种在会议中间设置的小型简易茶话会往往是一个会议最活跃的时刻。一群在会场上兴致不高的人，在品尝一杯茶、咽下几块点心之后马上精神焕发，勤快地在相熟或不相熟的人群中游走、畅谈、争论。比起会议过程中的沉闷，此时的交流效果倍增。开放空间讨论会就是这样一种能够将整个会议在茶歇的气氛中开展下去的动态会议模式，它倡导参与者自由发问、自行解答。“‘开放空间技术’所引导的会议，在将近七个小时的讨论中，每个人都热烈地参与，提出许多很有建设性的意见；更令人惊讶的是在会议结束时，大家都觉得很快乐、很舒畅，对于有共识的部分，也充满行动的热情。这跟以前所参加的大多数会议之无聊、单调、各说各话、争吵不休、推诿敷衍（相比），简直有天壤之别。”②

虽然“开放空间”适用于许多场合，但也有其局限性。在以下几种情

---

① 范云：《开放空间》，廖锦桂、王兴中主编：《口中之光：审议民主的理论与实践》，台北：台湾智库，2007年版，第113页。

② 《开放空间技术》，来源：http：//rayhr1981. blog. 163. com/blog/static/16259369220109279652211/。

况下，需要考虑“开放空间”是否适合：

首先，会议产生的结果没有实现的可能性。组织/机构的领导不愿意为“开放空间”讨论出来的结果提供实现的基本条件，致使会议的成果被束之高阁，并使参与者产生挫折感。

其次，实现确定的目标或战略方案。如果想让参会者对已经决定的目标或战略方案产生热情，或做进一步的加工，“开放空间”是不适用的。

第三，信息传达型会议。“开放空间”也不适用于传达既定的信息。因为没有照稿宣读的讲话、陈词、报告，也没有大会的视频演示和讨论，所以“开放空间”不能成为研讨会、培训班或信息发布活动的替代形式。

第四，与其他的方法交叉使用。“开放空间”是一个完整的运作，不应被其他的方法所干扰。因为那会导致一种危险：参会者的自我承责的角色会弱化，对会议的进程不再十分关心，退回到袖手旁观的状态中。但如果将“开放空间”作为一种元素用于其他的方法中则是可能的。例如，一个三天的会议可以安排为：第一天是传统的报告、答疑等形式；第二天和第三天是“开放空间”式会议。或者有一个三天的培训活动：开始的两天是设计好的研讨会，用于知识和经验的传达及分享；第三天则是“开放空间”式活动。

最后，克服分歧。“开放空间”很适合处理有分歧的议题，即那些在组织/机构中已经引起矛盾和紧张并涉及面广泛的议题。但这里要强调的是“有分歧的议题”与“分歧”是不同的。如果有分歧的议题会使已有的分歧/冲突更加尖锐，则不应采用“开放空间”。“开放空间”不适合有控制导向和仲裁性质的分歧。①

三、开放空间的运作程序

“开放空间”有三种应用方式：评估、建立共识和解决问题。在评估和建立共识方面，参会者的主题可能会集中在：“我们对某某项目的看法和问题是什么？”对于解决问题方面，议题可能会集中在：“我们如何完成某某项目？”因为“开放空间”的目的就是揭示人们心中真实的想法，因此无论

① 《开放空间论坛》，来源：http：//www.ccpg.org.cn/Article/ShowArticle.asp？ArticleID = 268。

议题是如何建立的，整个活动都是围绕人们真正的需求而组织的。开放空间的过程可以大致描述如下：

第一步，策划/邀请。高级管理人员邀请组织成员参与开放空间会议，讨论有挑战性的议题。例如在团体之间或某个团体的许多利益共享者中取得共识，发展对本组织的看法，取得许多人对组织变革过程的支持，找出影响组织发展的关键问题。这个阶段包括开放空间的全部策划步骤。余下部分都由参与者完成，完成方式可根据需要各行其是。

第二步，制定议程。由于所有的与会者都知道要讨论的中心议题，所以开放空间一开始就需要制定会议议程。所有与会者坐成一圈，其中的一些成员找出与他们热切关注的问题相关的话题，他们坐在圈子中央与大家讨论话题，并写在纸上，然后贴到墙上，宣布讨论的时间和地点。每个与会者都要决定自己参与讨论的议题。因此，会议议程不是固定的，将要讨论的议题可以被修改。

第三步，专题组细化议题。每个议题都有专题组对它进行讨论，随之产生行动计划。为了理解在专题小组讨论中的学习过程，需要了解以下参与规则：其一，无论谁发表观点，他们都是正确的；其二，无论发生什么事情，都被认为是唯一应当发生的；其三，无论讨论何时进行，都应该认为是适时的；其四，讨论结束后，就不应再纠缠下去。这些规则被认为是一种基础，人们可以凭借它真正学会对他们自己，也对他们期望成功、与问题有关的目标负责。

第四步，结束会议和行动策划。在三天的会议结束时，最后的一个重要部分就是大家相互交流学习的结果和行动计划。

第五步，实施与跟踪。在“开放空间”会议之后，行动计划按照其重要程度分级并实施。在专题讨论小组时，提出议题的人员负责行动计划的实施。

不难发现，“开放空间”流程的核心是每个人的参与，它使参与者学会自行思考集体关于行动的意见，并在新的行动意见的基础上建立行动计划。“开放空间不仅是一种会议模式，更是一种引导参与者思考、分享、并且更进一步建立行动的团队组织方向。”① 他们还学会打破自己在思想和行动上的障碍。与之相关的学习模式是认知型的，因为人们通过学习新的规则，能够对自己的假设和行动进行反思和调整。人们认为，采用这些新规则能带来成功、创造力和革新，因此认知型学习对文化和行为方面也有重大影响。在日常工作中，根据新经验而进行调整的做法非常普遍。从学习阶段的角度来看，开放空间这个自发组织的活动，对参与者有着重大的影响，这个方法也可以让人们来辨认新信息和创造新知识。无论是新的知识还是新信息，都能通过开放空间这个系统传播开来，结果是要么这些新的东西被统一整合，要么专题讨论小组修改他们的知识结构。总的来说，开放空间是一个促进文化的、高级学习的有用工具。②

具体而言，“开放空间”会议的流程如表 4.1 所示。

表 4.1 “开放空间”会议的流程

<table>
<tr><th colspan="2">第一天</th><th>第二天</th><th>第三天</th><th></th></tr>
<tr><td rowspan="3">上午</td><td></td><td rowspan="2">开场
议程
集市</td><td colspan="2">早晨新闻
对议程的补充和修改</td></tr>
<tr><td></td><td>第四节：
工作小组</td><td rowspan="2">结果筛分
优选
组建专题小组
告别</td></tr>
<tr><td></td><td>第一节：
工作小组</td><td>第五节：
工作小组</td></tr>
<tr><td rowspan="3">下午</td><td>第二节：
工作小组</td><td>第六节：
工作小组</td><td>结束</td><td></td></tr>
<tr><td>第三节：
工作小组</td><td>第七节：
工作小组</td><td></td><td></td></tr>
<tr><td>报到
热身
集合</td><td colspan="2">晚间新闻发布
信息和反映</td><td></td></tr>
</table>

资料来源：《开放空间论坛》，来源：http：//www.ccpg.org.cn/Article/ShowArticle.asp？ArticleID＝268。

① 林国明、林子伦、杨志彬著：《行政民主之实践：社区型议题审议民主公民参与》，台北：“行政院研究发展委员会”编印，2008 年版，第 53 页。

② 参阅（德）迈诺尔夫·迪尔克斯、阿里安娜·贝图安·安托尔等主编：《组织学习与知识创新》，上海社会科学院知识与信息课题组译，上海人民出版社，2001 年版，第 606 页。

总而言之，开放空间是一种强调互动、沟通与合作的审议讨论模式，1980年代起许多美国的社区、企业组织与政府部门逐渐引用此模式，针对社区或组织未来的愿景或目标进行讨论。“在目的上，开放空间协助参与者去分享、建立团队，并且承诺未来的行动能力与方向，例如在社区中，居民可以从中去回顾或是前置未来的发展；在过程中，则是可以让公民去体验一种充分表现自主与分享的会议过程。”① 也就是说，开放空间创造出一个可以相互讨论的平台，让决策者、专家、相关社会团体和一般民众，经过讨论来交换意见、知识与想法。其三个进行步骤为：首先，议题设定。先就所要讨论的既定议题方向，思考在此议题中最关心、最在意与最想做的是什么事？参加成员将问题写下，并简单说明提出这个问题的原因。接着针对已提出的提案进行连署，每人可连署一到二个议题，依照连署人数较高之两个议题进行下一阶段讨论。其次，提案讨论。讨论时每组要有人将发言重点记录在大字报上，并张贴于墙面。最后，分组报告与形塑共同愿景。每组分别报告讨论出的重点。然后成员针对每组所提出的愿景，选择自己认为重要的内容进行排序贴点。接着检视大家共同或不同的论点在哪里，以及共同或个别关注的又是什么。

第二节　说故事与公共审议

一、“故事”及其类型

所谓的“故事”，是指针对一个或多个事件的描述记录，它可能包括真实的或虚构的记录，因此，个人的经验、重要人物的经历及历史传奇等，都可以是故事的素材。一个故事基本上包含三个部分：首先，故事的开场，界定情景。其次，一连串的复杂行动，然后结束于某种收场。最后，很重要的是提出一种评价。这个评价建立了这些事件的相关重要性。这个评

① 林国明、黄东益、林子伦著：《行政民主之实践：总结报告》，台北：“行政院研究发展委员会”编印，2008年版，第33－34页。

价可以出现在故事的任何一个点上。① 就故事的结构而言，一个完整的故事叙说应该包含行为者（agent）、行动（act）、场景（scene）、作用机制（agency）及目的（purpose）等五个主要的构成部分，而且这五个部分之间，必须有内在关联性与一致性（consistency），方能具有说服力。美国学者安妮特·西蒙斯（Annette Simmons）进一步区分说故事与举例的差别，在于情感情份的添加，和叙述中加入感知的细节，一个交织着细节、人物和事件的整体故事，远胜过由部分拼凑而成的总和。由此可知，故事能发挥作用，在于其通过叙事方式与彼此互动所产生的影响力（influence），西蒙斯引用弗朗兹·卡夫卡（Franz Kafka）的话说："（好故事）应该像一把斧头，能敲破我们心中那片冰封的海洋"，这句话具体地描绘出故事发挥功能的方式。②

西蒙斯以说故事者与听众之间的互动关系为基础，区分为六大故事类型：其一，"我是谁"的故事（who I am stories）——通过说故事者的自我揭露，让听众不会认为说者高高在上，进而拉近彼此的关系，卸除彼此的心防。其二，"我为什么在这里"的故事（why I am here stories）——说故事者通常希望带给听众积极正面的影响，但若无法为善意提供合理的解释，听众往往会怀疑说者的动机，进而产生抗拒的心理，排除冠冕堂皇的官方说法，以故事坦率说明说者与听众双方共同的利益或行为动机，将使听众更乐于接受。其三，"愿景"的故事（the vision stories）——当听众愿意敞开心胸，接受说故事者发挥的影响力，说者接下来就应该妥善运用故事内涵与技巧，具体阐述双方共同的目标，并激发听众积极投入的意愿。其四，"教诲"的故事（teaching stories）——当听众有投入共同目标的动机，此时必须再辅以教诲故意，以有意义的方式合理化习得的新能力，并提醒运用该能力的关键之处。其五，"现行价值"的故事（values-in action stories）——每个组织都有其所要倡导的价值观，但口号式的价值观倡导往往效果不彰，唯有通过领导者以身作则，并提供足堪为典范的故事，方能

① 范云：《说故事与民主讨论——一个公民社会内部族群对话论坛的分析》，《台湾民主季刊》2010年第1期，第77页。

② 石振国：《说故事管理在公部门的应用》，（台湾）《中华行政学报》2008年第5期，第45页。

让听众不断反躬自省，收潜移默化之效。其六，“我知道你在想什么”的故事（I know what you are thinking stories）——听众喜欢听到仿佛能反映其个人心思的故事，包括抗拒、无趣、恐惧等情绪，如果说者能事先针对这些负面因素加以因素，将更能激起听众的共鸣与认同，让故事的影响力发挥到最大。①

二、“说故事”及其功能

说故事或叙事作为一种言说方式被认为是将述说者的经验组织成暂时性的意义化段落之认识历程，也可以说是一种论说型式（discourse type）。一般而言，说故事或叙事被认为具有几个元素：事件、依顺序连结、跨越时间线，以及依据某种情节。②“说故事”的论述方式采用“开放空间”的议事结构。如前所述，开放空间并没有预设一定要达到什么样的目的或效果，这跟我们熟悉的公民会议或是公共政策的讨论不太一样。它让沟通本身成为目的，也就是说，我们只是去设定一种沟通方式，但最后能走到哪里去，全看每一个参与者自己愿意走到哪里去。这种会议形式一开始是缘于有些人发现在很多严肃的会议当中，沟通最愉快的其实是中场休息喝咖啡的时间，那个时候他可以自由选择要跟谁讨论什么话题，而这种自由度会促发一个人的内在动力。③

为什么选择用“说故事”作为一种论述与讨论的方式，因为说故事有一个特质，它可以邀请人们进入他人的生命脉络，而且被迫暂时放下自己本来对不同族群的偏见与判断。“因为你在进入之后，必须聆听说故事者想传递的讯息，之后你可以再想一想、决定这中间有哪些道理。它能够产生一种效果，让人们在这个过程中产生一种新的、对于对方的同情式的理解。”用比较学术的字眼来说，就是在这种审议式民主的讨论当中，会有一种“转

---

① 参阅（美）安妮特·西蒙斯著，吕国燕译：《说故事的力量：激励、影响与说服的最佳工具》，化学工业出版社，2009 年版，第 1 章。

② 范云：《说故事与民主讨论——一个公民社会内部族群对话论坛的分析》，《台湾民主季刊》2010 年第 1 期，第 77 页。

③ 范云：《开放空间》，廖锦桂、王兴中主编：《口中之光：审议民主的理论与实践》，台北：台湾智库，2007 年版，第 112 - 113 页。

化”效果。它有可能引导人们进入完全不同的价值世界，而且最后有可能改变态度。① 归纳起来，“说故事”具有以下几个方面的功能。

首先，说故事有助于得到一种情感式的聆听（emotional hearing）。说故事可以让弱势群体诉说受到不公义对待之遭遇，可以让其他没有经历此种遭遇之人获得震撼教育与新的讯息，而能理解同情他人之不幸遭遇。② 这种“同情性理解”的聆听方式能够在参与对话的人之间建立一个共同的道德立场——弱势的痛苦必须被考虑。这样的共同道德立场，对公共领域中的对话，是重要的。缺乏这样的道德立场，人们很有可能以攻击性的语言相互伤害。③

其次，说故事有助于建立对话者之间的信任。过去的研究发现，在一个由陌生人组成的论坛中，通过说故事主动揭露个人私信息，“在彼此之间形成相互的认同，并认同他们之间密切关系的基础，”④ 从而有助于很快地建立对话者之间的信任。换言之，一个参与者的私人故事，带出另一个参与者的私人故事。说故事作为论坛中被鼓励的发言方式，很快地促进了对话者之间的信任。而这样的信任，是有质量的公共领域当中，所不可或缺的。⑤

最后，说故事有助于冲突的缓和与解决。通过平易近人的说故事与听故事，对立的人们得以在没有威胁的氛围中，自然地卸下心墙，自在自由地沟通。“藉由说故事与听故事，一个人可以与另一个人一起回忆，藉由分享记忆，建立共同的情感连结，也透过这样的情感回忆，打破彼此之间在政治立场上的紧张。”更重要的是，也只有当人们述说个人生命故事的时候，他能

---

① 范云：《开放空间》，廖锦桂、王兴中主编：《口中之光：审议民主的理论与实践》，台北：台湾智库，2007 年版，第 112 页。

② Iris Marion Young, “Communication and the other: Beyond Deliberative Democracy,” in *Democracy and Difference*, ed. by Seyla Benhabib, Princeton: Princeton University Press, 1996, pp. 129 – 132.

③ 范云：《说故事与民主讨论——一个公民社会内部族群对话论坛的分析》，《台湾民主季刊》2010 年第 1 期，第 87 页。

④ （澳）约翰·德雷泽克著，丁开杰等译：《协商民主及其超越：自由与批判的视觉》，中央编译出版社，2006 年版，第 60 页。

⑤ 范云：《说故事与民主讨论——一个公民社会内部族群对话论坛的分析》，《台湾民主季刊》2010 年第 1 期，第 89 页。

够自在地解释自己强烈的信念以及观点，而不需要直接面对相反的意见。① 简言之，聆听彼此的故事有助于疗伤止痛，产生同情行动理解；而这种同情的理解有助于让冲突的双方放下情感的对立，开始沟通与讨论，进一步迈向和解。②

总之，说故事确实让与会者达到了一种表达感激或同意的情感式的聆听，因而有可能建立了一个照顾彼此情感的共同道德立场。也因为人们可以在很短的时间内，主动曝显自己的私人身份，因而得以建立公共领域沟通中，所必须要有的信任感。而信任感的建立最终有助于冲突的解决。整体而言，说故事相对于理性论辩的言说策略，更可能得到情感表达上的感激、认同等正面回响。

三、说故事在公共审议中的作用

审议式民主长久以来一直被假设其应当以理性说服的言说形式进行。然而，近来这个假设则不断地被挑战。不少女性主义学者与关心弱势权益的民主理论家认为，社会优势群体比弱势群体更擅长理性论说的形式。他们认为，诉诸概括性抽象原则的理性言说形式对优势族群有利。除了因为优势族群较善于掌握主流的语言模式与言说风格外，也因为诉诸被普遍认可的抽象价值的言论，较可能被认为是理性的言论。相对于优势族群的经验容易被视为具有普遍化的意涵，弱势族群的经验，往往不在主流的认知中，而经常被特殊化。例如某些研究就发现男性、白种人、中上阶级，以及使用受过较高教育的社会成员，比其他人更善于使用诉诸抽象价值的理性语言，不管他们到底说了些什么，也比较容易被认为其所说的话是较“理性”的。③ 简言之，审议式民主独尊理性论述的言说风格阻碍了弱势群体的公共参与。有鉴于此，一些学者主张在审议式民主的讨论中，应当主动包容不同的言说形

① 范云：《说一个民主与和解的故事》，（台湾）《新新闻》第928期（2004年12月17－22日），第68页。

② 范云：《开放空间》，廖锦桂、王兴中主编：《口中之光：审议民主的理论与实践》，台北：台湾智库，2007年版，第116页。

③ 范云：《说故事与民主讨论——一个公民社会内部族群对话论坛的分析》，《台湾民主季刊》2010年第1期，第68－69页。

式，特别是以述说个人经验为主的故事。这些支持说故事有助于公共审议的理由，包含以下几个面向：①

首先，相对于理性逻辑式的论辩，说故事是一种门槛较低、较容易使用的，可以协助参与者克服进入民主讨论的障碍。鼓励说故事，有助于协助不同背景的人更能够平等地参与民主讨论。此外，民主政治中许多需要被讨论的议题往往相当抽象。通过说故事，让议题变得较为容易理解，参与者也因此较为能够想象议题，以及进一步形成自己的立场。

其次，理性论辩本身是一个相当辛苦的工作，我们不能假设人人都想参与讨论。也就是说，人们需要足够的动机，来参与这个并不容易的工作。戴维·雷弗（David M. Ryfe）发现，通过说故事，从个人经验中出发，参与者与抽象遥远议题建立起一种公共认同（civic identity）。有了这样的公共认同后，人们因此触发了一种必须参与的内在动机。

再次，优质的理性论辩需要信任与诚意。然而从哈贝马斯提出公共领域中的沟通情境以来，许多的研究皆指出，理想沟通情境中的信任是一个在真实世界中难以达致的境界。通过故事的诉说，参与者有可能因为对自身或他人个人性讯息的揭露，因而产生信任与诚意。“当人们借用彼此的故事，以及将讨论建立其上时，围绕着讨论的议题，该团体开始建立了道德共同体。”通过说故事中的自我揭露，人们更容易彼此理解因而产生信任。也因此，一个相互关心的道德共同体得以产生。

最后，说故事让弱势者得以邀请倾听者在情感上认同其另类的价值。在公共讨论时，说故事让参与者进入一个主流社会中较少有机会呈现的，以弱势者为主角的“故事的世界”。倾听者得以暂时放下判断，倾听新讯息所带来的观点，然后再决定是否接受故事所带有的另类价值。当弱势者说故事时，他们所述说的不仅是其经验，更是指向另类规范性价值的架构。这些新信息，有助于让思辨者从二元或彼此矛盾的对立中，走向一个可能妥协或改变态度的新位置。所以，说故事可以揭露既有普同性标准的虚妄性，然后，有助于建立一个更为包容的普同性标准。或者是厘清不同规范性价值之间的

---

① 参阅范云：《说故事与民主讨论——一个公民社会内部族群对话论坛的分析》，《台湾民主季刊》2010 年第 1 期，第 70－71 页。

优先顺位，因而有助于出现共识。因为同样的原因，说故事还可以让之前被排除的新议题（通常可能是弱势者所关切的议题）出现在议程上。

综上所述，说故事对于公共讨论的论证来说作用不可小觑。在就政策或行动进行论证时，如果要求助于需要或权利的话，说故事是证明这些需要或权利的一种重要方式。与此同时，说故事对公共论证的作用还体现在它提供了社会知识，这种知识展示了社会群体相互之间是如何看待对方的，以及相关的政策和行动对不同境遇的人可能造成的影响。一句话，说故事“能补论证之不足，因为它比典型的审议过程更倾向于平等”。也就是说，支持说故事有助于公共审议者的目标是公共讨论本身，而是一个更为基本的目标：“力图保证那些通常被排除在公共讨论之外的人学会说，而不管他们的观点是否是公共的，并且保证那些通常在公共讨论中占支配地位的人学会倾听他人的观点。”① 当然，针对上述主张，也有不少学者质疑说故事对公共讨论的正面效益，甚至主张说故事有可能对审议式民主所注重的公平有效决策产生障碍。首先，说故事有代表性的问题。故事发生的真实性很难被质疑，当人们听故事时，很难通过倾听与讨论，质疑故事诉说者的信用度以及代表性。其次，说故事被认为很少引发响应，特别是缺乏思辨与挑战性的响应。此外，某些较为极端与情绪性的故事，甚至可能触发像复仇等情绪性的反应。最后，说故事的形式被认为可能只适用于某些较为私人、会话型的社会场合，在一些强调公众、政治或技术性的场合经常被认为不适用。总结以上的讨论，说故事是否对民主思辨有帮助或有妨害，至今可以说仍未有定论。换言之，说故事作为一种言说模式在公共讨论中所扮演的角色，需要被全面性的理解。②

那么整体而言，说故事到底与公共审议有什么关系，相对于传统被独尊的理性论辩，是否可能更为有助于增进公共审议的质量？下面以2004年台湾地区“族群和解与对话”活动为例来阐述“说故事”在公共审议中的作用。③

---

① 谈火生等编译：《审议民主》，江苏人民出版社，2007年版，第121、344页。

② 范云：《说故事与民主讨论——一个公民社会内部族群对话论坛的分析》，《台湾民主季刊》2010年第1期，第72页。

③ 参阅范云：《说故事与民主讨论——一个公民社会内部族群对话论坛的分析》，《台湾民主季刊》2010年第1期，第99－101页。

首先，说故事作为一种言说形式与弱势者，以及弱势经验的表达，的确具有相当正面的关系。在这个研究中可以发现，相对于理性逻辑论辩的言说方式，在使用说故事这种言说方式上，女性以及族群关系上的弱势者客家与少数民族背景的参与者，的确更有机会表达自己的意见，虽然不是所有背景上的弱势者都适用。就实质内容的部分，即使是强势族群，也需要借由故事这种形式表达出相对弱势的创伤经验。如果当今民主困境之一在于民主讨论中形式上的机会平等并不代表弱势者有一样平等的实质发声的话，那么至少，说故事相对于理性逻辑的言说方式，提供给弱势者一个相对友善的空间。

其次，在对话与沟通的基调上，理性论辩比较可能进入一种相互质问、挑战或自我辩护的争辩性的对话基调中。相较之下，说故事出现的对话基调较不是为了表达对他人的质疑或挑战性态度。更重要的是，说故事的脉络中更可能出现表达对其他说话者的感激。艾瑞斯·杨认为对话若要能达到彼此理解的目标，一个重要的逻辑与动机性的条件是，参与双方在对话中认可彼此的特殊性。欢迎词以及表达赞美感激等为自尊心做情绪按摩的话语，皆有助于对方觉得自己的特殊性被认可。特别是参与者在对话过程中，彼此的价值、文化、利益差异很大的情况下，如果没有彼此的认可与信任，冲突与差异很难被解决。

第三，故事有助于认同议题的陈述。台湾地区在民主化过程中浮现的认同政治议题，一直是台湾的民主是否得以巩固的挑战，也一直被认为是传统审议式民主的讨论形式所无法处理的议题。回顾台湾地区在审议式民主操作上的实际操作经验，批评者经常认为族群认同的问题无法借由理性论辩的方式解决，因为“从族群成员的角度来说，他们长期感受到社会的歧视，一旦将这样的族群对立问题提出来讨论，是将自己族群的尊严和存在的价值，拿出来接受社会其他族群的检验，讨论的结果可能造成弱势族群受到更多的伤害，群体间的对立可能是更为严重的，所以认同政治学指身份归属感是无法进行理性讨论的”。认同与身份归属是难以进行快速的理性讨论的。此次“族群和解与对话”活动一开始要求参与者带三张照片，来自我介绍。许多参与者将自己的成长照片带来，通过个人生命故事的叙说，来描述自己为何成为现在台湾人或中国人的认同。从研究中可以发现，族群与国族认同的差异、对立与紧张，非常需要以故事的形式，才能被清楚陈述。通过述说自己，也倾听不同的族群背景、国家认同的参与者所叙述的认同故事后，人们感觉到自己被凝视、被理解，也开始认可别人的情感结构与价值。

此外，当人们开始追溯认同议题（或问题）在个人生命中的历史时，会开始看见其变化，与不固定性，这些变化的时刻得以被辨识出来。当参与发现这些过去被当成是“人”的问题，在不同的时间点其实有不同的变化时，人们觉得轻松许多，也更能同情式地理解彼此认同的差异。

第四，故事作为陈述的方式，具有其不同于理性论辩模式的沟通与游说机制，这些不同的机制有可能为态度或立场的改变带来新的可能性。相对于理性论辩中必须具备的清晰明白的逻辑推演，故事说服机制反而在其模糊性。其模糊性是最大的资源，借以推进新的论点。使得讨论不需要陷入二分法的敌我矛盾中，人们也有可能借由自己或他人在故事中的开放与转变，与对话者建立情感性的联结。所以，在故事叙说中发展出的情感联结，由于没有价值论辩中隐含的道德优越高下的判准，有可能说服对方走向一个态度改变的新位置。

最后，说故事让叙说者同时成为故事的主角与作者，因而有可能成为自我认同的主体，找到自我改变的能量。叙事作为一种论述方式，已经在心理治疗与咨商中受到重视。叙事是需要说故事的人主动重写（re-authoring）或重说故事（re-storying）的。在生命故事的叙说过程中，说故事的人较能找回自己的主体性，也找回正面与改变的开放能量，有能力改变故事的发展剧本时，每一个人都可能掌握改变。如同叙事治疗的研究者保罗・利科（Paul Ricoeur）[①] 所说的：“未能全盘地作为我们生命的作者，我们学着成为自身故事的叙说者。”主流社会的族群、性别等各种脉络性的权力关系往往对问题提供一种“主流故事”。这些具有定义他人权力的主流故事经常将问题内

① 保罗・利科（Paul Ricoeur，1913－2005），法国著名哲学家、当代最重要的解释学家之一。曾任法国斯特拉斯堡大学、巴黎大学、朗泰尔大学教授，并为美国芝加哥大学、耶鲁大学、加拿大蒙特利尔大学等大学客座教授。2004 年 11 月，被美国国会图书馆授予有人文领域的诺贝尔奖之称的“克鲁格奖”。他一生写有超过 20 本学术著作，研究涉及的范围包括语言学、诠释学、心理学、马克思主义、宗教学和政治伦理学等。

化为人的问题，对问题提供非常单薄的解释（thin description），没什么空间容纳生命的复杂与矛盾，也因此无法让人说清楚自己行为的独特意义。就好像在台湾蓝绿、统“独”、本外省人的区隔，已经有一套主流认知中的刻板化理解，但其所提供的解释，非常单薄，也看不到每一个真实生命的复杂性。

总之，此次“族群和解与对话”活动在方法论上，认为任何沟通方式，背后都有一种来自于个人经验的理解。换句话说，当人们高谈理性、和平、正义等价值观，其实背后往往是代表个人经验的归纳。当双方在抽象价值上无法达成共识时，可以试着回到这些抽象概念背后的具体经验脉络。所以，此次活动采用“说故事”的方式，从非常个人性、特殊性，以及情绪性的方式，让个人感性地陈述历史经验。从中可以发现，理性讨论（rational discussion）与感性对话（emotional dialogues）其实是可以相互补充的，“情感性的叙述有时候更有助于让我们对所谓的‘理性’论述产生反省”。此外，说故事的方式，虽然只是个人经验，无法达到言说的公共性、相互性等要求，但可以作为“很好的开始”，而且能够产生“同情性的理解”，有助于未来的理性沟通。①

第三节 “族群和解与对话”活动

2004年“族群和解与对话”活动是由台湾促进和平文教基金会与时报文教基金会、公共电视台在“总统”大选后，鉴于两颗子弹事件后所引发的蓝绿严重对立，所举办的公民论坛。台湾的“省籍—族群”矛盾和冲突，在一般的社会生活中并不显著，但它对台湾的政治生活、政治生态和政党政治的重大影响却是不容置疑的。一到政治场域，尤其是选举，“省籍—族群”问题必然被激发出来，而一遇到对台湾历史的诠释、国家认同及文化等议题，也就打开了潘朵拉魔盒。愈演愈烈的“省籍—族群”矛盾和冲突撕裂了台湾社会，民众对此已有不满。针对当时尖锐的“省籍—族群”矛

① 范云：《开放空间》，廖锦桂、王兴中主编：《口中之光：审议民主的理论与实践》，台北：台湾智库，2007年版，第116页。

盾，台湾多位致力族群和平运动的学者专家忧心族群问题扩大，共同催生了第一个以基层民众与参的开放空间式“族群对话”活动，尝试以新的对话方式去推动“族群和解”之路，寻找台湾族群和解的新未来。

一、“族群和解与对话”活动的起因

此次“族群和解与对话”活动的直接起因是2004年“总统”大选前发生的两颗子弹事件即“3·19枪击案”所引发的蓝绿两极尖锐的对立和冲突，但其深层原因在于台湾社会长期存在着的“省籍—族群”问题。

首先，从一般意义上讲，按照西方族群（ethnic group）的划分标准，台湾应该只有汉民族（Han ethnic group）和台湾少数民族（indigenous people or aborigines）两大族群。但是，由于特殊的历史原因以及现实的政治考量，台湾的“族群认同”又表现出社会学、政治学意义上的群体分化与认同。所以，以所谓“族群性”（ethnicity）分化的“族群”（ethnic groups），在台湾通行的族群分类中形成“少数民族”、“闽南人”①、“客家人”和“外省人”的“四大族群”格局。事实上，台湾四大族群的提法是在1993年才出现的。这样的划分之所以能够存在，是有一定原因的。台湾学者王甫昌认为，有意义的人群分类，通常是在冲突与竞争的社会脉络下，不同群体的成员之间集体进行“差异”的“社会建构”的结果，建构“族群认同”的运动，通常是为了对抗“不平等”才发生的，台湾四大族群分类的出现及定型，可以说是政治力量互相较量、妥协，以及民众互动的社会建构结果。也就是说，它们是在台湾政治转型过程中因为政治本土化而发展起来的，是在特殊时空环境下，有特定的政治含义的人为建构。其实，在群体内部，差异点和共同点是相对的，如果刻意的对差异进行系统性的建构或论述，就会产生对立的意识。国民党的威权统治埋下了“省籍”矛盾的脉络，但民进党是“省籍—族群”政治得益最多的始作俑者。在激发族群意识基础上，泛绿阵营所主导的“爱台卖台”论述成为台湾政治每到选举时一再

① 在今天的台湾，闽南人又称鹤佬人、福佬人、河洛人，甚至一定意义上被称为daiwanglang，即“台湾人”。

重复的母题，这套论述不仅用来打击泛蓝，也是针对大陆。①

其次，从台湾的“四大族群”分类中可以看出，属于民族问题的“原、汉矛盾”，属于政治结构问题的“省籍矛盾”和属于民间冲突的“闽、客矛盾”构成了台湾族群分化的基本对应关系。同时，这三对关系又存在着一些交错因素，“少数民族、汉族矛盾”包括了“少数民族”同“本省人”、“外省人”的族际关系问题；“省籍矛盾”中也包括了“外省人”同闽南、客家和“原住民”之间过去的支配与被支配关系问题；“本省人”中也存在诸如“台语”（闽南话）与“客家话”这类具有“文化台独”和“文化民族主义”特征造成的冲突等问题。这些问题由于或明或暗地涉及“民族国家”（nation state）层面的“中国”、“中国人”、“中华民族”与“台湾”、“台湾人”、“台湾民族”认同方面的政治歧义所体现的“民族问题”（national question），而增强了台湾的“四大族群”的“族群性”特点。不过这种“族群性”并不主要表现为“民族文化”层面上的差异。从文化角度讲，台湾的“四大族群”中除了“少数民族”文化同汉族文化之间存在“原生性”差异外，其他所谓“三个族群”只是在方言上存在差异，而非“民族文化”的差异，它所体现的主要是“族群政治”特征。另一方面，台湾的“四大族群”之分主要是多党政治操作的产物。如果说台湾的“四大族群”是“省籍矛盾”的人为放大和在族际关系基础上的扩展，那么业已形成的“族群政治”格局无论反映出何种政治、经济、文化和社会生活方面的种种诉求，都无法回避“国家认同”这一实质问题，而这一点恰恰是“四大族群”制造者极力操弄“族群政治”的目的。②

最后，虽然“省籍—族群”矛盾的差异与冲突亦即“分歧”面，仍然为政党所利用，但台湾民众已经对此有所反思，社会中“和解”的价值已经凸显。台湾民众，在经历了多年的蓝绿两大阵营进行“省籍—族群”动员，竞相在“国家认同问题”上展开“爱台—卖台”的口水战所导致政治乱象和政治空转之后，尤其是经历了“3·19枪击案”之后，他们对政治和

---

① 王茹：《台湾民间的“省籍—族群”和解运动——以〈面对族群与未来——来自民间的对话〉为例》，《台湾研究集刊》2005年第3期，第49页。

② 郝时远：《台湾的“族群”与“族群政治”析论》，《中国社会科学》2004年第2期，第135页。

政党的信任度下降，政治冷漠感上升，相当多的民众厌恶“省籍—族群”动员所引发的冲突与对抗，“省籍—族群动员”和“爱台—卖台”的论述都遇到了瓶颈。而致力于建构台湾公民社会的民间社团组织已经在进行族群和解的实践行动。实际上，相当多的民调显示，民众认为“省籍—族群”矛盾和冲突多是政党和政客操弄出来的。因此，在“省籍—族群”的和解方面，台湾民间社团组织的行动更值得重视。从另外一方面看，即使在政治层面上出现了有利于和解的氛围，或者有某些制度或政策可以促进和解，也仍然需要社会层次上的和解行动。在很多国家和地区，在遭受诸如内战、大规模的族群冲突等暴力伤害之后，尽管困难重重，人们仍然学习着进行和解的社会工程，体认到和解与宽恕是更高的价值。南非在 1990 年代中期，实现了政权的转移，曼德拉上台，废除种族隔离政策之后，由图图大主教主持的“真相与和解委员会”深入到南非的各个角落，对南非的黑白种族和解做了不可磨灭的贡献。即使在民族冲突极端激烈、血腥仇杀不断、伤痛累累的巴勒斯坦和以色列，看起来根本不可能进行和解的地方，也有一些社团，付出了极大的努力在民间进行种族和解的工作。正是由于公民社会组织的行为，才使得和解有更深的社会基础。①

综上所述，随着台湾地区民主化在 1990 年代的进展，台湾社会内部长期被压抑的“省籍—族群”分歧，逐渐浮上台面。一方面，民众在认同上的族群差异提供了政治人物选举动员的社会基础，另一方面，选举过程中的族群动员又进一步强化了原本就已经存在的认同分歧。2004 年“总统”大选前发生的两颗子弹事件，以及民进党“总统”候选人陈水扁以些微选票差距当选后，台湾社会陷入蓝绿两极对立的冲突。抗议两颗子弹与质疑“总统”当选正当性的民众，在“总统府”前持续抗议了一段时间。在对立的氛围中，到底台湾社会应当如何面对并或解决这样的冲突，成了具有公共关怀的学者以及民间组织共同的关切。为了找寻出路，在台湾促进和平文教基金会的推动，以及时报文教基金会等的赞助下，一群学者与民间工作者设计了一个族群对话的公民论坛，邀请民众参与，希望能找出一种有效的公共

---

① 王茹：《台湾民间的“省籍—族群”和解运动——以〈面对族群与未来——来自民间的对话〉为例》，《台湾研究集刊》2005 年第 3 期，第 50 页。

对话方式，增进不同族群与政治立场之间的理解。

二、“族群和解与对话”活动的过程

“族群和解与对话”活动大致分为筹备与正式论坛两个阶段。在筹备阶段，主办单位首先邀请一群学者专家共同组成执行委员会，负责这个对话工作坊的计划与执行。然后召开了筹备会议，招募参与者，从全台各地报名的近400人中，根据不同的“省籍—族群”背景、世代、教育程度、政治倾向、性别等，遴选出30人。主办者采用这样的程序是充分考虑到了各个不同群体的代表性，以使座谈不至于发生太大的倾向性和偏颇。在正式会议阶段，这个面对面的对话论坛，于2004年10月23、24日在台北近郊深坑的世新会馆举行。如图4.1所示。

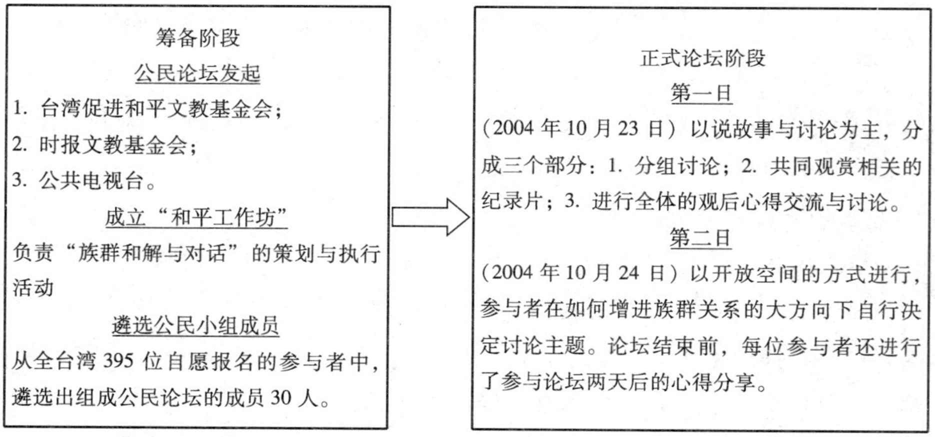

图4.1 “族群和解与对话”公民论坛实施的步骤与阶段

资料来源：作者整理

第一，筹备阶段。主要包括组成执行委员会和抽选公民论坛的参与者。

（一）组成执行委员会

作为主办单位的“台湾促进和平文教基金”、“时报文教基金会”和作为协办单位的公共电视台，联合相关学者和民间工作者如简锡堦、余范英、林国明和范云等人成立“族群和平工作坊”，负责“族群和解与对话”的策划与执行活动，如表 4.2 所示。①

表 4.2　“和平工作坊”组成人员

总召集人	简锡堦　“台湾促进和平文教基金会”执行长
	余范英　“时报文教基金会”董事长
策划委员	倪炎元　中时报系　总主笔
	杨宪树　中时报系　总编辑
	陈守国　中时报系　副总经理
	林国明　台湾大学社会学系　副教授
执行委员	袁世敏　“时报文教基金会”主任
	蔡淑芳　“开拓基金会”执行长
	李广均　“中央大学”客家学院 助理教授
	范云　“中央研究院”社会所 助理研究员

资料来源：作者整理

（二）抽选参与者

这个族群对话的活动通过媒体进行宣传后，共有 395 位民众报名。执行委员会依据立意选样的原则，从报名者当中抽取了 30 位参与者。立意选样的操作原则是希望选出包含不同政治立场与族群背景的成员，并同时能兼顾教育程度、性别等重要的人口变项。② 最后，出席的 28 位年龄与背景殊异的公民组成，如表 4.3 所示。值得注意的是，此一样本并不符合（也不应该）全台人口比例。因为，其一，报名参加对话论坛的成员并不是一个随机样本，而是动机特别强的一群公民。其二，论坛的目的是族群对话，采取立意选样是为了增加社会差异之间的对话机会。所以，最后出席论坛的参与者也不应该符合全台族群人口比例。例如，就省籍组成而言，外省人口占全台人口的 13% 到 15%，如果根据此一比例挑选参加民众，则外省人数不会

① 《面对族群与未来——来自民间的对话》DVD 光盘（公播版），作者于 2011 年 12 月 20 日在台湾“国家图书馆”延平馆舍观赏。

② 抽样的操作方式是先将所有报名者依据报名问卷上所显示出的蓝绿政治背景、族群身份以及教育程度，分成不同类属的交叉方块。执行委员先决定三十个名额中，每个方块中的要有的参与者人数，然后，在每一个类属中所有的报名者名单中，以随机数依序抽出预备名单，之后进行电话邀约。参阅范云：《说故事与民主讨论——一个公民社会内部族群对话论坛的分析》，《台湾民主季刊》2010 年第 1 期，第 74 页。

超过5 人，分组后，每组可能只有 2 人，无法产生足够的动能与对话效果。①

表 4.3　论坛参与者基本背景

基本背景		人数	百分比	累积百分比
性别比例	男	17	60.7%	60.7%
	女	11	39.3%	100.0%
教育程度	专上	17	60.7%	60.7%
	高下	11	39.3%	100.0%
族群类别*	闽	9	33.3%	33.3%
	客	4	14.8%	48.1%
	外	11	40.7%	88.9%
	少	3	11.1%	100.0%
出生年	1930 ~ 1939	2	7.1%	7.1%
	1940 ~ 1949	4	14.3%	21.4%
	1950 ~ 1959	5	17.9%	39.3%
	1960 ~ 1969	7	25.0%	64.3%
	1970 ~ 1979	4	14.3%	78.6%
	1980 ~ 1989	6	21.4%	100.0%
政党倾向	泛蓝	9	32.1%	32.1%
	泛绿	10	35.7%	67.8%
	无	9	32.1%	100.0%

注*：有一位参与者为外籍配偶，故其族群身份类别未被计算与此。

资料来源：范云：《说故事与民主讨论——一个公民社会内部族群对话论坛的分析》，第 75 页。

概言之，“来自民间的对话”族群和平工作坊整个筹备的过程，包括公开征求报名，然后从报名者中抽选参与者（取样），均按公民会议的运作程度进行。在参与者的取样上，因为这是一个族群对话的工作坊，所以控制了

① 范云：《说故事与民主讨论——一个公民社会内部族群对话论坛的分析》，《台湾民主季刊》2010 年第 1 期，第 74 页。

三个变项，第一个是政党认同，基本上最后选择出来的人，分为“非常蓝”、“非常绿”、“中间”（有一点点蓝一点点绿或者完全不蓝不绿）三组，基本以1∶1∶1的方式出现。第二个控制变项是教育程度，因为教育其实影响到每一个人对族群问题认识的方式。譬如在“总统大选”时出现过“南部的、低教育的、没水准的人决定台湾未来”这样的说法，所以教育显然是很重要的元素，它反映人的偏见，也反映在人们讨论事情所使用语言的不同。第三个变项是世代，可以观察到，族群政治对不同世代的意义完全不一样，所以这个变项必须要被控制。当然因为是自由报名而非随机抽样，年纪大的世代报名者特别少，那么就会增加其抽选的比例，年轻的、大学刚毕业的报名特别踊跃，这些人就少选一点，所以必须要立意选样。因为对论坛来讲，重点是反映整个社会中的各种差异，而不在于等比例地代表来报名的这群人，也不是要代表台湾社会的每一个人。①

第二，正式论坛阶段。此次公民对话活动设计成“自我表述”、“看照片说故事”、“焦点对谈”、“纪录片欣赏”、“开放空间讨论”等几个单元，分成两天进行。

（一）第一天以说故事与讨论为主。其活动包括“自我表述”、“看照片说故事”、“焦点对谈”、“纪录片欣赏”等四个单元，主要的功能是为参与者提供了沟通与交流的基础。“自我表述”部分是让参与者就“参加动机、国家认同、评价政治人物”等议题发表自己的看法，展现个人原有的基本态度、立场与认知；“看照片说故事”单元则是让参加者展示自己带来的三张自认为最能够代表个人的成长经验或是能够表达他与台湾的关系的相片，参与者通过述说与照片相关的自己的故事，使其他参与者能够分享他个人的生命经验。这28位参与者的述说，展示了各样的人生体验，“如有标准‘国语’的年轻上班族，告诉我们他从小自宜兰搬迁台北，为了融入主流社会，全家被迫要求在家中说标准‘国语’，从此祖母就很少说话的童年记忆；如有七十几岁的外省老伯，一生尽忠职守，从十九岁离乡从军的少年，到四十年不见爹娘的悲喜遭遇；还有人带来‘二·二八’游行队伍中欢乐

① 范云：《开放空间》，廖锦桂、王兴中主编：《口中之光：审议民主的理论与实践》，台北：台湾智库，2007年版，第114页。

爱台湾的全家福景象；还有闽客通婚以及外省少数民族第二代子女的认同成长故事；在这些故事中，有人从中国人认同变成少数民族认同，有人从小就看到父母亲年年必须向外省长官送礼的卑微，也有人坚持作为中国人的使命与骄傲。”“焦点对谈”则让参与者对台湾当前最具争议性的问题如两岸关系、集体记忆、国家认同、“省籍—族群”矛盾与冲突等提出自己的看法，并试图找出和解与共识的可能的途径与方法；“纪录片欣赏”单元则让参与者欣赏两部问题意识截然不同的纪录片《台湾的历史：光复初期与二·二八事件》及《山有多高》，前者是“二·二八事件”受难者家属访谈的纪录片，后者则记录了外省人的乡愁与感情，主办者的意图是“透过这两个影像故事，我们希望从第一阶段的个人性的生命经验分享，进入第二阶段的团体伤痛的交流。我们经常自以为了解对方的痛苦，事实上，我们从来无能想象、也并不真正了解。透过纪录片的影像力量，我们和主角从新竹的山区，漂洋过海，攀越高山，到湖南的黄土地上，体会他长跪父母坟前，却也无法弥补、也无法言说的悲痛与遗憾。透过影像，我们回到‘二·二八’的历史现场，听到心惊的枪声，看到家属的坚强与无助，还有黑白遗照中被噤声的冤魂”。①

（二）第二天是开放空间活动。其目的是让所有参与者在“学习倾听和理解，一起建立尊重与包容的社会”这样一个大题目下讨论，参与者都可以提出自己最关切、最想深入讨论的题目，没有任何的限制；会场中，每个人都可以担任主持人，没有地位高低之分，充分享受自由讨论的权利，每个人在感觉不舒服时都可以自由离开，尽量消除不自在、被强迫的感觉。这场活动，引出了许多让人感动的场景，“在参与者学习倾听的过程中，深刻地反省自己的偏见，而且在对话中真情流露。过去我从不能理解，也不同情外省老兵回家将积蓄散尽……参与者陈永麟的一番话‘四十多年来，我们欠大陆太多，我没有养过我的爹娘一天’……却让我不由自主地掉下眼泪。参与者黄清贤，愿意把《山有多高》介绍给亲友观赏。陈永麟愿意以一个‘来自大陆人’的身份，为‘来自大陆的’国民党政权所犯的错，向本省人

---

① 王茹：《台湾民间的“省籍—族群”和解运动——以〈面对族群与未来——来自民间的对话〉为例》，《台湾研究集刊》2005 年第 3 期，第 50 - 51 页。

道歉。这样真情流露的片段，在整部纪录片中还有许许多多……”①

总之，在两天的族群对话论坛中，第一天以说故事与讨论为主。第二天则是开放空间活动。第一天的讨论可分成三个部分：首先是分组讨论，这个论坛与一般民主讨论不同的是，参与者被要求先以三张自行选择的生活照片作为自我介绍。参与者被鼓励选择可以帮助大家认识他个人、家庭以及与台湾关系的照片。这个自我介绍可以说开启了整个论坛说故事的氛围。“讨论的主题则包含：回答你最喜欢或讨厌的政治人物是谁？你自认是台湾人还是中国人？外省族群是否该为国民党的语言政策或白色恐怖负责或道歉等？是否应由政府来提倡推动本土化政策？你最想或最不想听到的一句话等。”小组讨论总共约进行四个半小时。其次，第一天晚上共同观赏代表着外省族群集体流离伤痛的《山有多高》，以及本省族群伤痛记忆的《台湾的历史—光复初期与二二八事件》这两部纪录片。最后，影片放映后则进行全体的观后心得交流与讨论。论坛的第二天则是以开放空间的方式进行。参与者在如何增进族群关系的大方向下自行决定讨论主题。第二天结束前，每位参与者还进行了参与论坛两天后的心得分享。② 当最后制作出来的纪录片《面对族群与未来——来自民间的对话》播出之后，在台湾社会引起了比较大的反响，不仅公视多次重播，TVBS 等电视台还进行了转播，台北市文化局在 2005 年 2 月举办纪念“二·二八事件”系列活动中就是以放映此部纪录片为首场活动，该片的 DVD 光盘也面向社会发售了。参与组织此次活动的社团和学者进一步的行动是，以纪录片为起点，致力于在社区和学校推动“族群和解”的社会教育。③

三、“族群和解与对话”活动的分析

下面从特点、作用与影响三个方面对 2004 年“族群和解与对话”活动

① 王茹：《台湾民间的“省籍—族群”和解运动——以〈面对族群与未来——来自民间的对话〉为例》，《台湾研究集刊》2005 年第 3 期，第 51 页。

② 范云：《说故事与民主讨论——一个公民社会内部族群对话论坛的分析》，《台湾民主季刊》2010 年第 1 期，第 75 – 76 页。

③ 王茹：《台湾民间的“省籍—族群”和解运动——以〈面对族群与未来——来自民间的对话〉为例》，《台湾研究集刊》2005 年第 3 期，第 51 页。

作比较详细的分析。

（一）“族群和解与对话”活动的特点

首先，“族群和解与对话”活动采用了“开放空间”的会议模式与说故事的言说方式。想要促成一个有意义的民主对话，到底要采取什么样的讨论方式呢？这个论坛在设计的过程中，面对了两个完全不同方向的选择：一个是正统的审议式民主公民会议式的设计，借着知情、理性的讨论过程，在论坛结束前，追求最后的共识。另一个则是不要求论坛结束前，要产生具有共识的结论或方案；讨论的目的着重在对话的过程，借着说故事与开放式的对话，增进相互的理解。在几次的会议后，执行团队决定以后者作为论坛的进行方式。选择以对话而非正统审议式民主的方式，主要有两个原因：一是因为2004年“3·19”两颗子弹冲突的背后是台湾族群与认同政治的深层议题。族群与认同政治的议题，和政策取向的公共议题相当不同。如果没有开放的聆听，对彼此生命经验的深入理解，人们既有的态度很难被改变，更遑论达致妥协与形成共识。二是过去在审议式民主的相关理论探讨中，批评者一直认为传统审议民主中理性讨论与要求共识的原则无法解决认同的冲突。① 因此，执行团队决定以“说故事”以及“开放空间”的两种讨论设计，来进行这个公民论坛的族群对话实验。这样的会议设计是与众不同的，可以说是在理性论辩方式之外的一种新的尝试。

其次，“族群和解与对话”活动的议程设置与一般的公民会议不同。此次活动是公民会议的一个案例，但与一般公民会议三段式、需要2天预备会议与3天正式会议的运作程序不同的是，“族群和解与对话”活动设计成“自我表述”、“看照片说故事”、“焦点对谈”、“纪录片欣赏”、“开放空间讨论”等几个单元，分成两天进行。在第一天的活动中，每一位参与者带来三张他自认最能代表个人成长经验或是能述说他与台湾的关系的生活照，以看照片说故事的方式进行自我介绍。“一张张的照片让我们得以身历其境，透过时光隧道，进入另一人的生命经验。这些生命故事的本身是选择，也不是选择。如果个人渺小的生命经验，是选择也不是选择，那么，伴随着

① 范云：《说故事与民主讨论——一个公民社会内部族群对话论坛的分析》，《台湾民主季刊》2010年第1期，第66－67页。

生命经验而习来的政治理念，有多少是选择、又有多少不是选择呢？听故事的人不得不困惑，又如何能以单纯的道德价值观论人对错。”① 由此可见，“族群和解与对话”活动的一大特色是邀请参与者诉说自己的生命故事。第二天则以开放空间的方式进行，参与者在如何增进族群关系的大方向下自行决定讨论主题。“开放空间并没有预设一定要达到什么样的目的或效果，这跟我们熟悉的公民会议或是公共政策的讨论不太一样。它让沟通本身成为目的，也就是说，我们只是去设定一种沟通方式，但最后能走到哪里去，全看每一个参与者自己愿意走到哪里去。”② 除此之外，此次公民对话论坛结束前，每位参与者还分享了参与两天论坛之后的心得。

最后，“族群和解与对话”活动重在沟通的过程而非结果。研究冲突与和解的学者厄尔·马丁（Earl Martin）说：“说故事让我们有一个新的选择，用一个新的方式重新叙述‘冲突’，并期待给予这个冲突故事一个正面的结尾。透过这个重新述说的过程，开放原本对立的人们的心灵，来接受各种解决困境的可能性。”在“族群和解与对话”活动中可以发现，在聆听诸多生命故事之后，人们似乎较能同情式地理解彼此的生命世界与道德观。他们虽然仍然不能同意对方的政治看法，但是，面对“异己”的心灵，有些人似乎逐渐开放了起来。由此可见，这一对话活动创造了一个不要求结果或不期望得到结论的无压力沟通环境。多数的沟通都有太强的目的性，不是为了了解，而是为了说服、或者驳倒对方。在台湾的政治论述场域中，从“国会”殿堂到媒体的政论对话，几乎都把沟通工具化，而不是把沟通的本身视为目的。然而，和平与和解不是立即可达到的目的，它应被当成是一个不断进行的过程来努力。因此，沟通的过程本身比结果更重要。“族群和解与对话”活动第二天所进行的“开放空间”会议方式，尊重每一个参与者与他人的沟通意愿。“透过这样会议进行方式，参与者在没有预期结果的无压力环境中，以自己的节奏进行真正想讨论的议题。没有要辩赢的压力以及必须要有结果的急迫性，也就不会有受到压迫的少数。在沟通过程中，参与者

① 范云：《说一个民主与和解的故事》，（台湾）《新新闻》第928期（2004年12月17－22日），第68页。

② 范云：《开放空间》，廖锦桂、王兴中主编：《口中之光：审议民主的理论与实践》，台北：台湾智库，2007年版，第112页。

讨论自己决定的话题，从媒体角色、两岸关系、二二八的道歉问题，到如何学习倾听，每一个参与者自己决定他们要走到哪里，是不是有共同的结论。”①

（二）“族群和解与对话”活动的作用

首先，“族群和解与对话”活动有助于理解台湾地区当前政治对抗的本质。从2004年之后，台湾基本上就是一个蓝绿分裂、对立的社会。“这个对立来源并不仅是一般意见上的差异，而是起源于无法彼此共容的道德世界观。这样的冲突无法用一般理性思辨来解决，因为，在表象上的理性语言背后，存在根本对立的世界观。这个世界观是透过生命经验日积月累的涵养，无法轻易妥协与让步——让个人安身立命的道德情感，是不容许杀价打折的。”② 由“台湾促进和平文教基金会”以及“时报基金会”等所主办的“族群和平工作坊”，就是体认到当前政治对抗背后的道德冲突，是无法通过既有的政治讨论来化解的，而应当思考通过其他途径来加以解决。

其次，“族群和解与对话”活动能够针对族群对立的问题找出新的解决方案。关于冲突解决的最新文献中，一些研究者发现，“说故事”对解决冲突非常有帮助。“透过平易近人的说故事与听故事，对立的人们得以在没有威胁的氛围中，自然地卸下心墙，自在自由地沟通。更重要的是，也只有当人们述说个人生命故事的时候，他能够自在地解释自己强烈的信念以及观点，而不需要直接面对相反的意见。”台湾地区族群冲突的议题已被固化为不同政党或政治人物的权力基础。因而期待由政治人物来主动化解，可以说是缘木求鱼。有鉴于此，只有回到民间才有可能针对族群对立的问题找出新的解决方案，即进行族群和解的社会工程。“一个族群和解的民间社会工程，要鼓励每个人采取可能的实质或是象征性的做法，去改善生活与工作社区中的人们的想法。我们也必须进入校园，鼓励年轻人进行这样的对话。……我们愿意相信，增加公众的参与，以社区和学校为单位的族群社会教

① 范云：《说一个民主与和解的故事》，（台湾）《新新闻》第928期（2004年12月17－22日），第69页。

② 范云：《说一个民主与和解的故事》，（台湾）《新新闻》第928期（2004年12月17－22日），第68页。

育，让这类的活动在数目上与多元性上都能成长，可以是台湾内部和解的开始。”①

最后，“族群和解与对话”活动有助于促进台湾社会的族群和解进程。族群之间分离意识或对立意识的出现，常常是由于受到武力、剥夺、凌辱等伤害而引起的，而在分离或对立的过程中，又往往伴随着暴力、伤害与仇恨，如果没有对其进行反思与消解，其后果往往就是循环的、缠绕的、难解的死结。《面对族群与未来——来自民间的对话》的座谈活动及其纪录片的播出，在台湾社会，实际上已经成为了一场大型的集体心理疗伤活动。“聆听彼此的故事有助于疗伤止痛，产生同情行动理解；而这种同情的理解有助于让冲突的双方放下情感的对立，开始沟通与讨论，进一步迈向和解。”②“之所以说这样的活动是一场大型的集体心理疗伤，不仅是说在场的参与者受益，而且在媒体播出后的社会传播效果，也使得相当一部分敏感的民众能够感受到这样的效果。”③ 简言之，这种不预设立场、开放的和没有结论的深度座谈，不强迫对方接受自己的意见，不仅减低了对立性，而且还营造出一种包容乃至相互理解的氛围。“到最后结束前，所有人都加入最后开放的讨论当中，也有很多非常愉快的笑声出现，你可以感觉到他们彼此之间原来的一些隔阂，至少愿意放下来，虽然他不一定真的对台湾未来有新的、共同的意见，可是他愿意放下来跟别人分享很多他自己的看法。”④ 近几年来“省籍—族群”议题越来越被边缘化的事实充分说明，“族群和解与对话”活动的确有助于促进台湾社会的族群和解进程。

（三）“族群和解与对话”活动的影响

首先，“族群和解与对话”活动引起人们对“说故事”言说方式的重视与应用。与一般公民会议采取理性论辩方式不同的是，此次“族群和解与

---

① 范云：《说一个民主与和解的故事》，（台湾）《新新闻》第928期（2004年12月17－22日），第69页。

② 范云：《开放空间》，廖锦桂、王兴中主编：《口中之光：审议民主的理论与实践》，台北：台湾智库，2007年版，第116页。

③ 王茹：《台湾民间的“省籍—族群”和解运动——以〈面对族群与未来——来自民间的对话〉为例》，《台湾研究集刊》2005年第3期，第52页。

④ 范云：《开放空间》，廖锦桂、王兴中主编：《口中之光：审议民主的理论与实践》，台北：台湾智库，2007年版，第115页。

对话”活动使用了“说故事”言说方式。选择这样一种论述与讨论的方式，是“因为说故事有一个特质，它可以邀请人们进入他人的生命脉络，而且被迫暂时放下自己本来对不同族群的偏见与判断。因为你在进入之后，必须聆听说故事者想传递的讯息，之后你可以再想一想、决定这中间有哪些道理。它能够产生一种效果，让人们在这个过程中产生一种新的、对于对方的同情式的理解。用比较学术的字眼来说，就是在这种审议式民主的讨论当中，会有一种‘转化’效果。它有可能引导人们进入完全不同的价值世界，而且最后有可能改变态度”①。换言之，在这样的坦诚相见及相知不久的情形下，参与者都有意无意地把沟通和沟通的过程作为最直接的目标，而不是把论证、争辩、驳倒对方、要求对方有义务了解或接受自己的观点等作为目标，后者恰恰是台湾一般的政治沟通场合比如选举辩论、CALL－IN 节目和其他政论节目最容易出现的场景，在那种匆匆忙忙、个人生活背景隐去、观点先行的场合，是不能够指望达到这样的效果，它们往往只是巩固、凝聚了支持者的拥立情绪，而更加激起对方的对立情绪，这对形成“非黑即白”的不宽容的政治或社会文化有推波助澜的作用。② 正因为台湾政治生活中诸多缺陷难以采用所谓理性论辩的方式加以缓和与解决，这才使得“说故事”的言说方式显得更为宝贵，不仅“族群和解与对话”活动的参与者认识到这一点，许多人通过观看纪录片《面对族群与未来——来自民间的对话》之后也逐渐意识到：理性讨论与感性对话并非必然是对立的，它们其实是可以相互补充、相辅相成的，因此“说故事”的方式必须得到足够的重视并加以适当的推广。

其次，“族群和解与对话”活动为弱势群体的公共参与开创了一个良好的先例。艾瑞斯·杨曾经认为审议式民主无论是其所强调的话语表达方式还是对共识的青睐都有可能造成对某些人、某些群体的不正义。即使排除了经济上的依赖和政治上的权力支配，人们之间还存在着言谈方式和理解方式的不同，而这些文化和社会地位上的差异同样妨碍人们成为平等对话者。除此

① 范云：《开放空间》，廖锦桂、王兴中主编：《口中之光：审议民主的理论与实践》，台北：台湾智库，2007 年版，第 112 页。

② 王茹：《台湾民间的“省籍—族群”和解运动——以〈面对族群与未来——来自民间的对话〉为例》，《台湾研究集刊》2005 年第 3 期，第 52 页。

之外，审议模式所推崇的论证方式并未做到其所宣称的“平等地向所有表达要求和理由陈述的方式开放”，从而造成了审议过程的话语霸权：审议的话语更看重冷静理性而非情绪化的话语，表达清晰、逻辑严密的话语，正式的普遍性的话语，以及强硬的对抗式的话语风格，而那些展示其良好表达能力的人通常是社会上的优势群体，因此审议的场域仍存有权力的干扰，从而造成对某些不利或弱势群体的排斥。① “族群和解与对话”活动不像一般的公民会议、审议辩论等那么强调理性讨论，而是采用了“说故事”的论述方式，让弱势群体有更多发声和诉说的机会。从中可以发现，女性以及客家与少数民族族群较倾向于使用说故事这种言说方式。在内容上，说故事最有可能被用来表达认同的立场，以及弱势的创伤经验。另外，说故事的对话基调较有可能表达感激，故可能促进相互的尊重与信任。“整体而言，说故事虽然无法触发更多的争辩、质疑等响应，但在降低弱势参与门槛、认同表达、信任建立等民主沟通的障碍上，相当有贡献。”② 由此可见，“族群和解与对话”活动以“说故事”的讨论方式为弱势群体的公共参与开创了一个良好的先例。

最后，“族群和解与对话”活动对促进社会信任提供了有益的借鉴和启示。“族群和解与对话”活动带来的有益启示是，促进社会信任不仅有赖于政府的努力如官方的道歉认罪乃至提供补偿金等，更在于民间社会的努力。在此次对话活动中，台湾民间社会中的相关社团、学者和媒体有感于“省籍—族群”冲突、蓝绿冲突造成的伤害已经危及台湾社会的稳定，因而主动出来承担这一社会责任。主办者的一个信念是，“即使是政治立场不同的人，也可以坐下来对谈，毕竟族群问题不是靠政治人物和解或拥抱，民间才是最重要的”，“来自民间的声音相当可贵”。这是台湾公民社会组织建构公民社会的一种努力。他们的行动，有消解仇恨，抚平伤痛的功能，也是在积

① 马晓燕：《社会正义研究的新视角：交往民主对审议民主的反思与批判》，《学术月刊》2009年第1期，第52－53页。

② 范云：《说故事与民主讨论——一个公民社会内部族群对话论坛的分析》，《台湾民主季刊》2010年第1期，第65页。

累建构公民社会的社会资本，促进社会信任的生长。[①] 与此同时，在促进社会信任的过程中也应当讲究方式方法，“族群和解与对话”活动在这方面提供了有意义的借鉴。它不同于一般的公民会议，而是以看照片说故事的方式进行讨论。“在真诚的聆听他人的故事和观看纪录片的时候，应该说，那种时刻，心灵是开放的，不再局限于自己的个人体验，能够进入他人的体验，甚或进一步设身处地地感受他人的情感，理解他人的立场，勇于自省者，甚至还能够回过头来反思自己的立场与观点，分清楚自己的立场与观点里‘合理的先见’与‘盲目的偏见’部分。”换言之，这场大型的深度座谈使得本省人和外省人都体认到了过去他们有意或无意忽视了的对方的伤痛，对他人的生命体验有了更深层次的了解甚或理解。“这个座谈的时间延续了两天，加上精心设计的程序，保证了参与者足够的时间进行相互的背景理解。面对面的述说自己的生命故事及聆听他人的故事的方式，也有效地降低了不信任及对立情绪。”[②]

第四节　小　　结

“开放空间”会议模式与“说故事”论述方式的开创性应用，使得2004年“族群和解与对话”活动在台湾地区的公民会议实践中显得与众不同。公民会议长久以来一直被假设其应当在知情的基础之上、以理性说服的言说形式进行。然而，这样的假设对优势族群有利，却非常不利于弱势群体的公共参与。如何保障弱势群体能够平等地参与到公共事务中来，有人主张，在公民会议的讨论中，应当主动包容不同的言说形式，特别是以述说个人经验为主的故事。2004年“族群和解与对话”活动在这方面作出有益的尝试，并且取得相当的成效。这使越来越多的人逐渐清醒地意识到，“台湾公民社会过去每逢政治讨论就会出现的内在紧张与冲突，有很大的一部份，就是因为族群的特殊情感与记忆，并未被正面响应。”因此，在台湾内部

① 王茹：《台湾民间的“省籍—族群”和解运动——以〈面对族群与未来——来自民间的对话〉为例》，《台湾研究集刊》2005年第3期，第52页。

② 王茹：《台湾民间的“省籍—族群”和解运动——以〈面对族群与未来——来自民间的对话〉为例》，《台湾研究集刊》2005年第3期，第52页。

“省籍—族群”问题上，大和解必须从说故事开始，才能使各个族群认真地相互看到对方的悲情历史，以及各个族群基于不同生命经验而出现的价值。

“族群和解与对话”活动或许在开始的时候未能从根本上改变“省籍—族群”对立的状态，但如果能够持之以恒，引导出一种和解的文化，那么它的意义就不仅局限在“省籍—族群”和解方面。其实，这样的组织方式、沟通技巧及其背后的哲学，对两岸的交流不无启示意义。尽管台湾内部的“省籍—族群”和解与两岸关系之间不能简单类比，但两岸交流，尤其是民间交流在如何处理分歧与差异、如何促进相互理解等方面则可以与之找到共同点。① 事实上，台湾民间社会已就此展开相关的对话活动。继 2004 年举办“面对族群与未来：来自民间的对话”活动之后，2005 年“台湾促进和平基金会”、“时报文教基金会”、公共电视台再度合作，举办“台湾民间的想像：两岸的未来”工作坊，希望以公民共识会议的方式，让民间对此表达意见。“两岸关系这个牵动所有台湾人敏感神经的议题，一直存有高度争议，每当提及两岸关系时，常沦为政治人物用做‘卖台’或‘战祸’标签的权力工具，不但压缩理性讨论两岸议题的空间，也让民间寄望有一个稳定两岸关系的心愿落空。因此活动中将针对高度敏感的两岸议题提供对话空间，并不期望获得什么结论，而是希望让不同族群、立场、地区的民众对话。”② 通过积极的对话活动，可以有效地摆脱“我们/他们”相互对立的分类心态，进而在两岸交流的各个领域共同发展出可以进行深入对话的空间。

① 王茹：《台湾民间的“省籍—族群”和解运动——以〈面对族群与未来——来自民间的对话〉为例》，《台湾研究集刊》2005 年第 3 期，第 53 页。

② 《想像未来 民间团体邀民众对话》，《台湾立报》2005 年 7 月 1 日，第 3 版。

第五章　台湾的实践：其他形式

自2002年“卫生署”与“二代健保规划小组”举办台湾地区首次公民会议开始，之后陆续试办了审议式民调、公民陪审团、愿景工作坊、法人论坛以及学习圈等其他各类讨论形式，受到政府机关、学术界及社区组织的高度关注与重视。本章主要结合2002年“全民健保”公共论坛—审议式民调、2007年“淡水河整治”公民陪审团以及2008年新北市“中港河廊通学步道”愿景工作坊等相关案例分析审议式民调、公民陪审团以及愿景工作坊在台湾地区的实践状况。

第一节　审议式民调

一、什么是审议式民调

审议式民调是由美国学者詹姆斯·菲什金及罗伯特·卢斯金（Robert Luskin）等人所发展起来的一种新的民调方法，它已经在美国、英国、澳洲、丹麦等国家执行多次。其内容为融合民意调查、团体讨论以及对于受访者参与民调前后改变的一种新式民意调查，除体现民主政治平等参与及审慎思辨精神外，同时也能教育民众，培养公民能力及认同感，期能呈现代议机构及利益团体之外的精致民意。

首先，审议式民调是一种改良式的民调。它与一般民意调查最大的不同点，在于加入了公民审议的元素，即一群具代表性的公民就某个议题进行理性讨论之后，方征询其对该议题的看法。换言之，审议式民调利用随机抽样产生具有“代表性”的公民，经由公共审议的过程，提供公民较完整的资讯，使其了解公共议题、形成“知情”的民意后，才做出选择或判断。① 因此，审议式民调结合了审议式民主与一般民意调查两者的优点：审议式民主强调审议精神，即以公民就特定的公共议题进行公开而理性的讨论；而民意调查则强调以严格的抽样方式选出具代表性的公民，就特定议题征询其意见。从而，由此所产出的经过深思熟虑的民意，与一般民调在理性无知下所得出的浅层的民意，两者有显著差异。② 简言之，审议式民调与一般民调相同的部分在于结果仍以民调的方式呈现，而不同之处在于，审议式民调提供参与者有关讨论主题的基本知识，让参与者可以进行理性的讨论。

其次，与一般采用小样本抽样式民调不同，审议式民调是大样本分组的公民讨论。其一般的做法就是：第一，针对事先确定的某一特定的公共议题，然后随机抽取参加审议式民意调查的公民；第二，对这些接受调查的公民实行第一次审议式民意调查；第三，把接受调查访问的公民集中起来，组织政府官员、专家与公民进行交流和对话，让被调查的公民在了解和熟悉与公共议题相关的知识的基础上进行认真和理性的沟通和审议；最后，针对讨论的公共议题对先前接受访问的公民进行第二次审议式民意调查。换言之，一般来说，审议式民调以随机抽样的方式访问 1000 位以上的全国性样本，并进行面对面的问卷访谈，再邀请这些受访者（约三百至四百位）参与一天至两天的公共讨论，每一组约十五至二十人，先由小组成员针对特定议题不同方案进行讨论后，所有的成员与专家对谈，之后再回到小组讨论，整个讨论结束之后，则再以同样的问卷进行施测，比较讨论前后的态度变化。③

最后，审议式民调的重要作用在于有效地兼顾和平衡民主实践过程中的“政治平等”与“审议”两大原则。所谓的审议就是在讨论和对话的过程中权衡每一种论证的优点和缺点，以便能够找到一种最佳的和更为合理的解决问题的方案。政治平等则是要求政府机构在解决公共问题和制定公共政策的

---

① 林国明著：《行政民主之实践：全国型议题审议民主公民参与操作手册》，台北：“行政院研究发展考核委员会”编印，2008 年版，第 79 页。

② 黄东益著：《民主商议与政策参与—审慎思辨民调的初探》，新北市：韦伯文化国际出版有限公司，2003 年版，第 64 – 65 页。

③ 参阅黄东益：《审慎思辨民调—研究方法的探讨与可行性评估》，（台湾）《民意研究季刊》第 211 期（2000 年 1 月），第 123 – 143 页。

过程中尽量考虑到每个人的偏好、兼顾到每一个人的利益。怎样才能够把两者更有效地统一起来？菲什金借鉴和吸收了古代雅典民主的实践和运作。他认为古代雅典民主制度和民主实践包含了很多审议式民主的因子，有效地体现了审议式民主的形式，例如，据抽签产生的500人会议就是公民参与公共审议的一个典型案例。因为每一个代表的产生都是抽签的结果，每一个公民都享有平等的机会被选中而成为一个代表而参与公共审议，因而充分地体现了政治平等；在举行的500人会议上，他们每一个人都享有平等的发言权利，都享有对公共议题进行广泛交流和沟通的机会，因而充分地体现了“审议”。此外，菲什金认为，在现代国家可以采取随机抽样的方式选取一部分公民作为一个国家或地区的缩影，让这些公民聚集在一起讨论问题，这样可以提供给普通公民成为一个理想公民的机会，他们的声音不再是千万人中的微弱声音，而是可以被听到的声音。① 换句话说，审议式民调是一个实践审议式民主的过程，它提供一个讨论的场所，尝试了解在信息充分和公民能够审慎思考和互相辩难的理想状况下所呈现的民意。② 总之，审议式民调能够有效地提供给普通民众在政治平等和相互尊重的基础上就相关的公共事务议题进行面对面的交流和对话的空间，因此，它是一种能够有效地平衡与协调政治平等和审议的制度设计。

综上所述，作为一种改良式的民意调查方式，审议式民调的制度设计有效地结合了美国乡镇会议（town meeting）、准实验设计（quasi-experimental research design）、调查研究方法（survey research）、焦点团体法（focus-group method）和统计分析（statistical analysis）等多种方法。在实际操作过程中，审议式民调的实践是从整个社会中随机选取一部分普通的公民，把他们作为整个社会的一群典型的代表，在面对面的情况下进行政治上平等的审议和讨论，从而可以被看做是整个社会的审议。它具有如下优点：民意调查的接受度高、避免小样本偏误、呈现较精准的民意以及扩大宣传与教育效

① 参阅黄东益：《审慎思辨民调—研究方法的探讨与可行性评估》，（台湾）《民意研究季刊》第211期（2000年1月），第123－143页。

② 参阅杨意菁：《民意调查的理想国—一个深思熟虑民调的探讨》，（台湾）《民意研究季刊》第204期（1998年4月），第63－76页。

果，便于政策推动等。① 从理论上讲，审议式民调起着洞察民意，提升公民参与公共政策讨论的能力，转化个体的偏好，减少理性的无知等作用。“审议式民调最大成果并不一定在于改变选民初始之想法，而是在于由随机抽样选出之参与者从被选中那一刻起，其生活态度与对公共事务关切之程度有很大转变。从可能原本对公共事务漠不关心，到开始注意阅读各类相关新闻报道，主动与亲朋好友谈论即将审议之公共事务，并产生一种公民责任与使命感，且可能在参与审议式民调后持续其关心与介入公共事务之习惯，并延伸其影响力让社会产生更多积极参与关怀政治之公民。”② 从英国、美国、澳大利亚和丹麦等国的实践不难看出，审议式民调不仅能够有效地提高公共参与公共事务的热情和愿望、扩大在公共事务中公民的参与，而且也能够为政府机构解决公共问题作出更加合理的决策提供重要的参考。

二、审议式民调的运作程序

审议式民调的一个最基本假设是普通公民参与审议和讨论的过程可能会对个人对公共议题的意见和态度产生一定的影响，因此审议式民调的主要目的之一，就是要确认普通公民在经过充分的、面对面的交流讨论之后，参加公共审议和沟通的公民对相关问题的看法和意见是不是有所改变，确认他们是否受到了这种审议和讨论过程的影响。为了使审议式民调能够充分实现预先设定的目的，在具体的的实践过程中必须遵循一定的运作程序。归纳起来，审议式民调的运作程序可分为四个阶段：首先是筹备阶段，主要是针对某一特定的议题，随机选择参加接受调查的公民；其次是第一次民调，即对这些公民进行第一次民调；第三是研讨会阶段，即把受访的公民集合起来，提供给公民通俗易懂的资料，安排政府官员、专家与公民对话，让被调查的公民在具备有关知识的基础上进行审慎和理性的讨论，并且通过电视等其他媒体现场直播讨论的过程；最后是第二次民调及分析差异，也就是针对原来的议题对受访的公民重新进行一次民调，并且比较两次民调的结果。审议式

---

① 林国明：《全民健保与公民参与》，来源：http：//sociology. ntu. edu. tw/ ~ tsd/CCandDP. pdf。

② James S. Fishkin，The *Voice of the People*：*Public Opinion and Democracy*，New Haven：Yale University Press，1995，pp. 174 – 175.

民调的四个运行阶段分述如下：

第一，筹备阶段。这一阶段主要包括议题的挑选、组建执行委员会以及对参与者的挑选等环节。

首先，议题的挑选是审议式民调的第一步，对审议式民调的效果和结果具有决定性的影响，因此，必须非常慎重的选择议题。一般来看，议题的挑选需要满足以下三个条件：其一，议题首先必须是普通公民非常关心的问题，并且这些问题需要政府部门制定相关的政策予以积极回应。只有当议题与普通民众的生活息息相关时，才能引起民众参与审议式民调的兴趣。其二，议题必须是具有相当的争议性，如果大家的意见都是一致的，没有任何冲突，那么对话与协商的价值和意义就不能体现出来。其三，议题必须是适中的，范围过于宽泛会使审议式民调失去应该重点关注的焦点，而过于狭窄则会使审议式民调难以有效的展开。为了选定合适的议题，主办单位要通过各种形式向议会、政府部门、学术机构和普通民众征集议题，经过专业人员的分析筛选后，选定所要调查的议题。

其次，组建执行委员会。议题选定后，接下来就由主办单位选择适当的人员组建执行委员会，负责组织与监督审议式民调的进行。通常情况下，由媒体、政府机构、一般的民意调查中心和审议式民调中心共同组成一个委员会：由媒体对活动进行充分的宣传，同时负责公民与官员、专家对话的转播等；一般的民意调查中心则对问卷的设计、先期访问与参与者的选择进行负责，审议式民调中心则负责活动的设计与质量的控制。为了取得公民的信任，执行委员会的运作应严格保持中立性，以确保审议式民调的公信力。

最后，参与者的选择与先期访问。执行委员会成立后的一项重要的工作就是选择参加审议式民调的公民。选择参与者之后，应该根据议题的范围确定参与人员，一般有全国性议题、地方性议题、城市议题甚至有社区议题。只有根据议题确定的参与人员才能使审议式民调具有更强的针对性。选择参与者的时候，一般由主办单位以科学的方式随机抽取一个全国性样本，并且针对由主办单位所设计的问卷进行面访或电话访问，询问受访者有没有兴趣或意愿参与小组讨论。选中的公民作为国家或地方全体公民的缩影，代表其他公民参与公共审议。

第二，第一次民调。因为审议式民调的基本假设是公共审议的过程可能会影响个人的态度与价值观念，因此，审议式民调就是要确认经过审议与对话之后，参加讨论和审议的公民对相关议题的态度是否有所改变。所以，为了确认这种改变，就要在没有进行公共审议之前进行第一次民调，以作为审议后第二次民调的参照。

第三，研讨会阶段。在第一次调查问卷和访问结束以后，主办方将会邀请有兴趣参加讨论的公民，以焦点团体的方式进行小组讨论。在研讨会议之前主办方将代表不同立场的资料发给各参与讨论者，并安排一定的时间，让公民进行阅读和讨论。小组针对不同议题讨论后，主办方还会邀请学者专家、民意代表或政府官员就相关议题与公民进行交流和沟通，以便讨论者对议题能有进一步的了解和思考。电视等媒体将会转播小组讨论中的部分内容以及公民与专家、政治人物的对话，以便讨论的议题和内容能够被更广泛的社会大众所了解。

第四，第二次民调及分析差异。一般而言，两次都参与民调的公民被称为“实验组”（experimental group），原先接受面访调查而后来没有参加公共审议的公民则被称为“控制组”（control group）。通常情况下，审议式民调包括一个“实验组”和两个“控制组”。在公共审议结束以后，要对参与公共审议的公民以第一次民调相同的问题进行第二次民调。然后，除了比较“实验组”本身在会议前和会议后态度的改变外，“实验组”的结果也与两个“控制组”比较，如表5.1所示。通过“实验组”与“控制组”的比较将可强化审议式民调的内在效度。如果差异比较明显，则证明审议式民主的理念是可行的，即在信息透明、公开审议和知情讨论的情况下，公民的态度、观点和参与的愿望都会有所改变。①

总之，审议式民调在操作上结合了代表性与审议两项特征。首先，随机抽取一个全国性样本，针对某个政策议题进行问卷调查，并征询受访者参加审议会议的意愿。其次，在邀集受访者参加的审议会议中，参与的公民和其他公民进行讨论，向来自不同立场的专家提问，并阅读相关的信息，来了解

① 马奔：《协商式民意调查：协商民主的一种制度设计》，《学习与探索》2008年第3期，第70页。

表 5.1 审议式民意测验的准实验设计

组别	参与人员	有无前测	实验操作	有无后测
实验组	抽样样本	会议前接受面访	参加会议	后测
控制组一	全国性样本	无	无	后测
控制组二	接受面谈但未参加会议人员	会议前接受面访	无	后测

资料来源：黄东益：《审慎思辨民调—研究方法的探讨与可行性评估》，第 130 页。

公共议题不同的行动方案或政策选项的优劣得失。最后，对审议会议的参与者进行后测的问卷调查，比较参加会议前后参与者对政策议题的态度和知识是否发生变化。① 其程序运作具有如下特点：参与者由随机抽样产生；参与者具有代表性；参与者人数较多（通常为几百人），组织规模较大；在审议之前，向参与者送提供详细的、公正的、中立的说明材料让其充分了解审议议题的相关背景和信息；小组讨论和大会讨论相结合；参与者在审议前后两次填写民意测量表，两次民意调查问卷的制作和分析需要专业人士的参与以保证可靠、中立和科学；通过比较两次民意调查问卷的差别，可反映审议对参与者偏好的影响；事先随机抽样产生的代表、开放式的程序和辩论使得审议的结果通常难以被操纵。如此等等，不一而足。由以上的进行方式可知，审议式民调旨在反映出在提供民众较为充分资讯的前提下，民众对议题的看法，一方面科学的随机抽样方式提供了代表多样人群的方法，另一方面过程中各个步骤的设计，都在期待促成更为资讯充分、客观平衡的讨论，因此公民经过思虑过后的回应，应有助于进一步解决民主国家所面临的民意咨询困境。一句话，"审议式民调所呈现具有代表性、'经过审议'的知情民意，兼具包容性与深思熟虑的特质，应该能够相当程度提供决策者在思考政策决定时的考量依据。"②

三、"全民健保"公共论坛—审议式民调的案例分析

2002 年"全民健保"公共论坛—审议式民调是台湾地区首次运用审议

① 林国明著：《行政民主之实践：全国型议题审议民主公民参与操作手册》，台北："行政院研究发展考核委员会"编印，2008 年版，第 79 页。

② 李宜卿：《公民参与的机会与挑战——台湾审议民主制度化之研究》，台湾大学社会科学院"国家发展"研究所硕士学位论文，2010 年版，第 65 页。

式民调，针对的调查主轴是“全民健保”保费与给付范围的调整，目的在于使一般民众能够学习与了解健保相关知识、并且在与专家、其他民众详细沟通之后，理性地做出决定。此次“全民健保”公民论坛—审议式民调的议题范围涵盖全台湾，由“行政院卫生署”委托台大社会学系团队主办，于2002年9－11月在全台湾展开。

此次论坛小组自2002年8月初起着手规划相关活动，并陆续加以执行。执行过程主要分为三大部分：一是前测，即在公民论坛举办前先随机抽取一个全台性样本，进行面访，并征询其参与公民论坛。二是公民论坛，也就是邀集愿意参加讨论之受访者，聚集一地，以焦点团体的方式进行小组讨论，并邀请学者专家针对健保给付改革议题进行对谈，使讨论者对议题能有更深入了认识与思考。三是后测，亦即在公民论坛后以同样问卷访问参与者，以比较民众在参与前后对于健保给付机制改革认知与态度上的改变。①

第一，前测阶段（或第一次民调）。在公民审议活动之前，先以随机抽样的方式从全台人口之中抽取代表性样本，针对会议所要讨论的议题，进行一次公众民意调查（前测）。

首先，问卷设计与抽样。此计划的问卷设计从计划开始之后，即针对问卷持续不断的修改，前后历经无数次会议、花费大约两个半月的时间，终于在面访执行前定稿。前测问卷调查受访者“健保使用情况”、“健保常识”、“健保的基本价值与态度”、“公共事务参与”、“政治效能”、“付费意愿”、“容忍度”与“个人数据”等八个项目，共81题。前测面访部分预计完成1128个成功样本。

抽样部分由“卫生署统计室”执行，根据县市、乡镇市、村里等单位进行等比例几率抽样（proportional probability sampling）进行抽样，共抽取三套，3384个样本，另备有一些替代样本，虽然统计室之抽样历时三个星期才告完成，所幸能赶得上2002年9月24日的访训。访员的招募部分在“国民健康局”的支持下顺利找到多数地区的访员，唯部分“国健局”无法支持的地区则招募各地“署立”医院与当地学生进行面访。前测面访访员

① 黄东益：《审慎思辨民调“全民健保公民论坛”评估报告》，来源：http：//sociology. ntu. edu. tw/～tsd/NHIDP. pdf，第1页。

训练于9月24日在“中央健保局”礼堂举行，结束后面访及正式开始。虽然前测面访之准备工作顺利完成，但是准备期太长，几乎占计划执行的一半时间，也因此使得论坛小组在后续活动上产生时间与人员上的困难。①

其次，前测面访。前测面访员原先规划完成1128个成功样本，由60位访员在全台各地执行，估计于2002年10月15日完成。然而访员访问过程回报，此次访问采用的户中抽样技巧，使得拒访率遽增数倍，多数受访者对于访员拜访家户却没有受访者姓名都存有戒心。

再加上当初为避免一般民众会因为访问单位为“卫生署”而产生回应性的偏差，因而选择以“台湾社会学会”名义执行。但是台湾社会学会为学术机构，知名度不高，且整体计划未公开宣传，这使得一般民众不信任访员，样本替代率提高，失败样本增多的执行情况是当初规划时始料未及的。

在换户严重的情况下，原先预备的三套样本出现不敷使用的窘境，所幸先前“统计局”仍有额外准备替代样本，才使访问继续进行。不过访问进度比预期缓慢，10月7日时整体完成率仅48%，但有数字访员均未开始执行或已经弃访。待10月10日以电话追踪统计仅完成784户（69%），其中仅94人答应要参加公民论坛，低于论坛小组原先希望的人数。造成受访者参加意愿低落的原因可能包括：

1. 论坛会场太远：由于论坛仅在台北、嘉义举办，使得部分受访者感到交通时间太长。

2. 津贴过低：一天一千元的津贴对于多数就业中的民众而言并不构成出席诱因。

3. 活动知名度太低：由于未曾公开宣传，绝大多数民众不了解此次计划，因此抱持不信任的态度。②

因为民众参加意愿过低，所以参与人数未及原先预期，因此论坛小组决定于10月14日委托民调机构进行电话访问，邀请民众参加公民论坛。访问进行至10月15日，各区访员回报执行情况统计为85%，部分地区甚至完

① 黄东益：《审慎思辨民调“全民健保公民论坛”评估报告》，来源：http：//sociology. ntu. edu. tw/ ~ tsd/NHIDP. pdf，第4页。

② 黄东益：《审慎思辨民调“全民健保公民论坛”评估报告》，来源：http：//sociology. ntu. edu. tw/ ~ tsd/NHIDP. pdf，第7页。

成率未及50%，论坛小组于是决定延长面访调查时间一星期，并支持部分落后地区。直至24日达标率才达到九成，但是距论坛活动仅剩一周。

在完成的1023份问卷中，共有1009份问卷为成功问卷，14份为无效问卷，经过样本检定发现，整体面访样本与母体在居住地与性别上并无显著性差异。而所有成功样本中仅114人有意愿参加论坛，台北场68人，嘉义场46人，北区民众参加意愿较高，如表5.2所示。

表5.2　面访调查与出席统计

面访区域	规划访问数	成功访问数	有意愿	愿意参加论坛数	实际参加数
北区	564	487	68	54	38
南区	564	522	46	52	34
总计	1128	1009	114	106	72

资料来源：黄东益：《审慎思辨民调“全民健保公民论坛”评估报告》，第8页。

最后，前测电访。在面访调查中，有意愿参加论坛的人数低于预期，论坛小组决定于2002年10月14日至16日共三天晚上，委托“国家发展研究院”研究处执行电话访问，找寻愿意参加论坛的民众。电访共完成有效样本1198份，拒访数为659通，结果共有207人在电话中表明愿意参加公民论坛活动，如表5.3所示。

表5.3　电访调查与出席统计

电访区域	规划访问数	有意愿	愿意参加论坛数	实际参加数
北区	570	105	35	20
南区	604	102	31	27
总计	1174	207	66	47

资料来源：黄东益：《审慎思辨民调“全民健保公民论坛”评估报告》，第9页。

然而，电访样本之分布远较面访样本分散，在访员安排上出现难题，除了委请面访访员跨区支持外，部分偏远地区则由专任助理前去访问。较特殊的地区为南投，由于原南投访员不再支持，因此直到11月中才招募一名暨南大学学生担任访员。

电话访问的目的在于增加参加公民论坛民众，但是电访样本的流失严重，原先在电话中答应参加论坛的人数为207人，但是在后续电话追踪与访员拜访的过程中这些民众陆续流失，以致活动前两天（台北场11月1日及嘉义场11月14日统计）统计时仅66人向论坛小组确认当天会出席（参见表5.3），流失率高68%。高流失率加上调查访问时的诸多经费、人力成本都显现出电话访问邀请的投资报酬率甚低。①

第二，公民论坛阶段（或研讨会阶段）。审议式民调要求原本对议题一知半解的民众在经过知识获得、观念沟通后在表明其议题偏好，而知识获得、观念沟通的管道就是公民论坛活动，在此一活动中参与民众将获得更多健保相关的常识，也有机会与来自各地的人进行讨论。论坛小组将参与公民论坛活动的参与者根据其职业、教育程度两项原则平均的分组，使各组之间的差异能够因为随机分组而平均化（average out），而小组内的成员背景则如同社会缩影一般，来自各阶层，也代表各阶层。也因此小组讨论的结果将可被视为整个社会沟通过后的可能结果。

“全民健保”公共论坛—审议式民调共举办两场公民论坛活动，分别于2002年11月3日在台北，11月16日在嘉义进行，以便全台各地民众就近参与。当日活动流程可大致分为：

首先，观看健保给付机制影片。参与民众虽然在公民论坛之前已经被告知此次活动讨论的主轴，但是论坛小组为确定民众清楚了解到讨论的焦点所在，因此在论坛的第一个阶段播放事前准备的影片，让参与者再次了解论坛小组所设定的讨论主题。

其次，小组讨论。为了让参与者了解其他人对于健保的想法，特别安排了一个半小时的时间，由经验丰富的主持人带领，让小组成员畅谈个别的观点，沟通彼此的意见，特别是健保给付机制的三种方案。活动当日的小组讨论十分踊跃，几乎所有参与者都有发言，表达其观点，小组主持人也发挥了穿针引线的功能，让不同立场的声音对话，引发参与者对健保给付机制更深层的思考。

再次，专家对谈（一）。活动当天下午，论坛小组安排多位专家与参与民众对谈，一方面通过专家的解说让参与者能清楚了解健保相关制度设计，

---

① 黄东益：《审慎思辨民调“全民健保公民论坛”评估报告》，来源：http：//sociology. ntu. edu. tw/ ~ tsd/NHIDP. pdf，第9页。

教育民众更多知识；另一方面经过对谈使得一般民众与专家有机会相互沟通，彼此了解个别的观点。论坛中安排两场专家对谈，第一场以健保一般相关设计为主题，概略地让民众了解健保的目的与实施情况，在台北场次邀请“卫生署健保小组”副召集人戴桂英女士、阳明大学卫生福利研究所李玉春教授与台大公卫系暨医疗机构管理研究所杨铭钦教授担任来宾，嘉义则邀请“二代健保规划小组”执行长赖美淑、与“卫生署健保小组”副召集人戴桂英两位女士担任。

最后，专家对谈（二）。第二场专家对谈则将讨论焦点放在给付机制上，在三名持不同立场的专家的说明下，呈现出不同方案的利弊得失，供民众作为决策的参考。两场公民论坛在专家对谈（二）的阶段都不约而同地谈到健保医疗资源的浪费问题。这两场公民论坛的专家对谈（二）都邀请台北商业技术学院财税系朱泽民教授、台湾大学社会学系林国明教授、中原大学财经法律学系雷文玫教授三位担任来宾。① 公民论坛活动受邀学者、出席人数分别如表 5.4 –5.5 所示。

表 5.4　公民论坛活动邀请学者

日期/场次	活动内容	受邀学者
2002/11/3 台北	专家对谈（一）	戴桂英（“卫生署健保小组”副召集人） 李玉春（阳明大学卫生福利研究所） 杨铭钦（台大公卫所暨医疗机构管理研究所）
	专家对谈（二）	朱泽民（台北商业技术学院财税系） 林国明（台湾大学社会学系） 雷文玫（中原大学财经法律系）
2002/11/16 嘉义	专家对谈（一）	赖美淑（“二代健保小组”执行长） 戴桂英（“健保小组”副召集人）
	专家对谈（二）	朱泽民（台北商业技术学院财税系） 林国明（台湾大学社会学系） 雷文玫（中原大学财经法律系）

资料来源：黄东益：《审慎思辨民调“全民健保公民论坛”评估报告》，第 11 页。

① 黄东益：《审慎思辨民调“全民健保公民论坛”评估报告》，来源：http：//sociology. ntu. edu. tw/ ~ tsd/NHIDP. pdf，第 10 -- 11 页。

表 5.5　公民论坛人数统计

地点	预估人数	原样本报到	报到率	临时参加者人数	小计
台北	187	149	79.7%	8	157
嘉义	145	121	83.4%	7	128
总计	332	270	81.3%	15	285

资料来源：黄东益：《审慎思辨民调“全民健保公民论坛”评估报告》，第 14 页。

第三，后测阶段或第二次民调及分析差异。此次公民论坛的最后阶段为问卷填写，用以了解参与者在一整天的活动后，对健保的认知是否增加，而态度是否因此而改变（后测）。后测问卷为了比对出参与者在认知语态度上的改变，其问卷题组大致上与前测问卷相同，仍包括“健保常识”、“健保的基本价值与态度”、“公共事务参与”、“政治效能”、“付费意愿”、“容忍度”等六大题，另外再加上参与者对“公民论坛活动的评价”，共 62 题。由于论坛小组的事前准备，九成以上的参与者前、后测问卷均能进行比对，除了临时参与者未填写前测问卷，或少数参与者提前离开未填写后测问卷外，因此可以准确地发现参与者认知与态度上的改变，作为政策制定的重要依据。①

根据前后测问卷的分析结果显示，在参加“全民健保公民论坛”之前，参与者的认知能力指标为 2.8，而在参加之后，提升为 3.5，显见公民论坛对参与者的认知能力有显著的帮助。在议题态度方面，从给付意愿的题项中可以发现，参与论坛后，维持现行健保所保项目的支持者明显地增加，显示参与者对该议题的态度有显著的改变，且趋向维持现状。在政治效能感的部分，公民论坛对于参与者的政治效能感是具有提升的作用。最后在询问参与者未来参与意愿时，有近九成民众表示愿意再来参加（其中包括 26.6% 的民众回答“非常愿意”与 63.1% 的民众回答“愿意”），如表 5.6 所示。②

总而言之，审议式民调是一种调和政治平等与公共审议、落实审议式民主理念的制度设计。以审议式民调来探访民意与传统一般民调的最大区别在

① 黄东益：《审慎思辨民调“全民健保公民论坛”评估报告》，来源：http：//sociology. ntu. edu. tw/ ~ tsd/NHIDP. pdf，第 12 页。

② 黄东益：《公共审议与自我转化》，《台湾思想坦克》2010 年 4 月号，来源：http：//www. taiwanthinktank. org/page/chinese _ attachment _ 5/1426/201004s. pdf，第 59 页。

表 5.6　参与者的转化

面向	自我转化的结果
议题知识	认知能力指标由 2.8 提升至 3.5
议题态度	显著改变、趋中
政治效能感	强化
未来参与意愿	近九成

资料来源：黄东益：《公共审议与自我转化》，第 59 页。

于，"审议式民调可以减轻理性无知的问题，提供参考者一个思辨的场所与充分的信息，以找出审慎思辨后的民意。而由于受访者系以随机方式抽取产生，可以视之为一个社会的缩影（microcosm），其意见足以代表全体民众在审慎思辨后所可能形成之意见，兼顾了平等参与与审慎思辨的价值。以这种方式所获得的民意，可说是较为精致与优质的民意，用来作为公共政策制定的参考依据，应该是较为恰当妥适的，对制定良善政策应有所帮助。"① 依照严格的程序，审议式民调不但有助于民意的探究和改善公共决策的质量，而且通过公开审议的环节，普通公民也会逐渐提升参与公共事务的愿望、养成参与的美德、提高参与的能力和厘清对政策的认识，2002 年"全民健保"公共论坛—审议式民调即为例证。

第二节　公民陪审团

一、什么是公民陪审团

早期的陪审制是在古代审判制度的基础上发展起来的一项诉讼制度，它最早起源于奴隶制的雅典和罗马时代。随着历史的发展，11 世纪时期陪审理念渗入英国。现代陪审制从严格的司法制度上讲，起源于中世纪的英国，并为其他英美法系国家所承袭。陪审制度得到充分的发展是在美国，由于美国和英国历史上的特殊亲缘关系，美国对英国的陪审制学得特别到位，并且

① 余致力：《民意与公共政策：表达方式的厘清与因果关系的探究》，来源：http：//www. tnfsh. tn. edu. tw/course/resource/004. doc。

美国在移植英国陪审制度的同时进行了改造，使陪审制度得到了前所未有的壮大。公民陪审团即源于美国历史上的这种陪审制度，它兴起于20世纪70年代。一般认为，公民陪审团的创始者是美国杰弗逊研究中心（Jefferson Center）的内德·克劳斯贝（Ned Crosby）。他于1974年开创"citizens jury"，并且这个专用名词已经被注册为商标，所有美国境内公民陪审团的举办必须经过杰斐逊研究中心的许可。具体而言，公民陪审团就是由一个委员会创设而成，由委员会选择专家、证人和随机抽选出陪审团成员，促成公民、证人与政治人物之间的对话。公民陪审团的会议和所讨论的议题均对外公布，从而将政府的政策置于更宽广的社会之中。公民陪审团的进行，通常以专家提供相关的信息揭开序幕，接着，自愿参与的公民便针对未来的政策提出几个可能的思路，并且针对这些可能的政策选项进行讨论，最终产生一份以公民报告的形式出现的决议或建议。一般情况下，发起公民陪审团的部门会被要求回应：要么根据公民报告的建议行事，要么给出拒绝这一建议的理由。①

首先，设计公民陪审团的用意是希望提供政府倾听人民的心声的机会。且公民陪审团提供一个很好的平台，让公民可以在过程里学习到如何对公共政策进行思考与讨论，一起凝聚对政策的共识。透过公民陪审团，政府官员也可以学习到大众究竟需要什么，以及为什么大众会提出这些需求。这些信息，不论对于中央或是地方的首长都是非常珍贵的政策制定参考依据。因此，公民陪审团的优点在于参与的公民是来自于消息灵通和具有公众代表性的团体，他们在关键议题中有高质量对话，绝对会增进对最终政策的公共支持。公民陪审团的过程是一种有效率的方式，让参与其中的公民去发展其想法，并在具有完善的信息下去解决公共问题或议题。②

其次，公民陪审团的公民参与层次通常限于地方性的议题。其制度设计的基本逻辑是，针对特定议题随机抽取12－50名公民，以支付报酬的形式共同聚集1－5天，期间陪审团成员全面地了解相关背景资料，理性而深入

---

① 马奔：《创新的乌托邦还是有效的民主治理：对台湾审议民主实践的分析》，《经济社会体制比较》2009年第2期，第128页。

② 《淡水河整治公民陪审团简介》，来源：http：//tncomu. tn. edu. tw/modules/tadbook2/view. php? book _ sn = 25&bdsn = 1600。

地展开讨论协商，在此基础上形成对议题的认识和判断，并提供相关政策建议。换言之，公民陪审团中随机抽选利害相关的一般公民参与，他们针对主要议题举行公开论坛，邀请相关专家进行听证与询答，然后在具有完善的信息之基础上，对主要议题相互辩论并作判断，并将他们讨论后的共识观点，写成正式报告，向社会大众公布，并供决策参考。

最后，保证公民陪审团运作成功必须要注意三个关键环节。其一，陪审团成员的选择必须是随机的，这也是审议式民主与自由主义民主的显著区别之一。自由主义民主主张的是由公民或利益集团选举代表 而审议式民主强调随机抽取更能反映公众的基本意见，包括边缘群体的意见。其二，组织机构或人员需要充分准备议题相关的背景资料，并向所有陪审团成员全面开放。因为陪审团成员是随机抽取的，对相关议题并不见得了解得十分透彻，而对议题的了解是讨论、对话、协商的基础。同时组织机构或人员还应召集相关专家和议题的当事人，让陪审团成员能够随时咨询或询问议题相关事宜，为协商的成功举行奠定必要信息基础。其三，成熟中立的协调者（facilitator），在公共审议的过程中，不仅需要中立的协调者来保证每个成员都有公平的发言机会，也需要成熟的协调者来避免审议中的霸权独白与无责漫谈。①

根据美国和欧洲的经验，公民陪审团具有以下几点功能：

第一，有效的公民参与。公民陪审团是一种结合了不同的想法与信息的建设性公民参与方式，可以帮助政府官员做出一个强而有力的政策决定。

第二，共同立场解决困难的问题。借由学习和审议，公民陪审员能够辨认协议范围和提出挑战性的问题以作为共同解答的基础。

第三，学习公民价值、想法与理念。公民陪审团准许决策制订者直接听取来自公民的意见，并学习他们对特殊议题的价值、想法与理念。

第四，集中媒体与大众注意。公民陪审团的进行与结论能够引起媒体和公众的注意。除传统新闻报道之外，公民陪审团举办之后也可以建立动态网站，保持人民与特定议题的联结。

---

① 王章佩：《实践视野中的协商民主：价值与制度形式》，《陕西行政学院学报》2011 年第 1 期，第 70－71 页。

第五，了解知情的公民想要什么以及为何想要。在公民陪审团的听证期间及在他们公开向决策者与大众报告时，陪审员共享他们结论的建议与理由。

第六，了解公民的需求。在公民陪审团听证期间，陪审员分享他们结论的建议（recommendations）与理由。

第七，尊重与集中公共议论。公民陪审团计划创造一个安全、尊重和聚焦的公共议题讨论环境。所有的参与者和证人将被尊重地对待。

第八，允许公民详细了解一个关键议题。公民陪审团的成员听取丰沛的信息、洞察证人之背景和倡议，可以更深入的了解议题。

第九，透过公民陪审团呈现公民多元想法。公民陪审团对大众而言是一个机会，可通过充分的审议讨论，呈现多元的想法。①

总之，公民陪审团是一种主要在美国与欧洲发展起来的促进公民参与公共事务和政府决策——尤其是在地方政府的层级上——的制度设计。“就决策的意义来看，公民陪审团的参与模式，透过其结构性的议程设计，与深度的对话讨论，尽可能地提供议题相关资讯与不同观点，对于提升政策规划的品质有相当的助益；同时，经由讨论过程中不同观点与利害关系的协调与折冲，更有助于共识的建立与冲突的解决，进一步促进公民对民主机制的信任。”② 因此，公民陪审团为公民参与公共事务提供了制度化的渠道，使不同利益的代表能够在政治平等的基础上共同决定和影响公共决策，从而更好地维护社会的公平和正义。

二、公民陪审团的运作程序

公民陪审团的具体操作方式为将一群随机抽样而得的公民聚集在一起，人数约 12 至 25 人左右，这些公民借由数据阅读数据。此外，公民陪审团邀集不同立场之专家，让公民在不同专家的论证之间，获得各方资讯，得能从更广泛的角度来进行思考。通过事先阅读议题手册，以及听取专家对议题的

---

① 《淡水河整治公民陪审团简介》，来源：http：//tncomu. tn. edu. tw/modules/tadbook2/view. php？ book _ sn = 25&bdsn = 1600。

② 林子伦：《审议民主在社区：台湾地区的经验》，发表于“海峡两岸参与式地方治理”学术研讨会，台湾大学社会科学院“中国大陆研究中心”主办，2008 年 9 月 22 – 23 日，第 7 – 8 页。

介绍和提供对政策议题不同的观点，而成为知情的公民。接着，公民陪审员对具有争议性的政策议题进行审议，进而形成共识做成报告。公民陪审团的运作程序大致分为三个阶段。

第一，筹备阶段。主要包括成立咨询委员会、公民陪审员的招募与遴选等环节。

首先，成立咨询委员会。咨询委员会的筹组需邀请议题领域的学者专家、政府部门代表，以及相关社会团体人士，与计划主持人共同组成咨询委员会来协助公民陪审团时程及议题的规划。此外，咨询委员会的重要功能在于确保会议进行能够公开、平衡、具有建设性的辩论。咨询委员会的委员有两种类型，其一为熟知政策议题，但不是该议题的利害关系人；其二为咨询委员本身即为利害关系人或议题的倡议者。咨询委员会的组成若以熟知议题且非利害关系人为主，咨询委员会委员间的冲突较小，但取得议题利害关系人的支持程度相对较低；若咨询委员会以该议题利害关系人为主，咨询委员彼此间产生冲突的可能性较大，但会议的影响力则相对较大。无论何种形式，咨询委员会的组成必须确保多元观点皆能在委员会中呈现。①

其次，公民陪审员的招募与遴选。公民陪审员的招募系采取随机抽样的方式，希望通过科学性的方式取得一群具有代表性的公民，因此在公民陪审员招募之前，首先需针对政策议题划定影响范围，这些范围即为公民陪审员招募的母体；其次，通过电话调查的方式，随机抽选潜在的陪审员，邮寄资料给考虑的参与者，让其主动报名参加；其三，在遴选公民陪审员前，需先确定人口变项，看母体的哪些人口特征需反映在公民陪审团的组成中，让陪审团成为母体的缩影。一般来说，最常使用的人口变项包含：性别、年龄、教育程度、居住地；最后，利用“分层随机抽样”方式，依母体人口组成比例抽取适当的陪审员数。②

一般情况下，公民陪审团首先是由中央政府机构或者地方政府等主办单位选定进行公共审议的议题，然后委托给独立的机构来执行。该接受委托的独立的机构首先建立一个由熟悉所要讨论的议题的专业人士组成的咨询委员

---

① Jefferson Center, *Citizens' Jury Handbook*, Minnesota: Jefferson Center, 2004, p. 22.

② Jefferson Center, *Citizens' Jury Handbook*, Minnesota: Jefferson Center, 2004, p. 24.

会。咨询委员会则对会议的主要事项的安排，诸如议程安排、会议材料以及不同观点的专家的邀请等进行负责。而参与陪审团公民的选择则是由该接受委托的独立机构根据地理位置、性别、年龄、族群和受教育程度等方面进行随机抽样调查，以便使参与陪审团的成员能够更充分的代表人口特征。在全国范围内，针对相同的议题，可以同时举办很多个公民陪审团，让来自不同行政区域的公民都能够参与到这个过程中。在筹备阶段，在以上工作完成以后，主办的政府机构、接受委托的独立机构和被邀请参与陪审团的公民必须签订相应的协议，协议将要求主办单位给予参与陪审团的公民一定的酬劳，并且规定主办单位必须在一定时间内对公民陪审团的讨论结果作出相关回应。

第二，正式进行陪审团讨论阶段。主要包括选择专家证人、正式会议等环节。

首先，选择专家证人。公民陪审团会邀请两类的专家证人来协助陪审员了解政策议题，其一为介绍议题的专家，该专家负责向陪审员说明政策议题的复杂性及核心问题所在，刺激陪审员思考其之前可能未曾注意到的层面。议题专家的选择需注意中立客观，且善用浅白的字句概述介绍议题相关背景；其二为听证专家，相较于议题专家的中立性，听证专家则具鲜明的政策或议题立场，其在公民陪审团过程扮演为特定政策议题立场辩护的角色，让陪审员知道议题争议之所在及选项优劣为何。专家证人的挑选最重要之处在于多元观点的平衡，让各种不同的见解在审议的过程中能够呈现，避免某一特定立场过度代表。①

其次，正式会议。正式会议分成三个步骤，其一为介绍，除了陪审员相互认识之外，计划主持人需先说明公民陪审团的原理及操作，以及概述会议议程及议事规则。接着由不同的专家介绍议题，并安排陪审员相互讨论；其二为听证，陪审员听完专家的陈述后，开始针对专家证人提出的不同观点进行询问，陪审员在此机会下可更深入地了解政策议题的争议及优劣，另一方面，一般来说专家证人仅站在自己的立场陈述自己的看法及分析，公民陪审团议程的设计除了让专家陈述外，亦安排交叉诘问，使不同的观点相互对

① Jefferson Center, *Citizens' Jury Handbook*, Minnesota: Jefferson Center, 2004, p. 43.

话，各自的论点可进一步厘清；最后为审议，审议的目的在于针对政策议题形成最终结论，经过陪审员的相互讨论，对政策方案及各项优劣分析达成共识。

一般而言，被选中参加陪审团的公民，将针对政府机构选出的议题进行为期 4 至 5 天的讨论。第一天，主办单位针对所讨论的议题列出多项相关的子议题，陪审团的公民在听取不同观点的专家学者的分析和政府官员提供的制定相关政策的依据之后，将对他们所质疑的或存在疑问的有关问题进行询问，在这个过程中各成员对议题有充分的思考。在接下来的两天，接受委托的独立机构将安排陪审团成员与议题相关的公民、政策利害关系人、专家学者与政府机构的官员代表讨论该议题对经济、社会和环境等方面的影响，在相互质疑和辩论的过程中探求问题的本质所在，以便找出更合理的解决问题的方案。在讨论的过程中，陪审团成员对不同的利害关系人进行交叉询问，当他们认为问题难以厘清时，可以再度邀请专家学者或者利害关系人厘清问题，但陪审团成员觉得他们难以信任时，可以决定重新邀请新的专家学者或者利害关系人。

第三，达成共识或形成结论阶段。在最后一天的会议讨论中，陪审团成员在认真深入讨论相关的各项子议题之后，看是否能够就相关问题达成共识，并对相关的问题提出合理的建议，最后以书面报告的形式，由接受委托的独立机构交给主办单位。虽然公民陪审团所提出的建议或者形成的决议并不具有法律意义上约束力，但主办单位必须对陪审团的书面报告作出相关回应。

综上所述，公民陪审团乃是集合一组经过随机抽样的公民（陪审员），针对由主办单位设定的议题进行公共审议。参与者在会议期间接触大量关于此一议题的信息，并广泛听取由各具专长或代表相关利害关系人之中选出的专家证人的意见，而训练有素的主持人则在程序公正的情形下，让陪审团人员诘问证人。在陪审团审议之后，产生出一份以公民报告的方式呈现的决议或建议。一般而言，公民陪审团的发起者（可能是政府部门或是地方性主管机关）会被要求做出响应，说明实行或拒绝这一份报告的原因。[①] “公民

① 林子伦：《审议民主在社区：台湾地区的经验》，余逊达、赵永茂主编：《参与式地方治理研究》，浙江大学出版社，2009 年版，第 173 页。

陪审团过程的设计主要系透过专家听证及交叉诘询的模式，让陪审员与专家证人之间、陪审员彼此之间有更多对话的空间，能充分检视及讨论专家证人提出的不同证据，除了赋予公民们充分的信息，亦让公民们从过程中学习如何对公共议题进行思考及讨论，进而凝聚对政策的共识；透过公民陪审团，政府官员亦可了解民众的需求，以及此些需求背后的用意为何。”① 从过程来看，公民陪审团具有五大特征。其一是陪审团的随机抽样，即陪审团成员的随机抽样是经由科学性民意调查技术所抽出。其二是代表性（representative），即陪审员经由谨慎的做法选取去正确的反映社会群体。其三是知情，即专家证人应提供陪审团相关信息，提出不同的看法与意见，并能解答陪审团成员的相关问题。其四是公平（impartial），亦即专家证人的证言可以谨慎平衡的反映议题的所有面向。其五是审议，意思是说陪审团在会议期间应对议题的不同面向进行充分的思考与讨论。② 简言之，公民陪审团一般用于了解公众对特定问题的基本看法，具体可以是对相关建议的定量性的反馈、用以激发新的观点、为大规模讨论确定议题、寻求对相关政策的理解和支持等。

三、“淡水河整治”公民陪审团的案例分析

2007 年 3 月，林国明和黄东益等学者接受台湾“行政院”的委托，针对淡水河污染等问题，举办“淡水河整治”③ 公民陪审团。此次公民陪审团的举办是台湾地区的首次尝试，于 2007 年 3 月 17、18、24 三天在台湾大学社会学系进行。整个程序主要分为三个阶段：一是议题介绍，即通过相关专家的介绍，使参与的人员了解整个淡水河整治议题的背景、范围与内容；二

① 林国明、林子伦、杨志彬著：《行政民主之实践：社区型议题审议民主公民参与》，台北：“行政院研究发展考核委员会”编印，2008 年版，第 73 页。

② 《淡水河整治公民陪审团简介》，来源：http：//tncomu. tn. edu. tw/modules/tadbook2/view. php？ book _ sn = 25&bdsn = 1600。

③ 淡水河位于台湾岛北部，为全岛第三长河流，流域面积亦为第三大。淡水河流域涵盖台北市、新北市、桃园县、新竹县，主流发源于品田山。主要支流有基隆河、大汉溪、新店溪。狭义的淡水河是指大汉溪与新店溪于板桥江子翠汇流至淡水油车口出海口的河段。日常人们常说的淡水河基本上是指狭义的淡水河。淡水河两岸有著名的淡水老街、渔人码头、蓝色公路、十三博物馆、八仙乐园等众多景点。

是议题听证，即针对不同的议题，听取具有不同立场的专家学者对议题和政策选项的观点；三是议题审议，即公民陪审员的所有成员对淡水河整治的议题进行讨论、沟通与分析，在此基础上形成一份陪审团报告。此次“淡水河整治”公民陪审团在最后还召开了记者会，公布了报告。实际上，就国外举办公民陪审团的经验而言，记者会并不一定必须召开，此次公民陪审团召开记者会的目的主要是想通过记者会的方式引起社会更多的关注。① “淡水河整治”公民陪审团的操作流程如图 5.1 所示。

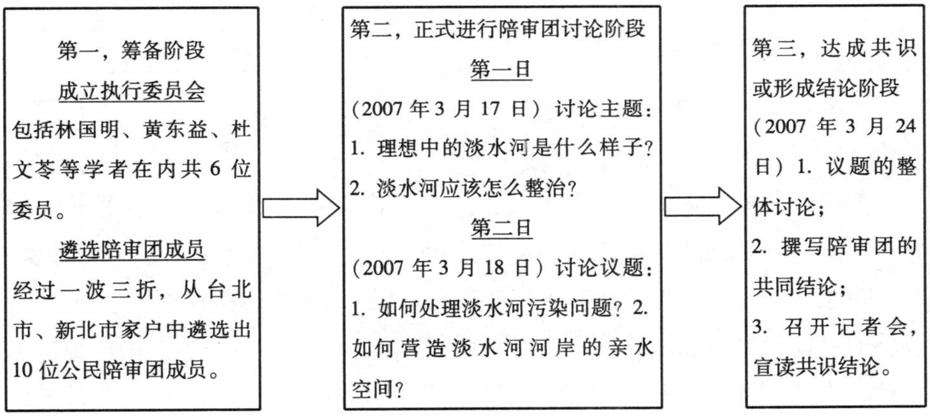

图 5.1　“淡水河整治”公民陪审团的步骤与阶段

资料：作者整理

第一，筹备阶段。主要包括成立执行委员会、公民陪审员的招募与遴选等环节。

首先，成立执行委员会。公民陪审团的执行委员会一般是由对议题具有相关知识的 4－10 个人所组成的，在执行委员会中的成员代表各式各样的观点及意见。执行委员会在公民陪审团中扮演顾问的角色，如讨论议题的设定、议程设计和证人选择，都会加入他们的意见，但执行委员会在整个过程都是正直和公正的。② 此次公民陪审团的 6 位执行委员中，有 4 位是对审议式民主有深入研究者，另 2 位则是在淡水河议题方面各个面向的专家学者及

① 林国明、黄东益、杜文苓著：《行政民主之实践：县市型议题审议民主公民参与》，台北："行政院研究发展考核委员会"编印，2008 年版，第 74 页。

② 《淡水河整治公民陪审团简介》，来源：http：//tncomu. tn. edu. tw/modules/tadbook2/view. php？book _ sn＝25&bdsn＝1600。

社团代表，如表5.7所示。

表5.7 “淡水河整治”公民陪审团执行委员会名单

姓名	单位、职称/职务
林国明	台湾大学社会学系　副教授
黄东益	政治大学公共行政学系　副教授
杜文苓	世新大学行政管理学系　副教授
林子伦	世新大学行政管理学系　助理教授
陈健一	淡水河守护联盟学术组　召集人
徐贵新	东南技术学院环境管理系　副教授

资料来源：林国明、黄东益、杜文苓著：《行政民主之实践：县市型议题审议民主公民参与》，第67－68页。

其次，招募陪审团成员。此次公民陪审团参与成员经历过许多挫折。原先打算采用电话抽选与里长推荐双轨招募：一半的成员是由电脑从台北市、新北市家户中随机拨出电话，由主办单位在电话中说明活动内容后，征求有意愿的公民报名参加；另一半则找出台北市、新北市邻近淡水河的周边村里名单，由“研考会”以正式公文方式寄出活动说明与报名表格，请村里长协助征求热心村里民参与。之后由于执行电话抽选方式时愿意参加陪审团的人数比原先估计的多了许多，所以决定参与者全部皆由电话电话抽到的民众里产生，与国外采用同样的模式招募，而不使用主动报名的里长推荐名单。最后根据不同年龄、区域与教育程度等指标，以电话随机抽选出愿意全程参与的10位公民陪审团成员。①

第二，正式进行陪审团讨论阶段。主要包括选择专家证人、正式会议等环节。

首先，选择证人。证人通常是相关议题的专家，由中立人士、利害关系人、各种不同立场的人组成。与公民会议相仿，证人的功能是要让陪审员成为知情的公民，以便进行深入的审议。“淡水河整治”公民陪审团的会议中，主办单位邀请许多专家来报告政策信息与交互诘问。受邀的专家证人涵

① 林国明、黄东益、杜文苓著：《行政民主之实践：县市型议题审议民主公民参与》，台北：“行政院研究发展考核委员会”编印，2008年版，第69－70页。

盖淡水河与议题相关的各部门与民间组织，成员包括政府代表、学者及民间团体等。专家证人经由淡水河整治公民陪审团的执行委员会谨慎的讨论与挑选，为了能完整呈现两项议题各面向，以便作为公民审议的依据。政府代表包括原台北县李鸿源副县长、“行政院”公共工程委员会李孟谚副处长、台北市工务局罗俊升副局长、原台北县水利局林宏政副局长；学者则包括台大生物环境系统工程学系张尊国教授、东南技术学院环境管理系徐贵新教授、台湾海洋大学海洋资源管理研究所邱文彦教授；民间团体包括淡水河守护联盟陈健一老师、景观学会郭中端老师。①

其次，正式会议。陪审团正式会议分两天进行，第一天是议题介绍。当天上午的主要活动包括公民陪审团的性质与程序介绍和淡水河大远景等背景资料介绍；下午的讨论主题包括：1. 理想中的淡水河是什么样子？2. 淡水河应该怎么整治？最后进行上述内容的小组讨论，目的在于讨论和评估淡水河的管理经验与现行状况。陪审团运作的第二天是议题听证，主要集中于淡水河整治中的两个重要议题：“1. 如何处理淡水河污染问题？2. 如何营造淡水河河岸的亲水空间？”提出具体实际的政策建议。经过专家陈述和交叉诘问之后，再由公民陪审员就讨论内容发问。通过这样的方式凝聚出基本的共识。②

第三，达成共识或形成结论阶段。在议题听证进行完毕之后，即进行最后阶段的审议活动，其目标是针对此次议题达成共识结论。此次陪审团的最后一天，进行的活动包括议题的整体讨论、撰写陪审团的共同结论以及召开记者会，宣读共识结论。

针对陪审团第二天的讨论议题，公民陪审团的结论是：1. 利用小系统的方式处理淡水河污染；2. 采用湿地方式营造淡水河亲水空间。由此可见，经过两天会议热烈的讨论，陪审团成员对于“淡水河整治”的方向已形成初步共识。他们通过知情审议所形成的初步共识，与台面上的政府整治工作与预算之重点有不一样的见解。③ 以下则是此次“淡水河整治”公民陪审团

① 《台湾首次举办淡水河整治公民陪审团》，来源：http：//e-info. org. tw/node/20795。

② 林国明、黄东益、杜文苓著：《行政民主之实践：县市型议题审议民主公民参与》，台北：“行政院研究发展考核委员会”编印，2008 年版，第 72－73 页。

③ 《台湾首次举办淡水河整治公民陪审团》，来源：http：//e-info. org. tw/node/20795。

简要的最终结论：

1. 都市更新或新社区兴建时，需考量污水下水道小系统之设置；

2. 湿地增进废水利用，需有整体国土规划，并增加公民参与机制；

3. 重新思考财务预算分配之优先顺序，加速新北市污水处理系统之兴建速度，必要时可透过公民投票、或大规模的审议民主公共讨论模式等方式。①

一般而言，将公民陪审团作为预计可能办理模式原因在于，当某个问题有一个以上的解决方案，而人们必须在此些不同的方案中进行选择，且必需仲裁冲突的价值及利益时；或议题具有高度技术复杂性，需要投入大量的知识及信息来协助公民们了解议题的时候，是办理公民陪审团的时机。从2007年“淡水河整治”公民陪审团的举办过程来看，它基本上符合上述情形。从成效分析来看，台湾地区首次属于实验性质的公民陪审团之操作，达到了强化公共对话、提升公民教育以及让专业资讯得以更为公开的流通之目的。所以整体而言，公民陪审团成员对此次活动给予了高度的肯定。② 总之，“淡水河整治”公民陪审团在过程中提供大量且丰富的信息，辅以专家听证的制度安排，让参与其中的公民去发展其想法，从而有助于公民们针对相关议题做进一步的思考，促成公民们态度及价值的转变，并在具有完善的资讯下去解决公共问题或议题以获得符合社会共善的结果等。

第三节　愿景工作坊

一、什么是愿景工作坊

愿景工作坊是由丹麦发展出来的一种具有审议式民主精神的公民参与模式。一般来说，工作坊的参与者大约介于25人至30人之间，他们分别扮演不同的社会角色，如政治人物、行政官员、科技专家、发明家与企业家，针

① 《淡水河整治公民陪审团简介》，来源：http：//tncomu. tn. edu. tw/modules/tadbook2/view. php? book _ sn = 25&bdsn = 1600。

② 参阅林国明、黄东益、杜文苓著：《行政民主之实践：县市型议题审议民主公民参与》，台北：“行政院研究发展考核委员会”编印，2008年版，第74－86页。

对共同面对的问题互相讨论、交换意见并经过对话的过程，发展未来的愿景寻求解决问题的方案。

首先，愿景工作坊的产生是因为社会上有各种不同的人与想法，但是这些人却也面临一些共同的问题有待解决。解决问题，需要运用各界的知识与信息，及社会中不同阶层、立场的人们合作一起为公共事务努力才可成功。但对于问题解决方案的选择，因为利益、价值、对事情的态度以及对事情认识与了解程度的不同，人们对于什么才是问题解决的最佳方案往往看法不一，甚至陷入冲突对立的僵局。作为一种非谈判式的讨论与达成协议的方式，愿景工作坊在各方协调和沟通后形成的共同行动的愿景，充分凝聚了各种利益代表者的共识，使得不同的价值观念与利益都能得到平等考量和相同的尊重，通过这种方式来提高决策的正当性和合理性，使决策者制定的方案和政策能够得到更为广泛的理解和支持。

其次，愿景工作坊的基本目标在于针对特定地区未来可能的发展，尝试创造一个对话的空间，让不同的人群能够沟通、合作，发展共同行动的愿景。“愿景工作坊的基本设计是，针对未来数年或是更久将会发生的某一重大问题，邀请约二十五到三十位跟这个议题相关的行动者，透过自己的经验跟对未来的想象去形成一个愿景，并且针对大家所形成的愿景，评估可行的行动方案或计划。”① 愿景工作坊强调搜集参与者对于讨论议题的看法、认知，及对于未来发展的态度与其关切的项目，借由相互批判了解的过程，鼓励提出彼此能够接受的行动计划，群策群力一起来解决问题，并通过不同群体的参与，让各种知识与经验相互交流，提升决策的质量。②

最后，愿景工作坊基本上是区域性的，由地区性决策者、居民、专家与来自私部门的代表所组成的团队，针对地区性愿景如能源、水资源或废弃物管理与回收等议题进行讨论，最终提出针对区域永续发展的行动建议与理念。愿景工作坊一般需要三个阶段：批判、提出看法和行动计划的具体化。批判的目的在于促进新知识与行动计划的产生，在批判所产生新知识的基础

① 邓宗业：《愿景工作坊》，廖锦桂、王兴中主编：《口中之光：审议民主的理论与实践》，台北：台湾智库，2007 年版，第 105 页。

② 《“21 世纪台湾公民” 愿景工作坊—议题手册目录》，来源：http：//mli. ym. edu. tw/competence/Issue%20book. pdf。

上，与会者将形成他们对于议题的一致观点，而行动计划具体化的主要工作在于提出可以实现共识的行动计划。简言之，作为一种特别的会议形式，愿景工作坊的形式与基本规则都是确保让参与者能够畅所欲言，所有的想法都可以被讨论，以及被用于建立行动计划。①

总之，在一个多元化的社会里，虽然人们的价值和利益各异，却也面临一些共同的问题如环境问题、食品安全问题等有待解决。因为每个人在价值理念和利益方面的差异，对于什么是解决问题的最佳方案，对于怎样才能使问题得到更好的解决，可能会产生各种各样的观点，甚至会出现相互对立的看法和解决方案。因此，要使共同面对的问题得到有效的解决，就需要运用各种利益代表者的知识与信息，需要不同利益和价值观念的人们进行充分的合作和协商，才有可能使问题得到成功的解决。愿景工作坊尝试创造一个进行沟通和审议的平台，希望能够促进各种利益代表者或不同价值观念的相关行动者的互动与了解，共同努力相互合作来解决问题；希望通过不同群体的参与和对话，让各种知识、信息和经验相互交流，从而提升决策的质量；希望通过不同群体的相互交流，从而发展出共同行动的愿景。一句话，愿景工作坊的最大特点是让一般公民，和学者专家、政府部门、产业界和相关机构团体代表，能够齐聚一堂进行讨论，让不同的人群能够沟通与合作，发展共同行动的愿景。

二、愿景工作坊的运作程序

愿景工作坊是一种特别的会议形式，有一定的程序和规则。一般来说，愿景工作坊的进行需要两天时间，但较为单纯的议题，亦可在一天完成。在会议进行之前，主办单位事先准备“可阅读资料”，以浅显易懂的语言介绍会议所要讨论的政策议题，让与会民能获取该议题的基本知识；并撰写一套“剧本”（scenarios），想象不同的政策方案可能导致的结果是什么，让参与者在会议中对剧本提出批评与建议。概括起来，愿景工作坊的运作程序可分如下四个阶段。

---

① 《愿景工作坊 Scenario Workshop》，来源：http：//sociology. ntu. edu. tw/ ~ tsd/scenarioworkshop. htm。

第一，愿景工作坊的筹备阶段。主要包括成立执行委员会、拟定讨论主题、撰写议题手册等几个环节。

首先，拟定讨论主题。一方面，愿景工作坊所讨论的是“愿景”，是未来指向的，如“我们需要什么样的医疗质量信息?”、“我们需要什么样的职业训练?”这类的议题，通常非常宽广，如果不加以限定范围，讨论将会过于放散而失焦。为了让讨论能够聚焦，应该拟定讨论的主题。另一方面，主题可能是涵盖工作坊所讨论的议题最重要的面向。例如，医疗质量信息最重要的面向是“内容”、“生产”、“传播”和“评估”这四个面向，我们可以将会议的讨论主题划定为：“我们需要什么内容的医疗质量信息？这些信息内容如何生产？如何传播与使用？如何评估?”

其次，撰写“剧本”。愿景工作坊会准备几套（通常是四套）剧本，描述未来的可能状况，让参与者借由对剧本的批评和讨论，参与者形成自己的愿景不同的剧本，显示未来有各种不同的可能剧本是提供想法的刺激，而不是限制讨论者的思考。总之，在工作坊举办之前，主办单位将向参与者提供与议题相关的资料和描述不同愿景的材料。会议开始阶段，为了让每一个参与者对所要讨论的议题有充分的认识和了解，政府的相关机构或邀请的专家向参与者报告讨论议题的现况和未来的计划。

最后，招募及挑选与会者。愿景工作坊邀请一般民众和政府官员、学者专家、产业界人士以及社会团体代表来参与讨论。参与者通常分为四个类别（组），除了“一般民众”之外，其他类别的邀请对象视议题而定；参与人数，从 24 人到 80 人不等，依预算额度和议题性质而定；一般民众的招募与抽选方法与公民会议相同，均通过公开的管道招募，再从报名者之中，依据影响态度的社会范畴作“分层随机抽样”，以使组成具有多元异质性。其他类别的参与者，则以邀请参加的方式来招募。

第二，角色扮演和愿景建构阶段。角色扮演是一种政策模拟的方式，事先界定好与议题相关的角色，由参与者扮演这些不同的角色，并在设定的条件下进行对话。然后，参与者将根据政府代表、学者专家、利益团体和一般公民进行分组，由各个小组对方案进行充分的讨论、质疑和批判，然后在此基础上提出有关议题的愿景，并在全体会议中报告各组的愿景，由全体成员对各组的愿景进行讨论。讨论的焦点在于：哪些愿景是可行的？哪些愿景是较难施行的？各组愿景的共同点是什么样的？差异又是怎样的？最后则由会议成员对各组愿景的共同要点进行归纳和总结，这些归纳和总结将作为下阶段讨论的基础。

第三，正式会议阶段。主要包括以下三个环节。

首先，提出行动方案。以上阶段的归纳和总结为基础，参与者根据会议讨论的主题分成几个小组，每个小组针对如何实现共同的愿景进行讨论和交流。在每个小组讨论的过程中，在充分地思考之后，每个人将根据自己的认识和理解提出行动方案，并说明这些方案的重要性。随后对各个小组讨论后达成的行动方案进行投票，投票后选出该组的前五个方案，向全体大会进行报告。

其次，选择和评估行动方案。在向全体大会报告后，将举行全体会议。全体会议将对几个主题小组所提出的方案进行排序，然后由各小组向全体会议进行报告，最后由会议对各个方案的可行性进行评估并进行投票表决。参与者对于各组所提出的各个行动方案给予评分，最高分为 5 分（可分散给分，也可集中给分），但每个小组不能投自己所属的那个小组所提出的主张。最后公布得分最高的前 5 个方案，并由提出方案的人说明其主张和依据。

最后，形成共同的行动方案阶段。参与者对得分前 5 名的方案进行讨论如何制定出具体的行动方案作为政策建议。通过充分地讨论，从而使参与者就行动方案达成共识，以形成实现愿景的行动计划。概言之，正式会议的进行大致可分为三个环节：批判、提出看法及行动计划的具体化。第一，在批判阶段中，参与者以其自身的经验、观点与知识，批评“剧本”所描绘的未来景象，表达其对未来发展的意见。其次，以批判阶段产生的观点为基础，与会者讨论形塑未来发展的共同愿景。最后，在行动计划具体化的阶段中，与会者进一步提出如何实现愿景的做法，而在发展行动计划时，与会者必须厘清问题并排列优先顺序，指出“哪些人必须做哪些事”才能克服障碍、解决问题，终能实现愿景。①

---

① 杜文苓：《投资民主：台湾公民审议对政府决策的启示》，“迈向参与式民主的挑战与实践”研讨会（2011 年 5 月 14 日），来源：http：//www. taiwanthinktank. org/page/chinese _ attachment _ 2/2028/0514. pdf，第 108 页。

第四，公布结论。主办单位将愿景工作坊达成的共识和最后形成的计划结论，包括共同的愿景与行动方案，报告给政府相关单位、大众和媒体，为决策机构提供决策参考。

总而言之，作为审议式民主的公民参与模式之一，愿景工作坊招募一般民众，并邀请相关政府官员、学者专家以及民间团体代表等不同背景的人齐聚一堂，经过交互对话、沟通与角色扮演的活动设计，共同发展出未来的愿景，并寻求解决问题的方案。这样的公民参与形式，希望通过不同群体的参与，让各种知识与经验能相互交流，进而提升决策的质量。在进行的方式上，不同于共识会议与公民陪审团等形式，愿景工作坊通常是针对一个重大而影响深远的问题，提供一系列愿景与行动计划。换句话说，在讨论的议题上，愿景工作坊并非针对即时性的议题，或是目前的问题该怎么处理，而是希望针对未来，有可能发生广泛影响的重大议题，透过参与者的讨论与激荡，寻找因应这些议题的长期策略。亦即，愿景工作坊在议题选取上比较倾向未来性，且该议题所带来的影响将产生明确的利害关系。① 基于这样的出发点，愿景工作坊具有一套不同于其他公民参与模式的程序。在工作坊开始之前，主办单位会编写数套剧本，交由参与者先行研读，这些剧本着重于当地社群在这个议题所牵涉到在技术问题上的未来发展，也就是在未来某个时间点，这些技术问题将如何获得解决的方法，但这些剧本的作用仅是启发参与者的思考与理性讨论，进而发展出新的共同愿景与行动计划。意即剧本内容不等同于对于未来的预测，参与者再讨论、评估这些剧本的可能性的同时，也可以发展出不同的、属于自己的剧本（愿景）。②

三、新北市“中港河廊通学步道”愿景工作坊的案例分析

台湾地区曾于2004年5月由“行政院二代健保规划小组公民参与”引进愿景工作坊的公民参与模式，讨论“医疗质量信息公开”的议题；2005年10月，台大社会学系接受“行政院劳委会”职业训练局委托，举办过

---

① 邓宗业：《愿景工作坊》，廖锦桂、王兴中主编：《口中之光：审议民主的理论与实践》，台北：台湾智库，2007年版，第105－106页。

② Ida－Elisabeth Andersen and Birgit Jaeger, “Scenario Workshop and Consensus Conference: Towards More Democratic Decision－Making,” *Science and Public Policy*, Vol. 26, No. 5, 1999, p. 332.

“国家职训”愿景工作坊；2006 年 12 月，台大社会学系、政大公共行政系和世新大学行政管理系的研究团队执行“行政院研考会”的计划，举办过“淡水河整治”愿景工作坊；2008 年 6 月，台湾环境行动网接受新北市水利局委托，举办过“中港大排规划与使用”愿景工作坊①。这些活动的成果，累积了许多有关愿景工作坊的实务操作经验。2008 年 10 月 4 –5 日，新北市政府委托台湾环境行动网举办“中港河廊通学步道”愿景工作坊，于思贤“国小”进行两整天的公民审议会议。此次愿景工作坊的举办，延续了新北市政府中港大排河廊改造整体的公民参与计划②，以通学步道与学校围墙绿化的议题作为会议主题，正好配合市政府当时推动的“绿色通学生活圈”营造计划。

长期以来，中港大排因为长期汇集新庄地区的生活污水和事业废水，致使水质受到严重污染，发出恶臭，对当地居民生活造成极大影响。新北市政府为了解决此问题，乃在 2006 年提出中港大排河廊改造暨二重疏洪道计划，希望透过一系列改造工程的进行，彻底整治与改造中港大排。同时，为了配合中港大排的改造，市府各局处也提出相应的配套发展计划，希望从中港大排的改造作为起点，借由一连串的发展计划带动新庄地区的改变，让新庄改头换面，朝向低碳城市发展，而“绿色通学生活圈”的营造即是其中一发展改造面向。可以想象，当过去臭气冲天的中港大排变成美丽的亲水河廊时，对中港河廊周围的社区居民及学校师生来说，中港河廊除了成为生活核心之外，也可和学校环境教育课程相结合，让学生们在安全舒适的通学环境中学习和成长。因此，在多方考量下，中港河廊与学校步道的连接是非常重

---

① 中港河位于台湾岛北部，为淡水河的支流，流域分布于台北市北投区关渡平原西半部。其源流为旧贵子坑溪，发源于关渡平原台北捷运忠义车站附近，向西南流至关渡东边约 700 米处与另一支流旧水磨坑溪会合后，始称为中港河。随后继续西流至关渡宫附近注入淡水河。

② 新北市政府在 2006 年提出“中港大排河廊改造计划”，推动“中港大排河廊改造系列工程”，希望通过一系列改造工程的进行，彻底整治与改造中港大排。此次“中港大排规划与使用愿景工作坊”于 2008 年 6 月 28 日及 6 月 29 日，在新庄市昌隆“国小”进行，目标是希望通过市政府当局与专家、地方民间团体、当地意见领袖和新庄市民此些参与者的讨论，期待对新北市政府在中港大排未来发展上，能提供可行、有效的政策建议，进而打造一条民众心中最理想的大排，让民众来共同描绘中港大排未来的图像。参阅张国伟：《社会资本在审议式民主活动中的展现：以新庄“中港大排规划与使用”愿景工作坊为例》，来源：http：//pam. nsysu. edu. tw/data/taspaa/f/F3 –2. pdf。

要的，其代表的不仅是小学的通学道路，也是社区的生活道路，而其建置更是让在地社区改头换面的新契机。而为了让中港河廊通学步道的设置更符合在地居民的需求，承办单位以举办“愿景工作坊”这种由下而上、民间参与的对话方式，借由审议的过程，了解新庄当地不同社群与相关利害团体对设置中港河廊通学步道的愿景和想象，并经过参与者之间的讨论与激荡，共同形塑愿景，研拟可行的行动方案，以供新北市政府政策制定之参考。简言之，2008 年“中港河廊通学步道”愿景工作坊聚焦于社区层级的讨论，目标是希望通过由社区民间团体、校方人员、附近商家和新庄市民等组成的工作坊成员之间的讨论，期待对公部门在新庄中港大排周边小学的通学路网上，能提供可行、有效之政策建议，进而提供新庄当地小学生们一条安全又快乐的通学之路。① 此次愿景工作坊的主要过程如下。

第一，愿景工作坊的筹备阶段。主要包括召开筹备会议、撰写议题手册以及招募成员等环节。

首先，召开筹备会议。此次愿景工作坊的执行委员会于 2008 年 8 月 8 日、9 月 10 日和 9 月 25 日召开三次筹备会议。经过执委们集思广益的讨论，以及市府各局处的确认支持，确立了最靠近大排人口密集区的思贤与昌隆两所学校学区，为此次愿景工作坊招募与讨论范畴。尔后根据第一次执委会结论，区分利害相关社群，包括学校社群（主要为老师与导护义工）、社区代表（主要为社区管委会或社区发展协会主委）、地方政治领袖以及店家代表。主办单位针对这些代表挑选访谈对象，了解学童上下学在各路线或路口的现况，找出社区行人空间既有的问题点，以及设置通学步道可能遇到的障碍。深度访谈的结果成为后续进行民意调查问卷设计的参考题项，并作为愿景工作坊议题手册写作与影片录制之参考。主办单位在 2008 年 8 – 9 月期间，也多次实地访查房两学区的周边路况，并配合幼童上下学时间，观察两校学童上下学的情形，以决定工作坊当天讨论的路线。②

其次，工作坊成员的招募。为了将招募公民参与的讯息广发给学区内的

---

① 《“中港河廊通学步道”愿景工作坊简介》，来源：http：//zhncku. med. ncku. edu. tw/web/uploads/digilive/130 _ 1. pdf。

② 杜文苓、张国伟等：《审议民主在空间议题上的新实验：以“中港河廊通学步道愿景工作坊”为例》，（台湾）《公共行政学报》第 32 期（2009 年 9 月），第 78 页。

一般民众，主办单位曾数次在上下学时段至校门口发放活动宣传单及报名表，并印制5000份的活动宣传DM①，全数发给两校的学童家长。此外，针对两学区主要路线的店家，设计不同版本的宣传DM，逐间拜访宣传愿景工作坊活动，期待店家与社区民众一同讨论与他们权利攸关的通学步道设置议题。主办单位甚至组成活动宣传小组，至思贤“国小”旁的宏泰传统市场，沿路扫街向摊贩商家及消费者发放工作坊举办讯息。限于两个学区的小范围招募与邀请行动，最后共有26位代表与会参加此次愿景工作坊。②

第二，正式会议阶段。

（一）正式会议分两天进行。第一天先由承办单位简单介绍主要的工作项目，再介绍中港河廊通学步道的现况与未来。接下来的分组会议由世新大学硕士班的学生担任主持，辅助会议的讨论和进行，并征询每位与会成员的意见，从自家的外围学区讨论到整体社区规划，再延伸到新庄市政规划的建设，一起构筑美丽又安全的多元化市区。第二天，承办单位请专家、教授等，带领工作坊成员实地访查学区外围与社区路况，进而核对前一天讨论后的建议方案，是否有遗漏或需要修正的地方？再回到会议现场针对个别区域分组（昌隆与思贤）讨论，进行交叉对比与订定具体可行方案，以文字陈述加上区域性地图标示，建议市政府与相关单位作为参考。③

（二）正式会议阶段结合了参与式规划专业的议程设计。在过去愿景工作坊的执行经验基础上，主办单位发觉与会者常无法区分愿景与行动方案的讨论层次，愿景似乎很具体，但行动方案则空泛抽象。而此次讨论的主题，牵涉到相当具体的空间规划设计之意见回馈，为使与会者能有更丰富的想象与对话空间，执行团队在会议流程设计上，尝试加入空间专业的工具元素，

① DM是英文direct mail advertising的省略表述，直译为“直接邮寄广告”，即通过邮寄、赠送等形式，将宣传品送到消费者手中、家里或公司所在地。亦有将其表述为direct magazine advertising（直投杂志广告）。两者没有本质上的区别，都强调直接投递（邮寄）。因此，DM是区别于传统的广告刊载媒体：报纸、电视、广播、互联网等的新型广告发布载体。传统广告刊载媒体贩卖的是内容，然后再把发行量二次贩卖给广告主，而DM则是贩卖直达目标消费者广告通道。

② 杜文苓、张国伟等：《审议民主在空间议题上的新实验：以“中港河廊通学步道愿景工作坊”为例》，（台湾）《公共行政学报》第32期（2009年9月），第79页。

③ 《“中港河廊通学步道”愿景工作坊：参与会议心得》，来源：http：//alita74255. pixnet. net/blog/post/26268599。

期待能发展出具体的规划方案。在两天的正式会议中，执行团队除了准备以往必备的议题手册与剧本外，更加入一些以往愿景工作坊所没有的元素设计。“本次愿景工作坊，在讨论议程的设计与安排上，参考参与式规划的经验与工具，置入比以往公民审议会议更多的元素安排。这样的公民参与模式设计，为2000年以降，台湾地区推动在审议式民主的经验上，能进一步发展出专业领域跨界合作的可能。”①

首先，研究团队聘请具有摄影专长的研究人员，事先至两校的上下学时段，拍摄学童上下学的实况，了解学童行走的路径，以及行走过程中的阻碍。此段影片在工作坊第一天上午播放给与会者观赏，带领参与者进入工作坊的主题讨论。

其次，工作坊在第二天上午，邀请规划建筑背景的专业者陪同与会者进行实地访查，使参与民众了解校园围墙及人行道四周的现况，以及提出可能改善的建议。同时，这几位空间专业者均加入第二天各组的讨论，提供专业的咨询与建议。在工作坊的讨论对话过程中，主办单位将两校学区的地图放大输出，让民众在讨论通学步道议题相关的人事物时，能实时参考地图得知相对位置，并提供绘图工具，协助他们画出想象的重要元素，促进与会者的对话沟通。此项活动的最后阶段，市府各局处官员到场聆听与会者的共识成果，并且针对参与者所提出的问题加以响应，提供了民众与县府官员对话的机会。

上述议程设计，与往常举办愿景工作坊最大的区别，在于空间规划工具的运用以及专业的咨询。但在时间无法拉长的限制下（牵涉到合约计划问题），更多元素的置入，也使整个愿景工作坊传统议程需要大幅调整。如前所述，与会者在愿景与行动方案的讨论层次上，无法清楚区分。为减少与会者在讨论过程中重复性的感受问题，执行团队在第二天的议程中，将原本的角色分组与好点子初选设计，改成按学区与议题分组，针对特定地点与议题票选好点子；下午的讨论由原本的好点子决选与亮相，改成好点子图像化，并且由同一学区进行点子整并与亮相，以及各局处行政单位的响应。②

① 杜文苓、张国伟等：《审议民主在空间议题上的新实验：以“中港河廊通学步道愿景工作坊”为例》，（台湾）《公共行政学报》第32期（2009年9月），第70页。

② 杜文苓、张国伟等：《审议民主在空间议题上的新实验：以“中港河廊通学步道愿景工作坊”为例》，（台湾）《公共行政学报》第32期（2009年9月），第80页。

第三，公布结论。两天的讨论结束之后，参与者提出“通学步道及绿围篱未来改造”项目的愿景：一是应加强社区环境安全性，包括学童上下学的交通安全，以及校园安全的部分；二是提升社区的生活质量，包括社区的绿美化，居民休憩活动空间的增加，且环境的营造朝向更舒适有氧的发展方向；三是创造经济附加价值，让周边地区房价提升与店家收益的增加。强调环境质量与经济发展应该可以找到共生共荣的平衡点。①

总之，愿景工作坊是一种特别的会议形式，其模式是让一般民众、政府官员、学者专家、产业界人士以及社会团体代表等，根据他们的经验，针对共同面对的问题互相讨论、交换意见并通过对话的过程，发展未来的愿景寻求解决问题的方案。台湾地区过去的操作经验显示，协助民众知情讨论的重要工具，为提供议题手册与专家专题授课，这些信息成为公民论述沟通的重要基础，但地方的空间改造与在地居民实质利害相关，抽象的谈论规划原则与相关方案，可能无法在具体想象的层次上沟通。“而此次愿景工作坊所加入的通学步道影带放映、实地勘查以及专业规划者的咨询等，某个程度上尝试将讨论主题更为具像的呈现，并扩大了促进公民知情讨论的工具想像。”更令人感到惊喜的是，审议式民主的运作模式，也为参与式规划过去的操作困境提供突破的机会。审议式民主强调严谨程序与知情讨论，在理性沟通氛围中强化追求公共利益的共识，某种程度上降低了充斥利益纠葛的社区政治影响。而通过公民审议对话与规划专业者的互动，居民对于社区空间改造有更多不同的想象。举校园绿围篱的讨论为例，多数参与者原本担忧围墙拆除后所衍生出的校园安全问题，经过公共审议过程，参与者转而支持以绿色植栽为主轴设计的圈篱，认为其可兼顾安全与生态景观等功能。“这样的审议结果，与执行团队通过电访民调所得到的结果，有着高度的差异，民调结果显示，新庄民众对现阶段水泥围墙存废的态度，有高达80%的受访者偏好水泥围墙的留存，认为围墙还是水泥做的较安全坚固。”②

---

① 杜文苓、张国伟等：《审议民主在空间议题上的新实验：以“中港河廊通学步道愿景工作坊”为例》，（台湾）《公共行政学报》第32期（2009年9月），第81页。

② 杜文苓、张国伟等：《审议民主在空间议题上的新实验：以“中港河廊通学步道愿景工作坊”为例》，（台湾）《公共行政学报》第32期（2009年9月），第82、92页。

第四节　小　　结

审议式民主从理论上为公民参与公共决策提供了支持，但是如果没有具体的制度设计，不能在实践中落实审议式民主的理念，那么公民的参与也仅仅是一种理想而已。值得欣慰的是，经过20多年的发展，审议式民主的倡导者创新出许多公民参与公共决策的具体方式，如公民陪审团、愿景工作坊、公民会议或称为共识会议、审议式民调等方式。这些审议式民主的设计不同于传统的公共参与形式，因为它们将政策讨论扩展到超越有组织利益而容纳"普通"或"典型"公民参与的范围。① 不论是公民会议，还是审议式民调、公民陪审团等，这些"审议式的公民参与"形式，具有一些共同的特征。它们让一般民众能够参与讨论具有争议的公共议题；参与的过程，尽可能包含不同背景的公民，让各种多元的声音和主张都能够呈现；讨论的过程也尽可能地提供充分的资讯，让参与者能够明智地判断各种论点，并且让彼此能够进行对话，通过说理的过程，进行相互了解的沟通，形成解决方案的集体意见。② 尽管如此，各种实践形式之间仍然存在诸多区分，如表5.8、表5.9、表5.10所示。

表5.8　议题特性与公民参与模式的关系

议题特性 / 参与模式	议题发展阶段	议题范围	技术复杂性	基本价值冲突
公民会议	初期	宽广	高	高
审议式民调	后期	特定	低	低
公民陪审团	初期或中期	特定	中到高	高
愿景工作坊	长远规划	宽广	中到低	中到低

承上所述，审议式民主四种主要的实践形式"各有千秋"。首先，公民会议适合讨论政策发展初期，范围较为宽广，具有高度技术复杂性和基本价值议题。但公民会议也存在许多不足，具体可见第二、三章的内容。其次，

① 陈家刚选编：《协商民主》，上海三联书店，2004年版，第134页。

② 林国明：《公共领域、公民社会与审议民主》，（台湾）《思想》2009年第11期，第183页。

表 5.9　四种公民参与模式之差异（一）

差异面向＼公民参与模式		公民会议	审议式民调	公民陪审团	愿景工作坊
参与者特质	参与主体	一般民众	一般民众	一般民众	一般民众、政府官员、学者专家、团体代表
	主动参与	可主动报名	被动受邀	被动受邀	一般民众可主动报名，其余被动受邀
	人口代表性	较低	最高	稍高	较低，但社会团体代表性高
	参与规模	10－20	150－1000	12－20	20－60

表 5.10　四种公民参与模式之差异（二）

差异面向＼公民参与模式		公民会议	审议式民调	公民陪审团	愿景工作坊
取得资讯	参与时间长度	最长	短	中度	短
	提供阅读资料	丰富	较少	较少	较少
	专家介绍议题	最周延	较短	周延	较短
	与政府、团体代表及专家对话并质疑论点	高	较低	高	最高
程序规则	主动设定议程	最高	最低	中低	高
	议程弹性	最低	中度	中度	最高
意见产出	结论形式	书面结论	意见分布	书面结论	书面结论
	形成共识	是	否	是	较弱
组织成本	进行天数	5－8（标准 7）	1－3（标准 3）	3－9（标准 5）	1－3（标准 2）
	预估经费	150 万－200 万	150 万－1000 万	150 万－200 万	100 万－150 万

资料来源：林国明著：《行政民主之实践：全国型议题审议民主公民参与操作手册》，第 41－43 页。

审议式民调适用于政策发展晚期，已经形成明确方案和特定政策选项，技术复杂程度和基本价值冲突层次不高的议题。当然，审议式民调在操作上尚有几项问题有待克服。首先是参与者的招募，参与者的流失会影响样本的代表性，要解决这个问题，基本上必须让民众逐渐对审议民主的机制产生信心。其次是时效的问题，即于政策规划过程运用的时机点，以及如何将讨论结果与政策决定间联结。另外则是成本的问题，要降低经费和时间成本，未来可评估引进资讯科技工具的可行性。① 台湾地区审议式民调的实践表明，“虽然这项制度对长期以政治立场解读政策是非的台湾不失为另一种传递公民意见的方式，但它仍避免不了由‘少数被挑选的公民’审议具争议的政策是否与当地人利益选择相违的疑虑，也突显‘理性沟通’的背后所带有的道德冲突。”② 尽管如此，审议式民调有利于更好地了解民意、探知民情和提高政府机构对公共事务决策的质量和品质。第三，公民陪审团适合用来讨论议题形成中期，已有特定政策方案，但同时牵涉到技术复杂性和价值冲突的议题。公民陪审团被视为一小部分普通的公民，他们没有经过参与公共事务的特殊的训练，但是他们也是非常愿意并且具有很大的热情积极参与公共事务和公共决策，并且能够超越狭隘的个人利益而从公众利益出发去作出重要的决定，从而最终影响公共决策。另外，公民陪审团制度也可以防止政府活动的刻板化和官僚化，公民参与公共事务和政府决策，可以为政府活动增加活力，防止政府决策活动流于一种机械化作业，使政府活动更能反映民众的要求，符合民众的意愿。③ 最后，愿景工作坊适用于长期规划的议题。这类型的议题通常范围较广，但技术复杂程度和基本价值冲突层次不宜太高。愿景工作坊通常是针对一个大家共同关切的问题出发，通过公共讨论与脑力激荡，试图寻求解决的方法。“愿景工作坊针对公共议题提供一系列未来愿景与行动计划，多作为长期或后续发展蓝图的延伸之用。其次，其提供了一个让不同行动者对话、聆听、建立共同愿景、设计行动方案的可能性。再者，由于所处理的议题不是眼前迫切的问题，相当程度可以缓和不同立场之间的紧张关系，凡此均为愿景工作坊不同于其他审议模式的特点。”④ 总而言之，在审议式民主的实践过程之中，应当根据政策的发展程度、议题的性质与复杂程度等来选择适宜的形式，以获得较为理想的效果。

---

① 黄东益：《地方公共审议说理过程初探：2005 年宜兰社大公民会议个案研究》，（台湾）《公共行政学报》第 24 期（2007 年 9 月），第 97－98 页。

② 靳菱菱：《反核或拥核？审议式民主在原住民部落实践的思考》，来源：http：//cpis. bp. ntu. edu. tw/DevelopmentStudies/Data/ACDS _ 2nd _ B42. pdf。

③ 参阅石磊：《协商民主的制度设计与实践模式研究》，厦门大学硕士学位论文，2009 年版，第 26－27 页。

④ 邓宗业：《愿景工作坊》，廖锦桂、王兴中主编：《口中之光：审议民主的理论与实践》，台北：台湾智库，2007 年版，第 109 页。

结　语

审议式民主的核心观念在于提倡理性的讨论及相互尊重，即使最后讨论的结果，可能并未能达到某种共识，但通过资讯的充分揭露（well - informed）与不同意见的交流（public discussion），从而赋予了最后决策产出的正当性，因此翻转（overturn）了过去以“结果、投票”为中心的民主理解，重构了以“程序、讨论”为中心的新民主思潮。总的来看，审议式民主的倡议者将政治意见和意志形成的过程视为重心，认为一个民主政体，应该促进并推动所谓的“具包容性的政治对话”，并让公民成为政治对话的一部分，亦即透过公共沟通与理性论辩使参与者分享各自观点、搜集资讯、交换理由，而且这一政治对话是让政治权威具有更大的合法性基础。① 简言之，审议式民主建构了一种新的民主治理形态，强化公民在政策过程中所扮演的角色，使其参与更具意义。台湾地区近十年的审议式民主实践经验显示，只要提供适当的参与管道，对公民进行知能的赋权（empowerment），公民是有能力对于政策议题进行理性的讨论，在政策知能提升及公共参与意愿等面向皆有显著的增长。尽管如此，审议式民主在台湾地区的实践过程之中仍然存在一些问题和不足尚待改进和完善。

一、台湾地区审议式民主的实践历程

台湾地区审议式民主的实践，源自于“二代健保公民参与”计划。自2002年“行政院卫生署”与“二代健保规划小组”举办首场公民会议之后，审议式民主在台湾地区的实践逐渐成为“热潮”，除了公民会议之外，采取的形式包括了审议式民调、公民陪审团、愿景工作坊、法人论坛以及学

① 林国明、林子伦、杨志彬著：《行政民主之实践：社区型议题审议民主公民参与》，台北：“行政院研究发展考核委员会”编印，2008年版，第8页。

习圈等。从2002年至今，台湾地区举办过的各类审议式民主讨论活动已超过70场，其中公民会议约占半数，是台湾地区审议式民主实践的最主要形式（详见附录）。概括起来，台湾地区审议式民主的实践历程大致可分为试验期、推广期以及成长期三个阶段，具体分述如下。

第一，试验期（2002－2004）

审议式公民参与在台湾地区的发展始于“全民健保永续经营研议会议”，会中决定以“二代健保”为名，实施“二代健保”的公民参与实验计划。2001年，“行政院”成立“二代健保规划小组”，邀请学者专家针对全民健保长期性的结构改革进行研究与规划。在规划过程中，如何扩大社会参与，让民众有更多的机会和更大的能力可以参与全民健保的政策，成为规划者所关注的一个议题。于是，“行政院二代健保规划小组”从2002年1月起，成立“公民参与组”，由台大社会学系教授陈东升负责召集，领导一个由政治、社会、法律、社会福利和医疗领域的学者所组成的研究团队，着手研究如何提升民众参与全民健保政策的管道与能力。公民会议的理念和操作方式，经过多方沟通后，获得“行政院二代健保规划小组”的认可，由“卫生署”编列预算支持。在2002年6月至8月间，以“全民健保的给付范围”为议题，召开台湾地区首次的公民会议。这次公民会议虽为台湾首度召开，实乃试验性质，有两点与一般的操作程序不符。一是公民小组成员的招募对象。由于这是台湾地区首度举办公民会议，研究团队对一般公民是否能够进行知情、理性的讨论，并没有充分的信心，因而决定以台北、新北两市社区大学的学员，而非全台民众，为公民小组的招募对象，“希望藉由求知意愿较强的社区大学学员的参与，来提升操作能力。”① 二是为了降低会议的复杂性，这次会议并没有开放给媒体采访。但“二代健保规划小组”的学者与“卫生署健保小组”人员在场旁听、观察，此举亦符合公共审议时专业人员必须到场参与的规定。

研究者认为台湾地区首度公民会议的试验是成功的，“在公民会议中，公民们展现了了解复杂的政策议题的兴趣和能力，而且能够在寻求共善和共

① 林国明、陈东升：《公民会议与审议民主：全民健保的公民参与经验》，《台湾社会学》第六期（2003年12月），第79页。

识的取向下，理性地讨论政策议题；我们也发现，参与公共讨论的过程，能够提升公民的知识与积极性的公民德行。审议民主的一些主张，在经验上确实有实践的可能。"① 公民会议这种崭新的公民参与模式的相关讯息，包括它的理念、操作模式和效果，经由这次试验，开始在行政部门、社会团体和学术圈流传开来。之后"行政院二代健保规划小组"针对相关议题举办了"全民健保公共论坛"审议式民调（2002 年 11 月）、"全民健保新制规划"法人论坛（2003 年 8 月）、"全民健保保费制度变革"公民论坛（2003 年 11 月）、"医疗质量资讯公开"愿景工作坊（2004 年 5 月）等活动。推动这些活动的重要动机，是有鉴于一般民意调查多半只能询问到"同意/不同意"过度简化的偏好，希望通过公共论坛让公民表达较深刻的理由、增加言说的理性的民主参与方式。这一阶段以"二代健保"相关议题为主轴的各类公民审议活动基本上属于试验性质，它们为后来的审议式公民参与活动积累了一定的经验和教训。

第二，推广期（2004－2005）

由陈东升、林国明等人率先推动的公共论坛实践，自 2004 年 6 月起在台湾各地上至"中央政府"，下至民间社区推展开来。最早的实践是由台大社会学系与民主基金会合作，举办"北投温泉博物馆"经营问题的公共论坛以及与"国民健康局"合作举办"代理孕母"公民会议。经由上述试验性审议式讨论模式的经验累积，以台大社会学系为主的学术团队于 2004 年尝试与社区大学促进会合作，开始实验公民会议。2004 年 6 月北投社区大学在台大等学术团队的协助下，以当地具重要文化意义的"温泉博物馆"为议题，举办台湾地区第一次地方性的公民会议即"北投温泉博物馆何去何从"社造协议公民会议。之后，又接续举办"北投老街的明天"公民会议，此次公民会议除了进行面对面的对话之外，还首度尝试将公民会议移至网络上进行。此外，以"税制改革"为议题的公民会议也分别在基隆、北投、芦荻、屏东等四所社区大学举行。②

---

① 林国明、陈东升：《公民会议与审议民主：全民健保的公民参与经验》，《台湾社会学》第六期（2003 年 12 月），第 109 页。

② 林子伦：《审议民主在社区：台湾地区的经验》，余逊达、赵永茂主编：《参与式地方治理研究》，浙江大学出版社，2009 年版，第 177 页。

除了社区公共审议活动的逐渐展开之外，2004 年也是公部门正式跨入审议场域的关键年。2002 年的“二代健保”公民会议是个实验计划，主要目的不在影响政策。2004 年举办的“代理孕母公民共识会议”是首场具有政策影响意涵的公民会议。代理孕母这个议题，因牵涉到道德伦理问题，在台湾讨论已行之有年，但大家一直未能有共识。妇女团体经由学术网络，得知公民会议这种审议式民主公民参与模式，于是建议“卫生署”召开公民会议来讨论代理孕母议题。在相关部门的支持下，第一次具有公共政策影响意图的公民会议于2004 年8 月至9 月举行。“代理孕母”公民会议的成功引起了媒体和社会高度的关注及报导，媒体给予了高度的评价，社会大众也认为公民会议为审议式民主立下典范。另一个对审议式公民参与的理念产生扩散作用的政府行动，是与“代理孕母”公民会议差不多同时召开的第一届“青年国事会议”。“行政院青年辅导委员会”于 2004 年引进审议式民主的理念，结合美国“国家议题论坛”（national issue forum）与“学习圈”等模式，发展出“公民对话圈”的审议方式，通过招募 18 至 30 岁的青年公民参与召开“青年国是会议”，借以唤起青年关心讨论“国是”，提出政策建言，并自 2004 年起每年举办“青年国是会议”以推动审议式民主的政策讨论。①

继“代理孕母”公民会议之后，为解决因兴建“跨港观光缆车”而引起的争议，2004 年 11 月高雄市举行“高雄跨港观光缆车”公民会议，成为台湾地区首次由地方县市政府举办的公民会议。值得一提的是，鉴于台湾地区因“省籍—族群”议题而引发的社会分裂、对立问题，2004 年 10 月台湾促进和平基金会、时报文教基金会、公共电视台结合相关学者与团体开展“族群和解与对话”活动，试图以“开放空间”的会议模式，强调通过情感性言说的方式，以相互了解、沟通与理解的方式去推动“族群和解”之路。

2005 年，审议式民主公民参与的实践模式不但更为多样化，议题与区域也更为扩大，包括“产前筛选”公民会议（2005 年 5 月）、“竹科宜兰基地”公民会议（2005 年 6 月）、“台北市应否订定汽机车总量管制”公民会

① 林子伦：《审议民主在社区：台湾地区的经验》，余逊达、赵永茂主编：《参与式地方治理研究》，浙江大学出版社，2009 年版，第 177 页。

议（2005 年 10 月）、台南县长选举“审议式辩论会”（2005 年 11 月）等。一时之间，从“中央”到地方，审议式民主公民参与的实践在台湾地区蔚为风潮。整体而言，这一阶段台湾地区审议式民主的实践显现几个特点：一是以公民会议为主要的实践形式；二是层次越来越广泛，既有全台性公民会议，也有县市、社区性公民会议等；三是议题越来越丰富，包括“二代健保”、“税制改革”、“代理孕母”、“新竹科学园区宜兰基地”、“台北市汽机车总量管制”、“北投温泉博物馆何去何从”等议题。

第三，成长期（2006 - 至今）

2006 年起，台湾地区审议式民主的实践中不仅公民会议的次数逐步成长，而且公共审议的实践形式也更加多样化。有感于公民会议的操作经验仍未完全成熟，也希望借由操作经验的累积与深入检讨，寻求社区公民审议参与的最适当形式与规模，在台湾民主基金会及社区大学促进会的支持下，学术研究团队通过甄选的方式选出淡水、曾文、苗栗、基隆与内湖五所社区大学，针对地方性议题举办五场社区型公民会议，讨论主题包括“观光与在地生活共享的淡水小镇”（2006 年 10 月）、“台南县休耕政策”（2006 年 11 月）、“苗栗县造桥火车站宿舍周边环境规划”（2006 年 11 月）、“八斗子生活圈如何与‘国立’海洋科技博物馆共存共荣”（2006 年 11 月）以及“内湖庄役场外围开发”（2006 年 12 月）等，触及多元化的社区议题。由于讨论议题贴近地方需求，这五场直接以社区为施行平台的公民会议，扩大了社会基础的民主参与。① 除了公民会议之外，从 2006 年底开始各种不同的实践形式也逐步得以展开，包含县市层级的“淡水河整治”愿景工作坊（2006 年 11 月）与公民陪审团（2007 年 3 月）、“澎湖观光博弈”县民论坛（2007 年 7 月），社区层级的“淡水需要什么艺术文化”开放空间（2007 年 4 月）、“淡水需要怎样的交通环境”学习圈（2007 年 5 月）、“奇岩新社区开发计划”公民陪审团（2007 年 7 月）、“中港河廊通学步道”愿景工作坊（2008 年 10 月）等。

除了公共审议参与形式的多样化之外，讨论的议题范围亦愈来愈丰富，

---

① 林子伦：《审议民主在社区：台湾地区的经验》，余逊达、赵永茂主编：《参与式地方治理研究》，浙江大学出版社，2009 年版，第 179 页。

从原住民族工作权的保障（2007 年 11 月）、社区槟榔健康危害防治（2007 年 10 月）、地方特色产业发展政策（2007 年 12 月）、农业发展条例与农地政策（2007 年 11 月）、十二年“国民教育”（2007 年 12 月）、嘉义市旧蓝的春天（2007 年 12 月），甚至运用于讨论“应否废止死刑”（2008 年 12 月）以及眷村问题（2009 年 3 月）、核能议题（2010 年 3 月）等。此外，这一时期审议式民主理念深入高中校园，不仅举办了审议式民主高中种籽教师培训，并从受训教师中遴选出两所试点学校举行新兴的审议式班会。①

与此同时，审议式民主与既行决策结构以及地方自治制度之间如何衔接？也就是说审议式民主如何落实体制化、制度化的课题，越来越成为学界研究及加以实践的重要趋势。根据以往的经验，也许环评制度以及都市政策审议制度可能是法制条件较成熟、最容易建立衔接制度的领域。② 除此，如何把网络应用于审议式民主的实践也日益成为许多学者的研究兴趣，如对线上（on-line）公民陪审团的研究③、线上“苏花‘国道’论坛”的研究④等。总的来说，这一阶段台湾地区审议式民主实践的主要特点表现如下：一是实践形式越来越多样化，除了公民会议之外，还有公民陪审团、愿景工作坊、学习圈等形式；二是涉及的讨论议题更加丰富；三是各地社区大学日益成为审议式民主实践重要的倡议网络，相关学术团体与社区大学的结合更为紧密，使得它们“势必在未来台湾审议民主的制度化进程上，扮演重要的角色”⑤。

二、台湾地区审议式民主实践的主要特征

从上述实践历程可归纳出，台湾地区审议式民主实践的主要特征如次。

---

① 林子伦：《审议民主在社区：台湾地区的经验》，余逊达、赵永茂主编：《参与式地方治理研究》，浙江大学出版社，2009 年版，第 180 页。

② 杨志彬：《审议民主在社区实践的几点观察》，（台湾）《新使者》2008 年第 2 期，第 14 页。

③ 参阅梁文韬：《资讯时代下的公共治理：规范性电子公民身份论之初探》，（台湾）《政治与社会哲学评论》第 19 期（2006 年 12 月），第 1 – 84 页。

④ 参阅罗晋：《线上“理想言谈情境”有多理想：苏花“国道”论坛的分析》，（台湾）《行政暨政策学报》第 51 期（2010 年 12 月），第 125 – 170 页。

⑤ 林子伦：《审议民主在社区：台湾地区的经验》，余逊达、赵永茂主编：《参与式地方治理研究》，浙江大学出版社，2009 年版，第 181 页。

首先，形式多样。台湾地区审议式民主实践的形式相当多样，其中以公民会议为主。公民会议以两种方式展开。其一，自2002年起台湾大学社会学系的“科技、社会与民主”团队，将公民会议的运作模式引进台湾，并先后针对“全民健保”、“代理孕母”、“高雄过港缆车”等政策议题举办过相关的公民会议。其二，相对于以上以理性论辩方式进行的公民参与活动，2004年台湾民间社会又创造性地以“说故事”以及“开放空间”等方式开展“省籍—族群”关系的公民和解会议，试图以崭新的对话方式消解台湾社会中尖锐的省籍—族群问题。其他实践形式包括前文介绍过的审议式民调、公民陪审团、愿景工作坊，如新北市新庄地区“中港大排规划与使用”愿景工作坊等。

其次，层次广泛。台湾地区审议式民主实践的层次非常广泛，以公民会议为例，既有全台性的公民会议如“全民健保”、“税制改革”等，又有县市层次的公民会议如“高雄市跨港观光缆车”、“新竹科学园区宜兰基地”等。甚至还在社区这个基层草根的层次针对社区内与社区居民相关的公共事务举办过公民会议，如基隆市社区大学参与推动的“八斗子生活圈如何与海科馆共存共荣?”公民会议，以及台北市北投社区大学推动的“北投区温泉博物馆定位”公民论坛活动、北投社区大学邀请其他15所社区大学针对淡水河举行“淡水河守护联盟”圆桌论坛①等。其他实践形式也可能以全台层次、县市层次或社区层次进行。

最后，议题丰富。台湾地区审议式民主的实践所涉及的议题十分丰富，自从2002年“行政院二代健保公民参与小组”开始引入审议式民主公民参与模式讨论公共政策以来，曾经实验过的公民参与模式包括公民会议、审议式民调、愿景工作坊、开放空间、公民对话圈等模式，而曾经讨论过的公共政策包括全台性议题与区域性议题，例如：“二代健保”、“税制改革”、“代理孕母”、“休耕政策”、“青年‘国是’会议”、“台北市市长审议辩论会”、“新竹科学园区宜兰基地”、“台北市汽机车总量管制”、“北投温泉博物馆何去何从”、“八斗子生活圈如何与海科馆共存共荣”等，涉及政治、教育、文化、环保等社会生活的方方面面。

---

① 《北投社大：推动审议式民主培养种子团队》，《台湾立报》2005年1月13日，第3版。

综上所述，当前台湾地区审议式民主的实践，一方面根据涉及议题的影响范围可分为全台性（涉及全台湾的公共议题）与地方性（涉及县市、乡镇甚至是社区性的公共事务）两个层次的议题；另一方面，鉴于台湾地区审议式民主之运作以公民会议为主，可将其实践分为公民会议与其他操作形式两大类型，其中公民会议又可分为理性论辩与“说故事”两种对话方式。通过上述两个层次（纵向）、两大类型（横向）的划分，我们基本上能够对当前台湾地区审议式民主的实践状况进行全景式的描述与分析。

三、台湾地区审议式民主实践的成效与不足

与台湾地区现行的代议民主制相比，审议式民主把审议主体从政治精英扩展到广大的公民，公民不仅拥有平等的投票权，还拥有平等有效的参与集体决策过程的机会，对共同关注事务的审议不再局限于政党、利益集团、政治精英等，而是扩展到整个社会，以补强代议民主中一般公民“审议参与”的不足之处。这几年针对审议式民主在台湾的实践经验研究指出，在平等与信息透明的条件下，参与公共讨论对于民众在政治效能感、公共利益取向的转变、公共事务参与的意愿、公共知能等都有显著提升的作用。具体论述如下。

首先，审议式民主的实践不但有助于公民提升了解复杂的政策议题的兴趣与能力，而且能使其在寻求共善和共识的取向下，理性地讨论政策议题。审议式民主论者主张公民应该实质地被当成民主政治的主体，他们应该被告知公共事务的相关信息，并且透过可接受的程序来讨论，他们对于公共政策的推动、评估与决策，有实质的影响能力，而不是只能够委任他们投票所选出的民意代表来执行这样的工作。从台湾过去的经验来看，参加过公民会议的人，对公共事务的关切程度会较以前更加提升，他们愿意花比较多时间提出自己的具体看法，让公共政策往好的方向发展。“代理孕母正式启动公民会议制度之前，台大社会学系研究团队曾针对二代健保进行了公民会议、公民论坛及法人论坛三项实验性计划，结果发现，与过去肤浅式的民调不同，深入阅读健保资讯、讨论及思考之后，与会的公民对议题态度有了极大转变；以健保费率调涨为例，会议进行之前，100%与会者不赞成，公民会议

结束后，逾90%赞成有条件调涨费率。”① “‘税制改革’公民会议的成果，充分证明人民是可以教育的，这些参与的民众，自主性也非常高，我们不能也无法影响他们的决定。从另一个方面来说，也可让行政官僚体认到，不要自以为自己做的政策，就一定是对老百姓最好的！”② 这些事例充分说明，审议式民主在台湾地区的理论宣扬及其实践有力地促进了民众政治参与品质的提升，从各个方面培育出健全的公民参与文化，极大地提升了公民的知识与积极性的公民德行。

其次，审议式民主的实践有助于消解台湾地区自政治转型以来因“选举民主”所导致的社会分裂、族群对立等问题。审议式民主论者一般认为，审议式民主意味着在多元文化社会中，自由而平等的公民及其代表就共同关心的集体问题，通过理性、开放、审慎的对话、交流、论辩的过程来确保决策之正当性。而所有参与者的意见都能平等地得到对待更是彰显了民主的真正价值，即审议的主要目标不是狭隘地追求个人利益，而是利用公共理性寻求能够最大限度满足所有公民愿望的政策。在“新竹科学园区宜兰基地”公民会议中，一位参与者就提到，公民会议激发与会成员，以“尽到应尽的责任作为思考的逻辑，所以就把自己的利益摆在第二”。③ 简言之，审议式民主的核心是，强调公众通过公共审议的方式平等地参与社会政治生活，在广泛考虑公共利益的基础上，实现价值偏好的转变，消除彼此之间的利益分歧与社会冲突，达成共识。这在旨在“省籍—族群”之间进行和解的公民会议方面得到了显著体现。“这些和解行动虽然一时之间还无法完全止住台湾政党为选举夺权而挑拨‘省籍—族群’恶斗，但仍然在各个族群之间开启了理解之门，对历史的伤痛和现实的政治撕扯有所疗治，而且长远来看，其开启的社会和解必将为政治与选举中解决‘省籍—族群’问题奠定基础。”④ 近几年来“省籍—族群”议题在台湾社会中越来越被边缘化、各

---

① 《实验公民会议 探索深度民意》，（台湾）《民生报》2004年6月9日，第1版。

② 《民众是可以再教育的！》，（台湾）《工商时报》2005年8月1日，第2版。

③ 杜文苓、陈致中：《民众参与公共决策的反思——以竹科宜兰基地设置为例》，《台湾民主季刊》2007年第3期，第53页。

④ 王茹：《台湾建构公民社会的“协商民主”之实践状况》，《台湾研究集刊》2008年第1期，第7页。

项选举越来越趋向理性的事实证明了公民和解运动所产生的效果，它有助于消解目前政党运作与选举制度所衍生的恶质文化，使整个社会向“包容”与“互信”的目标迈进。

最后，审议式民主的实践有助于创造公共讨论的空间以提升台湾地区的民主治理品质。比如召开公民会议，通常是因为社会上有争议较大的议题出现，需要深入了解民众的意见，以供政府政策参考。公民会议结论代表的是人民的声音，不但会成为政府重要的施政参考，有些国家和地区更把公民会议设计为政策的必要一环。在台湾地区，目前公民会议的结论对政府政策尚未具有强制力，但能汇聚众议、向有关单位提出建议和申诉，具有舆论力量。虽然目前公民会议结论无法定拘束力，未能影响决策，但积极的意义在于让决策者明白，在取得充分资讯之后的公共讨论所呈现的民意为何。此外，台湾社会的政策议题讨论，经常欠缺民主的品质，公民会议的价值正在于透过公共讨论过程，促成公众对议题的深度认识，创造公共讨论的空间以提升民主治理品质。换言之，公民会议建构出一个理性讨论的沟通平台。这种共识取向的讨论，往往更能呈现社会的核心价值。“对于参与的民众而言，公民会议制度化的会议进行方式不啻是种公民赋权的实践，透过专家的技术协助，帮助一般民众有能力对高度争议性的复杂议题，进行知情理性的讨论，形成集体意见，‘人民当家作主’不再只是高调，而是可能实践的民主过程。”① 可以说，审议式民主在台湾地区的实践有效地推动了社会各个领域民主对话习惯的形成，为台湾公民社会的构建、民主治理品质的提升奠定良好的基础。

审议式民主为近年来政治学的新兴研究主题，被视为弥补目前代议民主缺点的一项“利器”，更被视为深化民主的一项指标。因为透过审议式民主或称为深思熟虑民主所具备的“深思熟虑”精神，可避免公民在民调中“理性无知”的缺点，其透过理性讨论得到的结果，可提供更正确、有用的意见作为政策制定之参考。在“深化民主”、“理性讨论”等优点下，台湾地区相关学术机构甚至是政府部门近来极力推动审议式民主的实践，以促进

① 《来上公民课！公民会议、教育与公民权的再学习》，《台湾立报》2005 年 1 月 24 日，第 4 版。

公民对于公共事务的积极参与，希望为公共政策的制定提供有益的参考。正如前文所述，台湾地区审议式民主的实践取得很大的成效，虽然如此，但也存在一些问题和不足，归纳起来，主要包括以下三个方面的内容。

第一，公民因不容易掌握相关议题的专门知识而致使其参与受限，对政策影响有限。不少学者担心审议式民主的理性讨论是专家团体所熟悉的而且很容易操弄的一种言论模式，一般的会议成员并不容易掌握。因此，审议式讨论过程将可能沦为专家言论的展示过程。以“新竹科学园区宜兰基地”公民会议为例，由于公民不可能在短时间内掌握专业知识而难以达到熟练掌握审议式民主言论模式的程度，因此，尽管公民之间的讨论是从理性出发的，但在讨论过程中，往往因为术语表达不准确，会对其小组成员作出正确的理解造成一定的障碍或导致正确的意见被扭曲传播，因而对问题的看法就会产生错误的转移。与之相反，公民会议上的专家可以熟练运用专业术语，而公民对专家的专业术语能否很快的熟知则是个问题。如果公民会议小组成员没有相当的接受能力或具有一定的理解能力，他们就会沦为弱势团体，民众的注意力就会集中转移到专家的身上，从而这个场所就成为专家的而不属于民众团体的了。这就提醒我们，公民实质参与的提升需要在制度设计时考虑到公平、职能、民主、程序等准则。“宜兰的审议民主操作经验更显示，会议主持者的沟通协调能力与技巧，是确保高质量讨论的重要关键，而如何进一步重新架构行政人员与公民的关系，使民众参与更能贴近议题讨论的本质，强化民众与行政人员共同学习者的角色，更应成为未来公民参与制度发展运作的重要一环。”① 事实上，在审议式民调、公民陪审团、愿景工作坊等实践中，公民同样会因不熟悉专业知识等问题而阻碍其进一步参与决策。一言以蔽之，在台湾地区审议式民主的实践中如何增进公民实质参与公共决策，仍是重大挑战。

第二，过度强调共识导致弱势群体的观点和利益没有得到足够的重视甚至被忽视。“审议不仅要求资源的平等、要求保障有平等的机会来表达有说服力的主张，而且要求‘认识论权威’上的平等，让每个人都有能力使自

---

① 杜文苓、陈致中：《民众参与公共决策的反思——以竹科宜兰基地设置为例》，《台湾民主季刊》2007 年第 3 期，第 56 页。

己的主张赢得认可。”然而现实情况却是，“把审议当做民主实践的一个标志会悖论式地使其以非民主的方式运作：根据似乎是民主的理由将一些人的观点拒之门外，只是因为他们不太会用我们认为是具有审议特色的方式来陈述其主张。”① 换言之，审议式民主的实践中如若过度强调共识，容易造成系统性地排除少数成员的意见，如此将违背审议式民主参与的平等原则。再以“新竹科学园区宜兰基地”公民会议为例，此次会议上正反双方的意见几乎对等，于是就把正反双方的意见写在宜兰公民会议的结论报告上。这与台湾其他地方的公民会议结论报告相比来说是一大进步，但是，在这次公民会议的其他议题中，仍然是忽略了具有参考说明价值的少数人的意见。这样，在多数人与少数人之间就难以找到一个平衡点。宜兰公民会议的专家团体具有系统性的专业知识，在某种程度上，他们的言论具有相当程度的权威性，因此在议题讨论中他们往往成为强势的一方，从而形成一种压倒性优势，而且由于他们过度地强调共识，致使少数人的意见被埋没，愿望难以达成，从而违背了审议式民主的参与平等原则。其结果是，“审议的模式实在没有充分考虑地位和等级对发言和倾听模式的型塑作用，从而不能保证所有的观点都得到权衡，不能保证参与公共讨论可以培养公民的自主感，也不能保证审议追求的是公共利益而不是促进支配者的观点。”② 针对弱势群体容易在审议式民主活动中失声的现状，如何落实共善精神，照顾他们的利益，均是值得关注与大力改进的地方。

第三，审议式民主的实践在一定程度上成为政府决策背书的工具，甚至沦落为政客们选举操作与打击对手的工具。当前审议式民主在台湾地区的实践，大多是由政府出资委托学术机构主办，涉及全台性公共议题的实践更是如此。这些由政府机关委托举办审议式民主的实践在一定程度上成为公共政策背书的工具，至于审议的结果，则可能不是那么重要。以“税制改革”和“代理孕母”公民会议为例，前者最大的问题就在于“政府可能只是做做样子，摆出倾听民意的样子，但其实却完全不采纳”③。在后者的过程中，

① 谈火生等编译：《审议民主》，江苏人民出版社，2007 年版，第 324 – 325 页。
② 谈火生等编译：《审议民主》，江苏人民出版社，2007 年版，第 343 页。
③ 《公民会议谈税制恐沦为政府背书》，《台湾立报》2005 年 7 月 26 日，第 4 版。

“公民会议成为赞成与反对两派的游说战场，双方角力的意味远远大过所谓的‘深思熟虑’。而公民会议的结论虽然为‘不禁止，但有条件开放’，政府部门也表示会参考，但未来在‘立法院’在立法时能否真的深思熟虑，还在未定之天。…… 公民会议的理想结论，往往因为其他因素的考虑而无法真正成为政策，此时，公民会议仅存的价值，可能就是在政府‘深化民主’的政绩上，记上象征意义大过实质意义的小功。”① 不仅如此，审议式民主的实践甚至沦落为政客们选举操作与打击对手的工具：民进党执政时期“举办过的数次公民会议及公民投票经验，只见其模仿该制度之外壳，却全不见对于其民主内涵之尊重与落实，莫怪乎公民投票多仅被评论为替执政党背书与操弄族群分裂意识之政治工具罢了！”② 这不但使得审议式民主实践的公信力大大降低，而且也有可能导致公民对政府的信任危机。

四、小结

相对于过去以投票程序所达成的多数决议式民主，审议式民主更强调多数决议的运作过程，乃是建立在理性沟通、理性说服、理性论辩上。即审议式民主虽然同意民主就是一人一票，票票等值的平等权利来决议集体的行动，但同时主张民主不应仅仅是这平等的投票程序而已，而应同时是平等的发言讨论权利，并在此基础上进行理性的论辩；唯有让大家各自以最好的理由、论据来提出意见，并在理性论辩过程中得出最佳答案，作为共识。也就是说，这最后的共识不仅仅是透过平等的投票程序得出的，更重要的是，它是经过每位参与者的理性论辩与检验下的结果。因此，如果每位参与者都秉持相互尊重的态度参与讨论，并以理性和互惠这一审议式民主核心价值作为最高标准来决定大家的争议，那么最后达成的共识，就不会沦为“多数暴力”，而这是以往以投票结束争议的形式民主最让人诟病之处。当然，审议式民主的实践远比一般投票民主要花更多时间，也要求参与者具备更深厚的理性素养。纵虽如此，审议式民主却是真正化解争议的较佳方法。“审议民主的可贵，并不仅仅只是在结果而已，更可贵的是在审议民主的过程中，群

① 《结论未必成为政策》，《台湾立报》2005 年 2 月 1 日，第 5 版。

② 《公民投票岂容肤浅操弄》，《台湾立报》2007 年 6 月 22 日，第 2 版。

众借由不断彼此的对话、说服与相互理解，共同地、同时也是自觉地跟自我与他人的反动性对抗，并且迈向进步的道路前进。”① 迄今为止台湾地区审议式民主的实践，一方面次数已居全球之冠，另一方面取得较大的成效，足以使人们有理由和信心继续推动和深化之。但鉴于目前还存在这种那样的问题与不足，台湾社会需要更多的相互尊重，以及自我谦逊的民主精神，使公民之间的相互沟通更加顺畅和理性，以提升台湾地区整体的民主治理品质。

① 《审议民主导致极端?》,《台湾立报》2006 年 2 月 18 日，第 2 版。

附　录

审议式民主在台湾的实践一览表

日期	执行单位	会议名称	层级
2002 年 6－8 月	“行政院二代健保规划小组”	“全民健保给付范围”公民会议	全台
2002 年 11 月	“行政院二代健保规划小组”	“全民健保公共论坛”审议式民调	全台
2003 年 8 月	“行政院二代健保规划小组”	“全民健保新制规划”法人论坛	全台
2003 年 11 月	“行政院二代健保规划小组”	“全民健保保费制度变革”公民论坛	全台
2004 年 5 月	“行政院二代健保规划小组”	“医疗质量资讯公开”愿景工作坊	全台
2004 年 6 月	台北市北投社区大学	“北投温泉博物馆何去何从”社造协议公民会议	社区
2004 年 8－9 月	台湾大学社会学系	“代理孕母”公民会议	全台
2004 年 9 月	“行政院青辅会”	“青年 COME 议，台湾加油”青年“国是”会议	全台
2004 年 10 月	台湾促进和平基金会、时报文教基金会、公共电视台	“族群和解与对话”活动	全台
2004 年 10 月	台北市北投社区大学	“北投老街区的明天”公民会议	社区
2004 年 11 月	台湾大学社会学系	“高雄跨港缆车”公民会议	县市
2004 年 11 月	新北市板桥社区大学	“大汉溪亲水空间构思”公民会议	社区
2004 年 12 月	基隆市社区大学、台北市北投社区大学、新北市芦荻社区大学、屏东社区大学	“民间税制改革”公民会议（共四场）	社区
2005 年 1 月	台湾大学社会学系	“全民健保”公民会议	全台
2005 年 5 月	南华大学非营利研究所	“动物放生规范”公民会议	全台

续表

日期	执行单位	会议名称	层级
2005 年 5 月	“行政院青辅会”	“台湾未来，民主审议”青年“国是”会议	全台
2005 年 5 月	中山大学政经学系	“能源运用”青年公民会议	全台
2005 年 5 月	台湾大学社会学系	“产前筛检与检测”公民会议	全台
2005 年 6 月	宜兰社区大学	“新竹科学园区宜兰基地”公民会议	县市
2005 年 7 月	世新大学行政管理学系	“税制改革”公民会议	全台
2005 年 8 月	世新大学行政管理学系	“青少年政策”公民会议	全台
2005 年 10 月	世新大学行政管理学系	“台北市应否订定汽机车总量管制”公民会议	县市
2005 年 10 月	“行政院环保署”	环保共识会议	全台
2005 年 11 月	台湾大学社会学系	“护理伦理规范”公民会议	全台
2005 年 11 月	台湾智库、公共电视	台南县长选举审议式辩论会	县市
2005 年 12 月	“中华民国自来水协会”	“如何订定合理水价”公民会议	全台
2006 年 4 月	台湾大学社会学系	“水资源管理”公民会议	全台
2006 年 8 月	“行政院青辅会”	“给台湾年轻的梦想”青年“国是”会议	全台
2006 年 10 月	社区大学全台促进会、OURS、公共电视	“市民发声”——台北市政愿景十三谈/社会区学习圈	社区
2006 年 10 月	新北市淡水社区大学	“观光与在地生活共享的淡水小镇”——捷运淡水站周边环境经营公民会议	社区
2006 年 11 月	苗栗县社区大学	“造桥火车站宿舍周边环境规划”公民会议	社区
2006 年 11 月	台南县曾文社区大学	“台南县休耕政策”公民会议	社区
2006 年 11 月	基隆市社区大学	“八斗子生活圈如何与‘国立’海洋科技博物馆共存共荣”公民会议	社区
2006 年 11 月	公共电视	“你当家，我做主”2006 台北市长选举审议式辩论会	县市
2006 年 11 月	政治大学公共行政系	“淡水河整治”愿景工作坊	县市
2006 年 12 月	台北市内湖社区大学	“内湖庄役场外围开发”公民会议	社区

续表

日期	执行单位	会议名称	层级
2006年12月	世新大学	“世新在大文山地区的角色与定位”愿景工作坊	社区
2007年3月	台湾大学社会学系	“淡水河整治”公民陪审团	县市
2007年4月	淡水社区大学	“淡水需要什么艺术文化”开放空间	社区
2007年5月	淡水社区大学	“淡水需要怎么样的交通环境”社区学习圈	社区
2007年7月	奇岩社区发展协会	“奇岩新社区开发计划”公民陪审团	社区
2007年7月	台湾大学社会学系	“博”出澎湖的未来？观光博弈县民论坛	县市
2007年7月	台湾促进和平文教基金会、社区大学全台促进会（台北、台南两场）	公民愿景会议——“‘国家’未来的想象与超克当前的困境”	全台
2007年8月	“行政院青辅会”	“台湾的梦想从我们开始”青年“国是”会议	全台
2007年10月	台南市健康协会	台南市“槟榔健康危害防治”社区学习圈	社区
2007年11月	公民监督“国会”联盟、台湾青年公民论坛	“如何让我们的‘国会’明天会更好”公民学习圈	全台
2007年11月	台南县曾文社大	“农业发展条例与农地政策”公民愿景审议论坛	社区
2007年11月	蓝色东港溪保育协会、屏东原住民水当当关环协会	“原住民族工作权保障法暨就业政策”公民愿景论坛	全台
2007年12月	北投社大	“12年国教与教育总预算”公民愿景审议论坛	社区
2007年12月	林口社大	“治水方案与预算”公民愿景审议论坛	社区
2007年12月	“国立”联合大学建筑研究所	“地方特色产业发展政策”公民愿景审议论坛	社区
2007年12月	公共电视台	2008年“立委”选举政党辩论会	全台

续表

日期	执行单位	会议名称	层级
2007 年 12 月	嘉义大学学生议会	“嘉义市旧监的春天”公民对话圈	县市
2007 年 12 月	高雄应用大学观光管理学系	“让寿山园区成为欢聚欢笑新天堂”公民对话圈	县市
2007 年 12 月	“行政院青辅会”审议民主主办人团队	“如何善用花莲光复乡孩童课后时间”公民对话圈	社区
2007 年 12 月	“行政院青辅会”审议民主主办人团队	“屏东高教的蜕变——国立三校的未来”公民对话圈	社区
2008 年 5 月	媒体观察教育基金会、媒体改造学社	2008 媒体公民会议	全台
2008 年 5 月	五港村社区发展协会、云林县浅海养殖协会	“台西乡五港村产业与社区发展”公民会议	社区
2008 年 6 月	台湾大学社会学系	“基因改造食品”公民会议	全台
2008 年 6 月	台湾大学社会学系	“高雄引进博弈产业是否可行”公民陪审团、“高雄市市政中心是否迁移”公民陪审团	县市
2008 年 6 月	台湾环境行动网协会	“新北市中港大排规划与使用”愿景工作坊	县市
2008 年 9 月	台湾电子治理中心	“2020 台湾电子治理”愿景工作坊	全台
2008 年 10 月	台湾环境行动网协会	“中港河廊通学步道”愿景工作坊	县市
2008 年 11 月	台湾大学社会学系	“性交易应不应该被处罚”公民会议	全台
2008 年 11 月	“行政院青辅会”审议民主主办人团队	“罗东镇的蜕变”——交通网络之蓝图公民对话圈	县市
2008 年 12 月	台湾大学社会学系	“应否废止死刑”公民会议	全台
2009 年 3 月	罗东镇观光小镇发展协会	“纯精路的美丽与哀愁”罗东公民论坛	县市
2009 年 4 月	台湾少年权益与福利促进会	TeenCafé’我们期待的学校是什么样子	全台
2009 年 4 月	新北市眷村文化协会	“三重眷村”公民会议	县市
2009 年 7 月	台南、曾文、永康社区大学	“盐水溪工业带”愿景工作坊	县市

续表

日期	执行单位	会议名称	层级
2009年9月	"行政院环保署"、财团法人永续能源研究基金会	WorldWideViews全球暖化世界公民高峰会	全台
2010年3月	"行政院原能会"、公共电视台	"核去何从"审议式电视公民讨论会	全台
2010年6月	社团法人台湾环境资讯协会	"公益信托"愿景工作坊	全台

资料来源：作者整理，参考李宜卿：《公民参与的机会与挑战——台湾审议民主制度化之研究》，台湾大学社会科学院"国家发展"研究所硕士论文，2010年版，第83－86页。

参考文献

（一）中文部分

一、书籍

陈剩勇、何包钢主编：《协商民主的发展》，北京：中国社会科学出版社，2006 年版。

谈火生等编译：《审议民主》，南京：江苏人民出版社，2007 年版。

余致力：《民意与公共政策：理论探讨与实证研究》，台北：五南图书出版股份有限公司，2002 年版。

黄东益著：《民主商议与政策参与——审慎思辨民调的初探》，台北：韦伯文化出版社，2003 年版。

李丁讚编：《公共领域在台湾——困境与契机》，台北：桂冠图书股份有限公司，2004 年版。

林水波、邱靖鉱著：《公民投票 vs. 公民会议》，台北：五南图书出版股份有限公司，2006 年版。

廖锦桂主编：《口中之光——审议民主的理论与实践》，台北：台湾智库，2007 年版。

林国明著：《行政民主之实践：全国型议题审议民主公民参与》、《行政民主之实践：全国型议题审议民主公民参与操作手册》，台北："行政院研究发展考核委员会"编印，2008 年版。

林国明、黄东益、杜文苓著：《行政民主之实践：县市型议题审议式民主公民参与》、《行政民主之实践：县市型议题审议式民主公民参与操作手册》，台北："行政院研究发展考核委员会"编印，2008 年版。

林国明、林子伦、杨志彬著：《行政民主之实践：社区型议题审议式民主公民参与》、《行政民主之实践：社区型议题审议式民主公民参与操作手册》，台北："行政院研究发展考核委员会"编印，2008 年版。

林国明、黄东益、林子伦著：《行政民主之实践：总结报告》，台北："行政院研究发展考核委员会"编印，2008年版。

伊恩·夏比洛（Ian Shapiro）著，陈毓麟译：《民主理论现况》，台北：商周出版，城邦文化事业股份有限公司，2005年版。

李帕特（Arend Lijphart）著，陈崎译：《民主的模式：36个国家的政府形式和政府绩效》，北京：北京大学出版社，2006年版。

凯斯·孙斯坦（Cass R. Sunstein）著，刘会春、金朝武译：《设计民主：论宪法的作用》，北京：法律出版社，2006年版。

阿米·古特曼（Amy Gutmann）、丹尼斯·汤普森（Dennis Thompson）著，杨立峰、葛水林等译：《民主与分歧》，北京：东方出版社，2007年版。

艾莉丝·摩根（Alice Morgan）著，陈阿月译：《从故事到疗愈—叙事治疗入门》，台北：心灵工坊文化事业公司，2008年版。

约翰·卓策克（John S. Dryzek）著，黄维明译：《谈论式民主：政治、政策与政治学》，台北：群学出版社，2009年版。

埃尔斯特（Jon Elster）主编，李宗义、许雅淑译：《审议民主》，台北：群学出版社，2010年版。

本杰明·巴伯（Benjamin R. Barber）著，彭斌、吴润洲译：《强势民主》，长春：吉林人民出版社，2011年版。

二、论文

（美）乔治·瓦拉德兹，何莉编译：《协商民主》，《马克思主义与现实》2004年第3期，第35－43页。

陈家刚：《协商民主：概念、要素与价值》，《中共天津市委党校学报》2005年第3期，第54－60页。

王茹：《台湾民间的"省籍—族群"和解运动——以〈面对族群与未来——来自民间的对话〉为例》，《台湾研究集刊》2005年第3期，第48－54页。

张娟：《审议民主：渊源、演进与启示》，《理论建设》2007年第4期，第41－45页。

王茹：《台湾建构公民社会的"协商民主"之实践状况》，《台湾研究集刊》2008年第1期，第1－8页。

黄岩：《“倾听城市”：都市治理的审议民主》，《社会科学家》2008年第3期，第41－45页。

陈家刚：《多元主义、公民社会与理性：协商民主要素分析》，《天津行政学院学报》2008年第4期，第31－37页。

马奔：《创新的乌托邦还是有效的民主治理：对台湾审议民主实践的分析》，《经济社会体制比较》2009年第2期，第126－131页。

陈俊宏：《永续发展与民主：审议式民主理论初探》，（台湾）《东吴政治学报》1998年第9期，第85－122页。

林水波、石振国：《以直接民主改革间接民主的论述与评估》，（台湾）《“立法院院闻”月刊》1999年第3期，第33－44页。

黄东益：《审慎思辨民调——研究方法的探讨与可行性评估》，（台湾）《民意研究季刊》第211期（2000年1月），第123－143页。

陈光兴：《为什么大和解不/可能?》，《台湾社会研究季刊》2001年第43期，第41－110页。

林国明、陈东升：《公民会议与审议民主：全民健保的公民会议经验》，《台湾社会学》2003年第6期，第61－118页。

邓宗业、吴嘉苓：《法人论坛——新兴民主国家的公民参与模式》，《台湾民主季刊》2004年第1期，第35－56页。

雷文玫：《强化台湾健保行政决策公民参与的制度设计——二代健保“先驱性全民健保公民会议”的建议方案》，《台湾民主季刊》2004年第4期，第57－81页。

林国明、陈东升：《审议民主、科技决策与公共讨论》，（台湾）《科技、医疗与社会》2005年第3期，第1－49页。

陈东升：《审议民主的限制——台湾公民会议的经验》，《台湾民主季刊》2006年第1期，第77－104页。

萧元哲、郑国泰等：《高雄市第一港口跨港观光缆车之公民会议研究》，（台湾）《新竹教育大学学报》第22期（2006年），第243－271页。

梁文韬：《资讯时代下的公共治理：规范性电子公民身份论之初探》，（台湾）《政治与社会哲学评论》第19期（2006年12月），第1－84页。

黄东益、李翰林等：《“搏感情”或“讲道理”？——公共审议中参与者自我转化机制之探讨》，（台湾）《东吴政治学报》2007 年第 1 期，第 39 - 71 页。

杜文苓：《审议民主与社会运动：民间团体筹办新竹科学园区宜兰基地公民会议的启发》，（台湾）《公共行政学报》第 23 期（2007 年 6 月），第 67 - 93 页。

黄东益：《地方公共审议说理过程初探：2005 年宜兰社大公民会议个案研究》，（台湾）《公共行政学报》第 24 期（2007 年 9 月），第 71 - 102 页。

杜文苓、陈致中：《民众参与公共决策的反思——以竹科宜兰基地设置为例》，《台湾民主季刊》2007 年第 3 期，第 33 - 62 页。

曾建元、吴康维：《审议式民主在台湾的创新应用》，（台湾）《“国会”月刊》2007 年第 10 期，第 58 - 87 页。

廖俊松：《审议民主的实践：台湾与大陆经验分析》，《21 世纪的公共管理：机遇与挑战：第三届国际学术研讨会文集》，2008 年。

杨志彬：《审议民主在社区实践的几点观察》，（台湾）《新使者》2008 年第 2 期，第 12 - 14 页。

黄竞涓：《女性主义对审议式民主之支持与批判》，《台湾民主季刊》2008 年第 3 期，第 33 - 69 页。

黄东益：《审议过后——从行政部门观点探讨公民会议的政策连结》，（台湾）《东吴政治学报》2008 年第 4 期，第 59 - 96 页。

林子伦：《审议民主在社区：台湾地区的经验》，余逊达、赵永茂主编：《参与式地方治理研究》，浙江大学出版社，2009 年版，第 168 - 195 页。

刘正山：《当前审议式民主的困境及可能的出路》，（台湾）《中国行政评论》2009 年第 2 期，第 109 - 132 页。

杜文苓、张国伟等：《审议民主在空间议题上的新实验：以“中港河廊通学步道愿景工作坊”为例》，（台湾）《公共行政学报》第 32 期（2009 年 9 月），第 69 - 104 页。

林国明：《公共领域、公民社会与审议民主》，（台湾）《思想》2009 年第 11 期，第 181 - 195 页。

蔡宏政：《公共政策中的专家政治与民主参与：以高雄“跨港缆车”公民共识会议为例》，《台湾社会学刊》第 43 期（2009 年 12 月），第 1 -

42 页。

范云：《说故事与民主讨论——一个公民社会内部族群对话论坛的分析》，《台湾民主季刊》2010 年第 1 期，第 65 – 105 页。

邱靖鉉：《商议民主与政策民主化——对美国学习圈机制的观察》，（台湾）《“国会”月刊》2010 年第 11 期，第 47 – 70 页。

罗晋：《线上“理想言谈情境”有多理想：苏花“国道”论坛的分析》，（台湾）《行政暨政策学报》第 51 期（2010 年 12 月），第 125 – 170 页。

张誉馨：《审议民主中的性别差异》，（台湾）《女学学志：妇女与性别研究》第 27 期（2010 年 12 月），第 275 – 316 页。

陈东升：《到审议民主之路：台湾的实践与反省》，来源：http：//blog. roodo. com/taiwanculture/e6b61bb5. pdf。

林国明：《公民会议：公民参与的民主实验》，来源：http：//sociology. ntu. edu. tw/ ~ tsd/consensusconferenceintro. pdf。

靳菱菱：《反核或拥核？审议式民主在原住民部落实践的思考》，来源：http：//cpis. bp. ntu. edu. tw/DevelopmentStudies/Data/ACDS _ 2nd _ B42. pdf。

林国明：《全民健保与公民参与》，来源：http：//sociology. ntu. edu. tw/ ~ tsd/CCandDP. pdf。

杜文苓：《投资民主：台湾公民审议对政府决策的启示》，“迈向参与式民主的挑战与实践”研讨会（2011 年 5 月 14 日），来源：http：//www. taiwanthinktank. org/page/chinese _ attachment _ 2/2028/0514. pdf。

张国伟：《社会资本在审议式民主活动中的展现：以新庄“中港大排规划与使用”愿景工作坊为例》，来源：http：//pam. nsysu. edu. tw/data/taspaa/f/F3 – 2. pdf。

三、学位论文

马奔：《协商民主问题研究》，山东大学博士学位论文，2007 年。

石磊：《协商民主的制度设计与实践模式研究》，厦门大学硕士学位论文，2009 年。

陈发威：《审议民主：宜兰公民共识会议的表达》，华中师范大学硕士学位论文，2009 年。

黄浩荣：《公共新闻学：审议式民主的观点》，台湾大学新闻研究所硕士学位论文，2004 年。

张兆恬：《从审议民主观点试论公民投票之程序改革》，台湾大学法律研究所硕士论文，2006 年。

谢淑贞：《公民会议对公共政策之影响——以高雄市第一港口跨港观光缆车公民会议为例》，（台湾）中山大学政治学研究所硕士学位论文，2007 年。

吴秋莹：《审议民主在地方公共事务决策之实践——以“台北市应否订定汽机车总量管制计划公民共识会议”为例》，台湾大学社会科学院政治学系硕士学位论文，2007 年。

施佳良：《从政策论证类型检视审议民主过程：以二代健保法人论坛为例》，台湾政治大学公共行政学系硕士学位论文，2007 年。

庄千慧：《审议式民主与地方政府政策规划过程：新庄中港河廊通学步道愿景工作坊个案研究》，台湾政治大学公共行政学系硕士学位论文，2008 年。

陈致中：《社区治理与审议式民主：以淡水社区公民会议为例》，世新大学行政管理学系硕士学位论文，2008 年。

李宜卿：《公民参与的机会与挑战——台湾审议民主制度化之研究》，台湾大学社会科学院“国家发展”研究所硕士学位论文，2010 年。

四、其他

林国明：《公民会议的价值是凸显多元性》，（台湾）《新新闻》第 914 期（2004 年 9 月 9 – 15 日），第 54 – 55 页。

顾尔德：《听别人说话的能力》，（台湾）《新新闻》第 916 期（2004 年 9 月 23 – 29 日），第 14 页。

郭宏治：《公民会议的推手陈东升　他的梦想不在公共电视》，（台湾）《新新闻》第 919 期（2004 年 10 月 14 – 20 日），第 56 – 57 页。

范云：《说一个民主与和解的故事》，（台湾）《新新闻》第 928 期（2004 年 12 月 17 – 22 日），第 68 – 69 页。

《来自民间的对话——面对族群与未来》DVD 光盘（公播版），2005 年版。

（二）英文部分

James S. Fishkin, *The Voice of the People: Public Opinion and Democracy*, New Haven, CT: Yale University Press, 1995.

Amy Gutmann & Dennis Thompson, *Democracy and Disagreement*. Cambridge, Massachusetts: The Belknap Press of Harvard University Press, 1996.

Jon Elster ed., *Deliberative Democracy*, Cambridge UK / New York : Cambridge University Press, 1998.

John S. Dryzek, *Deliberative Democracy and Beyond: Liberal, Critics, Contestations*, New York: Oxford University Press, 2000.

Amy Gutmann and Dennis Thompson, *Why Deliberative Democracy?* Princeton: Princeton University Press, 2004.

Jefferson Center, *Citizens' Jury Handbook*, Minnesota: Jefferson Center, 2004.

Iris M. Young, *Inclusion and Democracy*, Oxford: Oxford University Press, 2000.

Francesca Polletta, *It Was Like a Fever: Storytelling in Protest and Politics*, Chicago: University of Chicago Press, 2006.

Bernard Manin, Elly Stein and Jane Mansbridge, On Legitimacy and Political Deliberation, *Political Theory*, Vol. 15, No. 3, August, 1987, pp. 338 - 368.

Joshua Cohen, "Deliberation and Democracy Legitimacy," In A. Hamlin and P. Pettit eds., *The Good Polity*, London: Blackwell, 1989, pp. 17 - 34.

Jack Knight and James Johnson, Aggregation and Deliberation: On the Possibility of Democratic Legitimacy, *Political Theory*, Vol. 22, No. 2, May, 1994, pp. 277 - 296.

Iris M. Young, "Communication and the other: Beyond Deliberative Democracy," in Seyla Benhabib ed., *Democracy and Difference*, Princeton: Princeton University Press, 1996, pp. 120 - 135.

Lynn M. Sanders, Against Deliberation, *Political Theory*, Vol. 25, No. 3,

January1997, pp. 347 -376.

Robert C. Luskin and James S. Fishkin, "Deliberative Polling, Public Opinion, and Representative Democracy: The Case of the National Issues Convention," Paper presented at the annual Meeting of The American Association of Public Opinion Research, St. Louis, MO, 1998, May 14 -17.

James Bohman, The Coming of Age of Deliberative Democracy, The *Journal of Political Philosophy*, Vol. 6, Number 4, 1998, pp. 400 -425.

Amy Gutmann and Dennis Thompson, "Deliberative Democracy: The Case of Bioethics," *Liberal Education*, Vol. 84, Iss. 1, Winter1998, pp. 10 -17.

Jane Mansbridge, "Everyday Talk in the *Deliberative System*," *In S. Macedo ed.*, *Deliberative Politics: Essays on Democracy and Disagreement*, Oxford: Oxford University Press, 1999, pp. 211 -239.

James S. Fishkin & Robert Luskin, "Bring Deliberation to the Democratic Dialogue," in Max McCombs ed., *A Poll with a Human Face: the National Issues Convention Experiment in Political Communication*, N. J.: Lawrence E. Erlbaum Associates, 1999, pp. 3 -38.

Edward C. Weeks, "The Practice of Deliberative Democracy: Results from Four Large - Scale Trials," *Public Administration Review*, Vol. 60, No. 4, July - August, 2000, pp. 360 -372.

David M. Ryfe, "The Practice of Deliberative Democracy: A Study of 16 Deliberative Organizations," *Political Communication*, Vol. 19, 2002, pp. 359 - 377.

Simone Chambers, "Deliberative Democratic Theory," *Annual Review of Political Science*, Vol. 6, 2003, pp. 307 -326.

Nancy Roberts, "Public Deliberation in an Age of Direct Citizen Participation," *American Review of Public Administration*, Vol. 34, No. 4, 2004, pp. 315 -353.

Carolyn M. Hendriks, "Consensus Conference and Planning Cells: Lay Citizen Deliberations," in John Gastil & Peter Levine eds., *The Deliberative Democracy Handbook: Strategies for Effective Civic Engagement in the* 21st *Century*, San

Francisco: Jossey - Bass, 2005, pp. 80 - 110.

David M. Ryfe, "Does Deliberative Democracy Work?" *Annual Review of Political Science*, Vol. 8, No. 1, 2005, pp. 49 - 71.

Francesca Polletta and Lee John, "Is Telling Stories Good for Democracy? Rhetoric in Public Deliberation after 9/11," *American Sociological Review*, Vol. 71, No. 5, 2006, pp. 699 - 723.

John S. Dryzek & Aveizer Trucker, "Deliberative Innovation to Different Effect: Consensus Conferences in Demark, France and the United States," *Public Administration Review*, Vol. 68, No. 5, 2008, pp. 864 - 876.

后　　记

作为厦门大学“985 工程”台湾研究创新基地育题项目课题“台湾地区审议式民主实践研究”的最终成果，本书的出版得益于厦门大学台湾研究院创设的“985 工程”台湾研究创新基地育题项目和赴台驻点研究制度。厦门大学台湾研究院设立了育题项目以鼓励年轻研究人员的科研工作，并率先在大陆建立驻台研究制度以资助全院研究人员赴台进行学术研究工作。在此，我衷心感谢刘国深院长、邓孔昭和邓利娟两位副院长以及游泽民书记等领导，正是由于他们的远见和魄力，才有今天这本小书的问世。除此之外，我要借此机会感谢陈孔立、林劲、张文生、李鹏、孙云、陈先才、黄俊凌、唐桦、王勇等老师平时在工作与生活上的关心、指导与帮助。

诚如著名学者西蒙（H. Simon）在《管理行为》（中译本）的前言中所云：“我肯定从很多人的只言片语和举手投足上得到过不少收获，但是我又完全不记得他们是谁了；一本书就像一个大公墓场，墓碑上的名字多数都被岁月磨去了痕迹。”在本项目的研究过程中，我从无数“素未谋面”的专家和学者中获得了巨大的帮助，在此虽然无法一一表示感谢，但我心存感激。值得一提的是，本书的部分内容已以论文的形式发表于《厦门大学学报（哲学社会科学版）》、《台湾研究》等刊物，在此也要感谢相关的审稿专家，他们提出了宝贵的意见和建议。

与以往一样，我必须感谢父母、姐姐和哥哥多年的支持，祝愿他们身体健康、生活愉快。同时，我也要感谢我的爱人董于雯，她除了自己繁重的教学工作和博士学业之外，还在生活上与工作上给了我极大的照顾和支持。

最后，“谁都不敢说自己的论文或著述一定是完美的”，这本小书更是如此，书中肯定存在着这种那样的错误，因此敬请各位专家、读者予以批评指正。

沈惠平

二零一二年元月